# 다문화 사회와
# 한국어 교육

조항록 저

한글파크

어느 사이에 우리는 이민자와 함께 하는 삶을 살고 있다. 얼마 전까지 우리는 하나의 언어를 쓰고 하나의 문화를 형성하고 하나의 국가를 이루어 온, 세계에서 유례를 찾기 힘든 단일민족이라는 말에 익숙해져 있었다. 이는 고난의 역사를 지탱하는 힘의 원천이기도 했고 타민족과의 관계에서 우리의 우월성을 내세우는 자긍심의 원천이기도 하였다. 그러나 이제 이민자와 함께 하는 우리 사회를 단일민족 사회라고 보기 어려운 것은 엄연한 현실이 되었다.

국가 간의 장벽을 높게 쳐 놓았던 이데올로기의 시대가 끝나고 하루가 다르게 교통과 통신 기술이 발전하면서 국경이라는 인위적 장벽은 그 의미가 쇠퇴해졌다. 이러한 시대적 변화 속에서 세계 곳곳에서는 기존의 질서와 경계를 넘어서 사람들을 넘나들게 하는 요인들은 더욱 다양해지고 그 힘도 커지고 있다. 오랜 기간 자의든 타의든 국경을 넘어 밖으로 사람을 내보내기만 하던 우리 사회에서도 언제부터인가 밖의 사람들을 끌어들이는 요인이 더 큰 힘을 발휘하고 있다. 우리 사회로 들어오라고 손짓을 하거나 그 손짓에 화답을 하여 우리 사회로 들어오는 이들에게 국경이라는 인위적 장벽은 그리 높게 느껴지지 않는 듯하다. 역사적으로 애환을 안고 조국을 떠나야 했던 많은 동포들의 후손이 이제는 잘살게 된 조국을 찾아 돌아오고, 피부색이 다른 많은 이들이 코리언 드림을 안고 한국에서 일을 하려고 찾아온다. 심지어는 결혼 상대자가 부족한 우리 사회의 현실에 화답하여 한국인과 일생을 함께 하고자 찾아와서 가장 기초적인 집단인 가정을 꾸리는 이들도 크게 늘었다. 이렇게 많은 이가 우리 사회로 들어오고 있다. 한국의 경제가 지속적으로 발전하고 저출산·고령화 사회가 가속화된다면 이러한 현상은 더욱 심화될 것이다.

그런데 여기에서 우리는 놓쳐서는 안 되는 중요한 가치를 발견한다. 우리 사회가 국경 밖에서 사람을 끌어오든 국경 밖의 사람이 우리 사회를 찾아서 들어오든 모두가 자신의 결정에 따른다는 것이다. 아무리 사회적으로 끌어당기거나 밀어넣는 요인이 존재한다 해도 들어오도록 하는 사람이나 들어오기로 한 사람이 결정하지 않으면 그러한 드나듦은 존재할 수 없다. 그렇다면 그들은 왜 그런 선택을 하는 것일까? 바로 그것이 그들의 꿈을 실현하고 행복을 가져다 준다고 믿기 때문이다. 그러므로 이러한 믿음은 이 땅에 함께 사는 우리 모두에게 똑같이 존재한다.

이렇게 우리 사회에 이민자가 늘면서 자연스럽게 대두된 다문화 사회는 함께 하는 모든 이에게 꿈과 행복을 실현해 주는 시대적 변화임에 틀림없다. 이민자와 함께 하는 한국 사회는 우리와 이민자 모두가 함께 선택한 사회이고 만든 사회이다. 이 책에서 다루는 한국어 교육은 바로 이민자와 함께 하는 한국 사회에서 모두가 행복해질 수 있는 첫 번째 걸음인 상호간의 의사소통을 가능하게 해 주는 중요한 기능을 한다. 한국어를 배움으로써 이민자는 한국인과 소통할 수 있는 능력을 갖추게 된다. 아울러 한국어를 배우는 과정에서 문화를 함께 이해하게 되면서 한국인의 마음과 의식의 세계도 제대로 이해하게 된다. 우리가 흔히 접하는 화두인 '다양성을 존중하고 조화의 가치를 높이 사는' 그러한 사회를 실현할 수 있을 것이다.

〈다문화 사회와 한국어 교육〉은 이민자를 대상으로 하는 한국어 교육과 관련한 몇몇 쟁점을 다루고 있다. 정확하게 지난 10년 동안 필자가 이민자 대상 한국어 교육과 관련하여 발표했던 글들을 한 곳에 모아놓았다. 1985년에 한국어 교육계에 입문한 필자에게 지난 10년은 그 어느 때보다도 의미가 컸다. 이민자 대상의 한국어 교육 체계가 제대로 구축되지 않은 상황에서 나타난 이민자의 급속한 증가는 학문적 호기심과 도전을 불러일으켰다. 그래서 이민자 대상의 한국어 교육 현장을 둘러보고, 그들을 대상으로 하는 한국어 교육의 주요 쟁점에 대해서 고민을 하고, 이민자를 대상으로 하는 한국어 교육 정책을 입안하고 실행하는 정부 관계자들과 토론하면서 얻게 된 경험과 지식을 간간이 학술지에 발표하여 공유해 왔다. 그리고 이제 이민자 대상 한국어 교육 담론의 확대를 위하여 이렇게 한 권의 책으로 발간하기로 하였다.

이민자 대상 한국어 교육에 대한 담론의 확대는 필자가 늘 소망해 온 일이다. 이민자가 크게 늘고 한국어 교육의 중요성이 커짐에도 진지한 담론의 형성은 찾아보기가 쉽지 않았다. 어찌 보면 많은 이들에게 이민자의 한국어 능력은 그들이 한국 사회에서 살다 보면 저절로 얻어지는 그런 능력의 하나라고 인식되어서인지도 모른다. 그러나 분명한 건 이민자의 한국어 능력은 제2언어 또는 외국어로서의 한국이 교육을 체계적으로 받을 때 탄탄하게 형성이 되고 빠르게 형성된다는 점이다. 이 점에서 기존에 학문적 영역으로 성장한 외국어로서의 한국어교육학계의 적극적인 참여가 절실히 요구된다고 보았다. 이 책을 구성하는 졸고들은 바로 이러한 배경에서 집필되었다. 그리고 이제 이 한 권의 책으로 묶어내는 만큼 외국어로서의 한국어교육학계의 학문적 논의에 조금이라도 기여하게 되기를 기대한다.

이 책은 지난 10년 동안 쓴 글 중 12편을 골라서 약간의 수정만을 한 채 대부분 그대로 게재해 놓고 있다. 내용상 (1) 다문화 사회와 사회통합 정책, (2) 다문화 사회와 한국어 교육, (3) 다문화 사회와 한국어 능력 평가 등 세 부분으로 나누어 각각 3편, 6편, 3편의 글을 실었다. 지난 10년 동안 쓴 글을 모은 만큼 몇몇 통계와 명칭에서 현시점에 맞지 않는 것들도 있고 시간이 지나면서 논의의 결과가 이미 다르게 드러난 것도 있다. 그러나 이민자가 증가하던 시기의 논의였다는 점에서 전반적인 흐름을 파악하는 데에 도움이 될 수 있다고 보고 그대로 두기로 하였다. 이 책을 읽는 분들께서 이 점을 혜량하여 주시기를 바란다.

마지막으로 이 책의 출간에 도움을 준 분들에게 감사의 마음을 전하고 싶다. 원고를 정리하고 교정해 준 정호선 박사, 손지영 선생에게 감사의 마음을 전한다. 그리고 흔쾌히 출판을 맡아 주신 한글파크의 엄태상 대표님과 출판 과정의 번거로운 일을 도맡아 준 장은혜 부장님께 감사드린다.

2017년 10월
조항록

# 차 례

## 제 1 장 다문화 사회와 사회통합 정책

## 제 2 장 다문화 사회와 한국어 교육

# 제 ❸ 장  다문화 사회와 한국어 능력 평가

# 제1장

## 다문화 사회와 사회통합 정책

#  한국의 다문화 사회 어떻게 볼 것인가?*

## 1. 한국에서의 다문화 사회의 형성

최근 국내에 체류하는 외국인이 급속히 늘면서 한국이 다문화 사회에 진입하였다는 주장이 공공연히 제기되고 있다. 그리고 이를 뒷받침하듯이 다문화 가정, 다문화가족, 다문화 교육이라는 용어가 빈번히 사용되고 있다. 실제로 우리 주변에서 외국에서 들어와 우리 사회의 구성원이 된 이민자를 보는 일이 흔한 일이 되었다. 법무부 출입국 · 외국인정책본부의 통계에 따르면 2016년 6월 현재 우리나라에 체류하고 있는 외국인의 수는 200만 명을 넘어섰다. 이 수치는 최근 들어 급속히 늘어난 것[1]으로 우리 사회는 불과 20여 년 전까지만 해도 한민족(韓民族)만이 살고 있는 단일민족 사회라는 데에 이의를 제기할 사람은 없었다.

---

\* 이 글은 '더 큰 대한민국 만들기: 우리 역사와 문화에서 배우는 다문화'를 주제로 대한민국 역사박물관에서 강연했던 자료(2016년)를 바탕으로 하지만 본 저서의 집필 과정에서 많은 부분 수정하였음을 밝힌다.

1) 2016년 6월 기준으로 체류 외국인이 200만 명을 넘어선 것은 2007년 체류 외국인의 수가 100만 명을 넘어선 지 9년 만이다. 이는 최근 체류 외국인의 수가 급증하고 있음을 단적으로 보여 주는 예가 된다.

**표1** 체류 외국인의 연도별 증가 추이

(단위 : 명)

| 연도 | 1985년 | 1990년 | 1995년 | 2000년 | 2005년 | 2010년 | 2015년 | 2016년 6월 |
|------|--------|--------|---------|---------|---------|-----------|-----------|-----------|
| 체류 외국인 | 40,920 | 49,507 | 110,028 | 210,249 | 747,467 | 1,261,415 | 1,899,519 | 2,001,828 |

**표2** 체류 외국인의 증가 추이

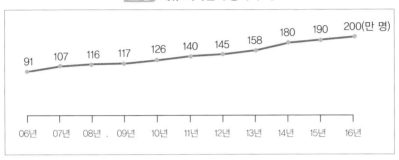

2016년 6월 현재 체류 외국인의 수는 전체 국민의 약 3.9%에 달하고 아래의 도표에서 보는 것과 같이 법무부의 예상대로라면 2030년에는 전체 국민의 6%를 넘을 것으로 보인다.

**표3** 체류 외국인 증가 및 총인구대비 외국인 비율 추정표

우리 사회에 살고 있는 외국인은 출신 국가도 다양하지만 한국 내 유입

의 유형도 다양하다. 체류 외국인이 소지하고 있는 사증 유형을 법무부 출입국·외국인정책본부의 자료를 바탕으로 정리해 보면 아래와 같다.

**표 4** 자격별·연도별 체류 외국인 현황

(단위 : 명)

| 구분 \ 연도 | 2010년 | 2011년 | 2012년 | 2013년 | 2014년 |
|---|---|---|---|---|---|
| 계 | 1,261,415 | 1,395,077 | 1,445,103 | 1,576,034 | 1,797,618 |
| 사증면제(B-1) | 32,365 | 36,639 | 41,934 | 47,890 | 93,619 |
| 관광통과(B-2) | 71,490 | 88,976 | 91,324 | 87,908 | 96,113 |
| 단기상용(C-2) | 26,795 | 19,377 | - | - | - |
| 단기종합(C-3) | 64,150 | 68,104 | 123,630 | 131,951 | 146,357 |
| 단기취업(C-4) | 712 | 679 | 377 | 460 | 593 |
| 유    학(D-2) | 69,600 | 68,039 | 64,030 | 60,466 | 61,257 |
| 산업연수(D-3) | 5,350 | 4,324 | 3,854 | 3,648 | 3,507 |
| 일반연수(D-4) | 37,809 | 36,819 | 22,195 | 23,005 | 27,000 |
| 종    교(D-6) | 1,571 | 1,592 | 1,557 | 1,770 | 1,855 |
| 주    재(D-7) | 1,530 | 1,646 | 1,563 | 1,659 | 1,593 |
| 기업투자(D-8) | 7,557 | 7,405 | 7,122 | 6,053 | 6,026 |
| 무역경영(D-9) | 4,477 | 4,472 | 4,854 | 8,272 | 8,856 |
| 교    수(E-1) | 2,266 | 2,474 | 2,631 | 2,637 | 2,664 |
| 회화지도(E-2) | 23,317 | 22,541 | 21,603 | 20,030 | 17,949 |
| 연    구(E-3) | 2,324 | 2,606 | 2,820 | 2,997 | 3,195 |
| 예술흥행(E-6) | 4,162 | 4,266 | 4,528 | 4,940 | 5,162 |
| 특정활동(E-7) | 10,712 | 14,397 | 17,451 | 18,213 | 19,109 |
| 비전문취업(E-9) | 220,319 | 234,295 | 230,237 | 246,695 | 270,569 |
| 선원취업(E10) | 6,716 | 9,661 | 10,424 | 12,163 | 14,403 |
| 방문동거(F-1) | 42,212 | 45,092 | 52,674 | 60,927 | 71,203 |
| 거    주(F-2) | 138,669 | 138,418 | 63,362 | 39,704 | 37,504 |
| 동    반(F-3) | 15,409 | 17,607 | 18,795 | 20,150 | 21,809 |
| 재외동포(F-4) | 84,912 | 136,702 | 189,508 | 235,953 | 289,427 |
| 영    주(F-5) | 45,475 | 64,979 | 84,140 | 100,171 | 112,742 |
| 기    타(G-1) | 4,045 | 4,988 | 6,079 | 7,003 | 9,053 |
| 방문취업(H-1) | 286,586 | 303,368 | 238,765 | 240,178 | 282,670 |
| 기    타 | 50,885 | 55,631 | 139,646 | 191,191 | 193,383 |

위의 사증 유형에서도 볼 수 있듯이 국내에 체류하는 외국인의 유형은 크게 아래와 같은 집단으로 분류할 수 있다.

첫째, 재외동포의 모국 거주 집단이다. 재외동포 비자(F-4)와 방문취업 비자(H-2)가 이에 해당하는 것으로 전체 체류 외국인 중 제일 규모가 크다.

둘째, 외국인 노동자 집단이다. 비전문 취업(E-9)과 특정활동(E-7)이 대표적으로 재외동포 집단 다음으로 큰 규모이다. 여기에 회화지도 및 전문직 종사자까지 합할 경우 그 수는 크게 늘어난다.

셋째, 결혼이민자 집단이다. 아직 국적을 취득하지 않은 상태에서 결혼이민자로 거주하는 외국인인 결혼이민비자 소지자를 비롯하여 영주비자 소지자와 기존 국적 취득자를 합하고 여기에 그들로 이루어진 가정에서 태어난 자녀까지 까지 합할 경우 가장 큰 이민자 집단이 된다.

넷째, 외국인 유학생 집단이다. 위의 사증 유형에서 유학(D-2) 사증 소지자 전체와 일반 연수(D-4) 사증 소지자 중 한국어 연수생이 여기에 속하는 것으로 2017년 상반기에 12만 명을 넘어섰다.

우리나라에서의 다문화 사회의 형성은 대체로 1980년대부터 시작된 것으로 볼 수 있다. 특정 종교에서 대규모의 국제결혼을 진행하고 그러한 국제결혼 가정이 한국에 거주하면서 다문화적 속성을 갖게 되었으나 그 수가 많지 않고 특정 지역에 집단 거주하는 방식이어서 우리 사회에 끼치는 영향을 그리 크지 않았다. 이후 1980년대 후반에 우리 기업 중 외국에 현지 법인을 설립한 후 현지 직원을 국내에 초청하여 연수를 실시한 후 보내는 일이 늘면서 외국인 노동 인력의 유입이 시작되었다. 그러나 그 규모 역시 그리 크지 않고 일부 회사에 국한되었기 때문에 사회적 영향은 크지 않았다.

우리 사회에 이민자를 본격적으로 대두시킨 계기는 1993년에 시작된 외국인 산업연수생 제도이다. 당시 급속한 경제 발전 이후 이른바 3D라고 불리는 근무 조건이 열악한 산업현장에서 노동력을 확보하지 못하자 외국 인력을 도입하여 부족한 노동력을 해결하기 시작하였다. 비록 정식 노동자의 지위로 들어오는 것은 아니었으나 실제 활동은 노동 활동으로서 우리 사회에 외국인 노동 인력의 본격 도입의 장을 열었다. 외국인 산업연수생 제도는 이후 여러 문제점이 노출되어 2004년부터는 외국인고용허가제로 탈바꿈하게 된다.

한편 외국인산업연수생제도의 도입 시기와 비슷한 시점에 구 공산권 사회에 거주하는 우리 동포 중 독립유공자 후손 등 일부 동포의 귀환이 시작되어 재외동포가 우리 사회 구성원의 일원으로 자리 잡기 시작하였다. 이렇게 우리 사회에 재외동포가 유입되기 시작한 이후 중국 연변의 조선족 동포와 한국 남성 사이의 결혼, 재외동포 방문 취업제도의 실시 등을 거치면서 비록 같은 한민족이라 할지라도 출생과 성장 문화가 다른 재외동포들이 대규모로 국내에 거주하게 됨으로써 우리 사회의 다문화적 속성이 더욱 커지게 되었다.

재외동포의 국내 거주에서도 국제결혼의 유형이 대표적인 유입 유형이 되었으나 이러한 국제결혼은 2000년대 들어 중국 한족 여성과 국내 남성의 결혼을 거쳐 동남아시아와 중앙아시아로 급속히 확대되어 국내에 다문화 가정을 양산하게 되었다. 그리고 국제결혼 가정의 급속한 증가와 함께 이들 가정에서 태어난 자녀들까지 다문화 변인을 갖게 됨으로써 우리 사회에 다문화에 대한 본격적인 논쟁과 정책적 쟁점을 제기하게 되었다. 즉 종전까지의 외국인 유입 유형과는 다르게 우리 사회의 가장 기초적인 집단인 가정에서 어머니, 며느리, 자식이 다문화 변인을 갖는 경우가 많아짐으로써 우리 사회에 다문화 속성의 심각성을 알려주게 되었다. 여기에 국제결혼의 새로운 유형으로 재혼 사례가 늘어나고 부양 자녀의 국내 입양을 통한 또 다른 유형의 다문화 가정 자녀 집단(흔히 중도입국자녀라고 부름)을 형성시킴으로써 다문화 가정은 우리 사회 다문화 논쟁의 중심을 확고하게 차지하게 되었다.

이상에서 살펴본 우리 사회의 다문화 사회 형성 과정을 요약하여 정리하면 아래와 같다.

**표 5** 우리 사회의 다문화 사회 형성 과정

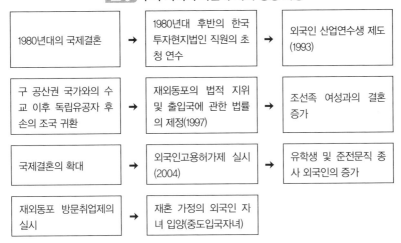

이렇게 형성된 한국의 다문화 사회는 최근 몇몇 특징을 보여 주고 있다. 이를 정리하면 아래와 같다.

첫째, 한국의 다문화 사회 진전 과정에서 나타나는 구성 변인이 다양하다.

둘째, 최근 정주 외국인의 수가 급속히 늘고 있다. 결혼이민자를 비롯하여 재외동포의 국내 거주, 외국인 노동자의 장기 거주, 중도입국자녀의 증가 등은 국내 체류 외국인을 우리 사회의 영속적인 구성원으로 간주하도록 한다.

셋째, 한국의 다문화 사회 형성에서는 다른 나라의 사례에서 찾기 힘든 민족 정책적 속성이 크게 작용한다. 재외동포 비자(F4) 제도를 통한 재외동포의 국내 거주를 용이하게 하고 방문취업 제도 등을 통해 재외동포가 다른 외국인과는 차별적으로 국내에서 활동할 수 있는 기반을 제공해 준다.

넷째, 외국인의 국내 유입의 시간이 길어짐에도 불구하고 우수 인재의 유입 등은 그리 크게 늘지 않는다.

다섯째, 외국인의 국내 유입과 관련한 국민적 합의의 과정이나 절차가 그리 눈에 띄지 않는다. 외국인의 국내 유입과 관련하여 기존 국민이 어떻게 인식하고 어떻게 수용하고 있는지 등은 큰 쟁점으로 자리잡지 않았다.


## 2. 다문화 사회의 진전과 우리의 대응

외국인의 국내 유입이 급속히 늘고 변인이 다양해짐에도 불구하고 우리 정부의 체계적인 대응은 뒤늦게 나타났다. 외국인 유입의 추이와 성격을 분석하여 우리 사회의 나아갈 방향을 제시하는 국가 정책 차원의 대응은 2006년 이후에야 본격화한 것으로 볼 수 있다. 국내에 결혼이민자가 급속히 늘고 이들로 구성된 가정에서 자녀의 출생이 본격화하면서 정부는 2006년 4월 26일에 결혼이민자 가족의 사회통합 지원 대책과 혼혈인 및 이주자 지원 방안을 발표하는데 이를 계기로 하여 국내 체류 외국인과 관련한 법 제정이 본격화하고 중장기 외국인 정책의 수립이 태동하였다. 물론 이전에 국내 체류 외국인에 대한 정부 차원의 법, 제도적 대응이나 정책적 대응이 없었던 것은 아니나 이는 외국인 정책이라기보다는 특정 체류 집단에 대한, 특정 정책 차원의 대응으로 볼 수 있다. 냉전의 종식 이후 구 공산권 국가로부터 재외동포가 급속히 유입됨에 따라 재외동포의 출입국 및 법적 지위에 관한 법률이 제정되고 재외동포재단이 설립되었다. 이러한 법, 제도적 지원은 어디까지나 재외동포라는 특정 집단을 대상으로 한다. 이와 유사하게 2003년에는 외국인 근로자의 고용 등에 관한 법률이 제정되고 이듬해부터 본격적으로 외국인고용허가제가 실시되었으나 이 또한 외국인 노동자라는 특정 집단을 대상으로 한다. 그리고 이들 법률은 외국인 정책의 성격보다는 재외동포 정책, 외국 인력 정책의 성격을 강하게 띠는 것이다.

그러나 우리 사회의 가장 기초적인 집단인 가정의 구성원이 되고 우리 사회의 후세를 키우는 결혼이민자가 급속히 늘면서 이제는 특정 집단 대상의 정책만으로는 국내 체류 외국인에 대한 법, 제도, 정책적 관리 및 지원이 불가능한 상태가 되었다. 이에 따라 2006년 4월의 범정부 차원의 대책 마련에 이어 2007년 재한외국인처우기본법과 결혼중개업의 관리에 관한 법률이 제정되고 2008년에는 재한외국인처우기본법의 집행법으로 다문화가족지원법이 제정되고 2009년에는 법무부 장관 훈령을 근거로 한 사회통합프로그램이 시범 운영되기에 이르렀다. 그리고 무엇보다 중요한 것은 2008년부터 2012년 사이를 포괄하는 제1차 외국인 정책 기본 계획이 수립·시행되고 이어서 2013년부터는 제2차 외국인 정책 기본 계획이 시행 중에 있다는 점이다. 이와 함께 국무총리실 산하에 외국인정책위원회와 다문화가족정책위원회와 같이 유관기관 사이의 정책을 조율하는 컨트롤 타워를 두고 있는 점도 주목할 만하다.

한국 정부의 이러한 법, 제도, 정책적 대응은 비록 뒤늦은 감이 있지만 다행스러운 일이다. 외국인 증가에 대비한 국가적 대응은 우리 사회 전반에 걸쳐 광범위하고 다층적으로 전개되고 있는 만큼 특정 부서만의 대응으로는 효율적이지 못하고 법적 안정성을 확보하지 않으면 혼란을 가중시킬 수밖에 없다. 이런 상황에서 법적 근거를 갖추고, 중장기 계획을 수립하고, 여러 부서에서 다양한 정책으로 대응하는 일은 외국인 유입에 따른 국익을 실현하면서 혼란을 예방할 수 있는 길이다. 실제로 우리 사회는 외국인 유입에 따라 기대하는 이익이 크다. 재외동포의 유입이 갖는 다양한 성격과 그들의 유입에 따른 실제적인 이익의 실현, 외국인 노동자의 유입에 따른 실제적인 이익의 실현, 결혼이민자의 유입에 따른 실제적인 이익의 실현 등은 현시점 우리 정부와 국민으로 하여금 이들의 유입을 정당화하는 요인이 된다. 그러나 중요한 것은 아무리 유입 요인이 크다 해도 외국인의 유입으로 인한 혼란이 발생한다면 이러한 유입의 정당성은 퇴색될 수밖에 없다는 점이다. 따라서 우리 정부는 외국인 유입과 관련하여 예상되는 사회적 혼란에 대한 대응 체계를 분명히 갖춰야 할 것이다. 이렇게 볼 때 비록 뒤늦기는 하였으나 법, 제도,

정책적으로 대응 체계를 강화해 온 것은 다행스러운 일이다.

　우리 사회의 외국인 유입 증가와 관련하여 대응 체계를 갖추는 일은 정부만의 일이 아니다. 국가의 주인이며 사회의 구성원인 국민들의 인식과 대응 또한 정부 차원의 대응 못지않게 중요하다. 외국인 유입으로 인한 국가 정체성, 국민 정체성의 변화가 이루어지고 가속화할 것이 예상되는 상황에서 국민의 인식은 매우 중요하다. 그리고 유입된 외국인과 함께 살아가는 국민의 대응은 매우 중요하다. 외국인의 본격 유입 이후 이미 20여 년이 지나는 동안 우리 사회에서 외국인 유입으로 인한 사회적 혼란은 그리 크지 않은 것으로 보인다. 특히 소위 단일민족, 단일문화 등을 내세우는 특성에 비추어 볼 때 의외의 상황으로 볼 수도 있다.[2] 그러나 되돌아보면 우리 사회에서 외국인의 유입에 따른 사회의 변화와 관련하여 담론의 형성이 매우 적었던 것으로 보인다. 한때 외국인 노동자나 다문화 가정 자녀에 대하여 차별적인 시선을 보낸다거나 제노포비아(외국인 혐오증) 현상이 나타나기도 하였으나 비교적 연착륙의 사회 변화라고 볼 수 있다. 오히려 외국인의 유입과 관련하여 그들이 우리 사회에서 우월적 지위에 놓이기보다는 약자의 지위에 놓이는 경우가 많으면서 온정적 시선이 주를 이루기도 하였다.

　그러나 중요한 것은 좀 더 냉정하게 외국인의 유입 배경이 무엇이고 이로 인한 사회의 변화는 무엇을 의미하는 것이고 향후 외국인 유입의 추이는 어떻게 될 것인가에 대한 사회적 인식이 필요하다는 것이다. 외국인의 유입은 분명히 우리 사회가 필요로 하기 때문이고 그들로부터 우리 사회가 얻는 이익이 크다는 점을 부인할 사람은 드물 것이다. 그러

---

2)　여기에서 단일민족, 단일문화라고 말하지만 사실 우리 민족이 단일민족이고 단일문화를 이루어 왔다고 볼 수 있느냐는 논의는 중요하다. 이러한 논의는 결국 우리 민족이 애써 단일성, 순혈성을 강조하게 된 배경을 논하게 될 것이고 실제로 우리 민족은 주변으로부터 다양한 이민자가 유입되어 오늘에 이르고 있음을 역사에서 확인하게 될 것이다. 그리고 이러한 논의는 현시점 우리 사회가 외국인을 수용하면서 큰 사회적 혼란을 가져오지 않는 역사적 근거, 경험적 근거를 제시하리라고 본다.

나 한편으로 국민이 낸 세금 중 얼마나 많은 돈이 외국인을 위해 쓰이고 향후에는 이러한 현상이 어떻게 변할 것인지에 대한 논의는 접하기 어려웠다. 또한 우리 사회에서 외국인의 사회적 지위가 어떤 상황이고 향후에는 어떻게 변할 것인지, 그리고 그들을 위한 사회적 비용이 증가할 것인지, 감소할 것인지에 대한 논의를 접할 기회가 적었던 것도 사실이다. 즉 외국인 유입이 국가 사회에 기여하는 측면은 무엇이고 외국인 유입에 따라 우리가 부담해야 할 것들은 무엇인지에 대한 국민적 합의의 과정이 부족했다는 점이다.

2017년 상반기 기준으로 국내 체류 외국인의 수는 국민 대비 4%에 이른다. 그리고 법무부는 2030년까지 7%에 도달할 것으로 예상한다. 이 두 가지의 수치가 이제는 우리에게 그리 충격으로 느껴지지 않지만 곰곰이 생각해 보면 큰 의미를 갖는다. 지금까지의 진전만으로도 이제 우리 사회는 다문화 사회의 속성을 어느 정도 갖춘 셈이 된다. 여기에 지속적으로 외국인의 유입이 늘고 다문화 가정 자녀의 수가 급속하게 는다고 할 때 우리 사회의 다문화성은 급속히 증가할 것이다. 이러한 변화를 우리 국민은 진정 원하고 있는 것일까? 이런 변화는 우리 사회를 지금보다 더 건실하고 행복하게 만들 것인가? 우리는 이런 물음에 대하여 진지하게 논하는 담론을 생산하고 접할 필요가 있다. 다문화 사회 담론, 이는 우리 정부의 법, 제도, 정책적 대응 못지않게 중요한 일이다.


## 3. 다문화 사회 어떻게 볼 것인가?

최근에 진행되고 있는 한국 사회의 다문화 사회화는 기본적으로 우리 사회의 본질을 변화시키고 있음은 분명하다. 앞에서 언급한 바와 같이 순혈성을 민족의 자긍심의 원천으로 생각해 온 우리 민족에게 우리와 다른 민족과의 공존을 요구한다. 아니 공존을 넘어서 다양한 층위에서의 융합을 요구한다. 우리 정부는 이에 대하여 통합이라는 개념으로 현재의 다문화 사회화에 대응하는 것으로 보인다. 그리고 우리 국민은 자기도 모르는 사이에 우리와 다른 민족과 함께 사는 데에 익숙해져 가고 있다. 어찌 보면 매우 다행스러운 일이 아닐 수 없다. 어차피 기존 국민과는 다른 민족이 우리 사회에서 함께 살아야 하는 상황임을 피할 수 없다면 우리는 그들을 우리와 동일한 사회 구성원으로 인식하고 그들과 함께 해야 할 것이다. 이러한 맥락에서 다문화 사회를 바라보는 바람직한 시각 몇 가지를 제언해 본다. 우선 현재의 이민자 증가를 긍정적으로 볼 수 있는 몇몇 시각이다.

첫째, 국내에 증가하는 이민자는 기존의 우리 국민만으로는 해결하지 못하는 사회적 영역을 채워 주는 의미 있는 기능을 수행하는 집단이다. 우리에게 필수적으로 요구되고 현실적으로 존재하지만 우리 국민이 기피하는 생산 현장의 노동력 공백을 메꾸어 준다. 외국인 노동자가 그들이다. 그들에게는 코리안 드림을 통해 경제력을 높여 가는 과정이고 우리에게는 생산 현장을 돌릴 수 있는 원동력이다. 결혼이민자의 존재는 더욱 중요하다. 결혼 적령기를 넘긴 많은 남성들의 결혼 문제를 해결해 주는 이들이 외국인 결혼이민자이다. 그들이 있음으로써 한 가정이 이루어지고 그 가정에서 태어난 아이는 미래 우리 사회의 구성원으로 자리 잡아 우리 사회의 유지 발전에 기여한다. 외국인 유학생의 존재도 같은 맥락에서 볼 수 있으며 그 밖의 다양한 이민자 집단도 그러하다. 이렇게 볼 때 이민자의 존재는 이민자 본인의 이익의 실현뿐만 아니라 우리나라, 우리 민족의 이익을 함께 실현하여 준다. 그리고 이는 한국적 현상만이 아닌 전 세계의 이민 수용 국가의 보편적 현상이기도 하다.

둘째, 우리 사회에 존재하는 재외동포는 위의 의미 이외에 민족적 차원에서의 각별한 의미를 갖는다. 우리 사회에 함께 거주하는 재외동포는 그 연원을 볼 때 전통적 이민에 바탕을 둔다. 전통적 이민은 1962년 제정된 해외이주법에 따라 각각의 목적과 목표에 따라 전 세계로 퍼져 나간 우리 민족과는 이주 배경이 다르다. 조선시대 말기 또는 일제강점기에 애환을 갖고 조국을 떠나 타국에서 조국을 그리며 삶을 영위한 우리 민족의 후손이다. 이제 조국이 잘살게 되었으니 다시 조국을 찾아 그들의 꿈을 펼치는 일은 매우 자연스러운 일이다. 그들이 조국에 들어와 조국이 필요로 하는 일을 맡아 주니 그 의미는 더욱 귀하다.

셋째, 우리는 지금 국제화의 거센 물결 속에 휩싸여 있다. 이제 지구상에서 하나의 나라, 하나의 민족이 지속적으로 발전하려면 전 세계적 네트워크와 협력을 중시해야 한다. 전 세계에 산재해 있는 720만 명의 재외동포의 존재는 기본적으로 우리의 소중한 자산이다. 여기에 더하여 우리 사회에 함께 거주하는 이민자의 존재 역시 우리의 전 세계적 네트워크의 중요한 요소가 된다. 국가적 차원에서 이민자의 출신 국가와의 관계는 긴밀해질 수 있고 개인적으로도 이민자 가족과의 유대를 기대하도록 한다.

이와 함께 우리는 현재의 이민자 증가에 따른 사회 변화에 대하여 냉정하게 바라보고 선제적으로 대응할 필요도 있다. 몇 가지를 정리하면 아래와 같다.

첫째, 이민자의 존재가 국가와 사회의 발전에 기여할 수 있는 제반 여건을 만들어 가야 할 것이다. 이민자는 개인에 따라 차이는 있겠지만 기본적으로 우리 사회 구성원으로서 존재하기에 부족한 부분을 안고 있다. 언어적으로 소통 능력을 충분히 갖추지 못하고 있으며 문화적으로 적응 능력에 한계가 있으며 사회적으로 활동할 수 있는 기술과 역량의 측면에서 한계가 있을 수 있다. 그들이 현재 처한 영역에서 최소한의 활동이 가능할 수 있겠지만 그들에게도 좀 더 큰 꿈에 도전할 수 있는 권리가 있고 욕구도 있을 것이다. 이를 실현할 수 있는 가능성을 부여하는 것은 그늘이 우리 사회에 존재함으로써 우리 사회가 좀 더 튼실해질 수 있는 계기가 될 것이다. 그렇지 않을 경우 이민자 중 상당수는 사회적 약자로 남게 되고 시간이 지나면서 우리의 사회적 비용은 걷잡을 수 없이 늘게 될 것이다. 이민자가 최소한 우리 사회에서 평균적인 삶이 가능하도록 하는 능력을 초기에 키워 줄 필요가 있다. 법무부가 실시하고 있는 사회통합프로그램이나 여성가족부가 실시하고 있는 다문화가족 지원 사업 등의 성과가 극대화되도록 해야 할 것이다.

둘째, 결혼이민자와 그들의 가정에서 태어난 자녀에 대한 각별한 관심과 지원이 요구된다. 가정은 우리 사회의 가장 기초적인 집단이자 사회 유지의 중핵이다. 우리 사회가 갖고 있는 가정과 가족에 대한 각별한 관념과 정체성은 사회 유지와 발전의 원천이 되었다. 특히 자녀에 대한 인식과 자녀 교육에 대한 각별한 애착은 이 사회가 요구하는 우수한 인재의 육성을 가능하도록 만들었다. 현재 적지 않은 비율을 점하고 있는 국제결혼 가정과 각급 학교에서의 이민자 가정 자녀가 기존 우리 가정의 자녀에 못지않은 교육의 기회를 갖고 품성과 자질을 구축하도록 하는 데에 각별한 관심을 가져야 할 것이다. 이미 우리 정부는 다문화 가정을 지원하고 자녀의 교육을 위한 국가적 차원의 지원 대책을 수립하여 시행하고 있지만 현실은 녹녹치 않은 실정이다. 좀 더 근원적이고 효율적인 대안이 무엇인지를 모색하고 우리 사회 구성원 모두는 이 문제의 해결에 적극 동참해야 할 것이다.

셋째, 법과 제도의 측면에서 지금까지 구축된 것에 만족하지 않고 중장기적 관점으로 법과 제도의 확충이 필요하다. 2007년 이후 제정된 몇몇 법과 제도는 지금까지 본래의 기능을 수행하였다고는 하나 이민자를 수용하는 우리 사회의 중장기적 비전을 충분히 담아낸다고 보기는 어렵다. 이민자의 수용에 따른 사회 변화와 사회 구성원의 인식 변화 등을 이끌어 내고 자원을 투입할 수 있는 법과 제도의 확충이 필요하다. 정부가 외국인정책위원회 등을 통하여 중장기적 정책 논의를 진행하고는 있으나 좀 더 실효성이 큰 이민청의 설립 등도 진지하게 고려할 필요가 있다.

마지막으로 기존의 우리 국민은 이민자와 함께 좀 더 나은 우리의 미래를 가꾸어 갈 수 있다는 인식을 해야 할 것이다. 우리에게 단일민족 개념은 무엇이었던가? 우리에게 순혈성의 의미는 무엇인가? 등도 새롭게 조명할 필요가 있다. 현시점에서 이민자와 함께 만들어 가는 이 사회와 이 문화의 의미가 무엇인가와 관련하여 새로운 의미를 찾을 필요가 있다.

# ② 이민자 사회통합 정책의 실제와 과제*

## 1. 들어가기

본고는 최근 우리 사회의 화두로 급속하게 대두된 '이주민 사회통합'과 관련하여 정부 정책을 살펴보고 좀 더 효율적인 정책의 개발에 필요한 의견을 제시하는 데에 연구의 목적을 둔다.

이주민 사회통합은 그 개념을 제시하기가 쉽지 않으나 기존의 논의를 바탕으로 간단하게 정의하자면, 우리 사회에 유입되고 있는 이주민이 사회적 소수자 내지는 약자로 존재하지 않고 기존의 우리 국민과 조화로운 공존의 관계를 유지함으로써, 이주민과 국민이 갈등과 혼란의 상황이 아닌 상호존중과 조화의 사회를 만들어 감을 의미할 것이다. 그러나 최근에 화두가 된 이주민의 사회통합은 우리의 긴 역사 속에서 출현한 적이 없는 초유의 현상이며 그것도 근래 십여 년 사이에 초고속으로 진행되고 있는 우리 사회의 다문화화에 바탕을 두고 있다. 그만큼 개념의 도출, 정책적 쟁점에 대한 대안의 모색, 사회 구성원의 인식의 전환 등이 결코 쉽지 않은 난제이다. 대표적인 예로 이주민 사회통합의 개념화와 관련해서는 김혜순(2010)에서도 지적하듯이 관련 논의가 매우 빈약하며[1], 정책과 관련해서도 부서 간 업무의 중복과 혼선 문제가 곳곳에서 제기된 만큼 그리 효율적이었다고 보기 어렵다.

---

\* 이 글은 성결대학교 다문화평화연구소의 다문화와 평화 제5집 2호(2011년)에 게재되었음을 밝힌다.
1) 김혜순(2010)에서는 '사회통합'을 핵심어로 검색하면 500여 건이 넘게 나타나지만 대부분 유럽통합과 남북관계, 일반 사회갈등과 통합 관련이고, 이민다문화 사회 관련으로는 20건 미만, 사회통합 정책은 환류효과건뿐이라고 밝히고 있다.

이주민 사회통합 정책에 대한 논의는 다양한 차원에서 진행할 수 있을 것이다. 우선 사회 현상에 대한 분석과 개념화의 차원에서 보면 학술적 이론 논의의 성격을 가질 것이고 우리 사회의 쟁점에 대한 현실적인 처방을 요한다는 측면에서 보면 현실 정책에 대한 평가가 될 것이다.

이주민에 대한 사회통합 정책을 쟁점 영역의 측면에서 본다면 다음과 같은 네 가지 측면으로 나누어 볼 수 있을 것이다. 첫 번째는 이주민이 원래 이 땅에 살지 않던 사람들이 국경을 넘어 이 땅으로 들어와 사는 사람들인 만큼 출입국 정책의 차원에서 논할 수 있을 것이다. 두 번째는 이 땅에서 영원히 또는 비교적 장기간 살고자 하는 만큼 이민 정책의 차원에서 논할 수 있을 것이다. 세 번째로는 이들이 기존 사회 구성원과는 판이하게 다른 변인을 갖고 있으며 아직은 주류가 되지 못할 뿐만 아니라 여러 측면에서 사회 구성원으로서의 자질과 여건을 갖추지 못하고 있다는 점에서 사회적 소수자 내지는 약자에 대한 정책적 차원에서 접근할 수 있을 것이다. 그리고 마지막으로는 이주민의 증가로 인하여 이 사회의 동질성이 급속하게 변하게 되고 결국에는 서로 다른 변인을 가진 이들이 갈등과 분쟁의 상태로 존재하는 것이 아니라 서로 존중하여 조화로운 사회를 구성해 가야 한다는 당위론에 근거하는 사회통합의 차원에서 접근할 수 있을 것이다.

이주민 사회통합 정책은 바로 위의 세 번째와 네 번째를 아우르는 이주민 논의의 영역으로서 이주민이 사회의 소수자 내지는 약자로 머물러 사회 갈등의 소지를 제공하지 않고 오히려 이주민의 존재로 이 사회가 더 조화롭고 다양하게 변하기를 기대하면서 펼치는 정부의 정책 영역이다.

이러한 맥락에서 본고에서는 이주민에 대한 사회통합 정책과 관련하여 정부 정책의 실제를 살펴보고 문제점이 무엇인지를 규명하여 대안을 제시해 보고자 한다. 정부 정책의 실제로서는 법, 제도, 정책을 다루는데 특히 이주민 사회통합 정책의 대표적인 사례인 사회통합프로그램을 별도의 논의의 장으로 삼아 다루어 보고자 한다. 그리고 이주민 사회통합 정책을 본격적으로 다루기 전에 정책 환경으로서 최근 이주민 증가가 갖는 의미를 짚어 본다.


## 2. 사회통합 정책 환경으로서의 이주민 증가와 특성

이주민의 사회통합 정책을 논의하기 위하여 이주민 증가 추이와 이러한 현상이 내포하는 정책적 함의가 무엇인지를 살펴볼 필요가 있다. 아래의 〈표 1〉에서 볼 수 있듯이 최근 10여 년 동안 체류 외국인은 꾸준히 증가하여 2007년에는 100만 명을 넘어섰다. 사실 체류 외국인 100만 시대는 국내 인구를 대략 5천만 명이라고 할 때 2%에 해당하는 숫자로 단순 수치로만은 그리 큰 비중은 아니다. 그러나 세계적으로 유례를 찾아보기 힘들 정도로 단일 민족으로서 단일 언어를 사용하고 단일 국가의 테두리 내에서 단일 문화를 형성해 왔다고 믿어 온 우리에게는 2%의 체류 외국인이 갖는 의미는 크다. 이를 좀 더 확대하여 논의한다면, 0%에서 2%로의 변화는 그동안 우리 사회가 공유해 왔던 순혈성, 단일성의 파괴를 의미하는 것으로 국민 정체성, 문화 정체성의 차원에서 근본적인 변화를 의미하는 것이기 때문이다.

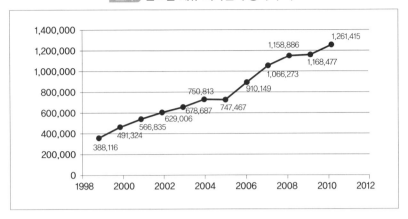

**표 1** 연도별 체류 외국인의 증가 추이[2]

그러나 체류 외국인 100만이 갖는 의미는 단순 수치 이상의 큰 의미를 갖는데 이는 체류 외국인의 변인과 특성의 변화에 기인한다. 100만이든 아니든 얼마 전까지 국내의 체류 외국인은 언젠가는 한국을 떠나갈 사람들이 대부분으로 수치와 관계없이 외국인의 개념에서 접근해도 그리 문제가 되지 않았다. 이에 따라 한편으로는 국경을 넘는다는 측면에서 국경 관리 내지는 출입국 관리 정책으로 접근하기도 하고 한편으로는 우리와 동등한 구성원의 자격을 갖지 않은 외국인이라는 측면에서 외국인 정책으로 접근하기도 하였다.

그러나 체류 외국인 100만 명 중에서 최근에 급속하게 늘어난 외국인은 이 땅에 잠시 머물렀다가 떠나는 사람들이라기보다는 다양한 방식으로 이 땅에 영구 존재하거나 장기간 존재하고자 하는 사람들로 결국에는 이민 정책의 차원에서 접근하도록 한다. 아래의 〈표 2〉에서 볼 수 있듯이 최근 국내 체류 외국인의 체류 자격 유형을 보면 국민 또는 영주권자로 영원히 거주할 수 있거나(비자 유형 F 계열) 최장 5년(H-2, 방문취업제 관련) 내지는 4년 10개월(E-9, 외국인고용허가제 관련)을 합법적으로 거주할 수 있는 외국인의 수가 전체 체류 외국인 중에서 차지하

---

2) 통계청, 국내 체류 외국인 추이(1999~2011).

는 비중이 크다. 결국 이러한 외국인의 체류 유형 변화는 이제 외국인을 우리 사회의 새로운 구성원 집단이라는 인식을 확산시킨다.

**표 2  자격별 체류 외국인 현황[3]**

(2011. 3. 31. 단위: 명)

| 구 분 | 총체류자 | 합법체류자 | 불법체류자 |
|---|---|---|---|
| 총    계 | 1,308,743 | 1,138,812 | 169,931 |
| 사증면제(B-1) | 29,953 | 15,109 | 14,844 |
| 관광통과(B-2) | 68,560 | 53,648 | 14,912 |
| 단기상용(C-2) | 27,050 | 7,287 | 19,763 |
| 단기종합(C-3) | 66,622 | 33,330 | 33,292 |
| 단기취업(C-4) | 705 | 456 | 249 |
| 유    학(D-2) | 73,112 | 68,370 | 4,742 |
| 산업연수(D-3) | 5,042 | 1,802 | 3,240 |
| 일반연수(D-4) | 44,671 | 40,290 | 4,381 |
| 종    교(D-6) | 1,600 | 1,539 | 61 |
| 주    재(D-7) | 1,526 | 1,499 | 27 |
| 기업투자(D-8) | 7,502 | 6,795 | 707 |
| 무역경영(D-9) | 4,577 | 4,552 | 25 |
| 교    수(E-1) | 2,458 | 2,448 | 10 |
| 회화지도(E-2) | 23,184 | 23,050 | 134 |
| 연    구(E-3) | 2,341 | 2,327 | 14 |
| 기술지도(E-4) | 217 | 214 | 3 |
| 전문직업(E-5) | 620 | 598 | 22 |
| 예술흥행(E-6) | 4,722 | 3,214 | 1,508 |
| 특정활동(E-7) | 11,285 | 10,294 | 991 |
| 비전문 취업(E-9) | 224,809 | 181,955 | 42,854 |
| 선원취업(E-10) | 7,659 | 5,515 | 2,144 |
| 방문동거(F-1) | 42,013 | 34,398 | 7,615 |
| 거    주(F-2) | 139,807 | 129,070 | 10,737 |
| 동    반(F-3) | 15,704 | 15,221 | 483 |
| 재외동포(F-4) | 96,775 | 95,809 | 966 |

---

3)  출입국·외국인정책본부 통계자료실.

| 영 주(F-5) | 50,670 | 50,670 | 0 |
| 방문취업(H-2) | 297,982 | 293,793 | 4,189 |
| 기 타 | 57,577 | 55,559 | 2,018 |

　여기에 또한 장기 체류 외국인이 증가하는 배경으로 우리 사회의 요구가 작용했다는 점을 고려한다면 이들이 이 땅에서 어려움 없이 살도록 하는 정책적 배려를 실시하는 것은 국가의 책무가 된다.

　이러한 체류 외국인의 규모와 변인의 변화에 따라 정부의 대응 정책은 체류 지원이나 관리를 넘어 사회통합이라는 개념으로 정책 대안이 등장하게 되는데 이의 시발이 2006년의 '결혼이민자 가족의 사회통합 지원 대책' 발표라는 데에는 큰 이견이 없는 듯하다(이혜경: 2010, 김혜순: 2010 등). 실제로 체류 외국인의 증가 추세에 대하여 그 이전까지는 정부가 사회통합 내지는 이민 정책 차원에서 능동적으로 대처한 정책 사례를 찾기가 어렵다.

　그러나 면밀히 살펴볼 때 사회통합 정책의 시발로 보는 결혼이민자 가족의 사회통합 지원 대책 역시 이민 정책이나 사회통합 정책이라는 국가 정책의 큰 방향 전환이라기보다는 당시 결혼이민자를 대상으로 하는 파행적 현상에 대한 정책적 대응의 성격이 강하다. 이는 바로 사회통합 지원대책의 후속 조치로서 대두된 법적 장치가 재한외국인처우기본법(2007년)과 그 집행법으로서 다문화가족지원법(2008년)이 나오고 눈에 띄게도 결혼이민자의 권익을 보호하기 위한 결혼중개업의 관리에 관한 법률(2007년)이 제정된 점을 통해서도 유추할 수 있다.

　이상의 내용을 종합할 때 우리 사회에서 사회통합이라는 개념은 결국 근래 십여 년 사이에 급속하게 증가한 결혼이민자와 최장 5년까지 합법적으로 머물 수 있는 방문 취업 재외동포(H-2 비자 소지자)의 대규모 유입, 고용허가제에 따른 외국인 노동자(E-9 비자 소지자)의 정주 현상 증가 등이 근본적인 정책 변화의 원인으로 작용한 것으로 볼 수 있다. 이중에서도 우리 사회의 기초 단위인 가족 구성원이면서 동시에 곧 국민으로 편입되는 결혼이민자를 둘러싼 사회적 파행성 등에 대한 즉각적인 대응 조처로서의 성격이 매우 강하다.[4] 이후 2009년부터 실시해 오고 있는 사회통합프로그램 역시 독립 입법 과정을 거치지 않은 채 재한외국인처우기본법의 목적을 달성하기 위하여 출입국관리법에 근거를 두고 실시해 오고 있음을 볼 때, 이주민 사회통합이 국가 정책의 차원에서 미래 전략을 제시하기보다는 외국인 정책 중 하나로서 현실적인 문제를 해결하는 대안으로 대두되었음을 짐작케 한다.

## 3. 사회통합 정책의 실제

이주민의 사회통합 정책에 대한 정부 정책은 크게 법 제정을 통하여 정책의 목적과 목표를 법적 실효성 하에 보장하고 이를 실천하기 위한 제도를 마련함과 동시에 이를 바탕으로 하여 구체적인 정책 입안과 실천의 단계를 밟음으로써 실현하게 될 것이다. 이와 함께 정부 정책에 대한 국민적 합의를 구하는 노력과 기 실시한 정책에 대한 피드백을 통하여 법, 제도, 정책의 보완이 지속적으로 이루어지는 과정을 거쳐야 할 것이다. 우리 정부의 이주민 사회통합 정책은 정부 정책에 대한 국민적 합의를 구하는 노력을 찾아보기는 어려우나 최소한 법과 제도의 구축, 정책의 개발 등은 순차적으로 나타나고 이를 실현하면서 오늘에 이르고 있는 것으로 파악된다. 이의 주요 내용을 살펴보면 다음과 같다.

---

4) 이를 뒷받침할 수 있는 논의로 정상우(2009)를 들 수 있는데 여기에서는 이주민 관련 법의 제정 취지, 주요 내용들을 분석하면서 이들 법이 법 제정 이후의 미래 비전을 제시하기보다는 현실적인 문제를 해결하는 데에 초점을 두고 있다는 점에서 법적 적실성을 결여하고 있는 것으로 보았다.

## 3.1. 이주민 사회통합 관련 법과 제도[5]

이주민의 사회통합과 관련한 최초의 법령은 앞에서 언급한 바와 같이 2007년에 제정된 재한외국인처우기본법(제정 2007. 5. 17)이다. 이 법은 법령의 명칭에서 알 수 있듯이 국내에 체류하는 외국인의 처우에 관한 기본적인 내용을 정하고 있는데, 체류 외국인의 인권을 보장하고 국민과 체류 외국인이 서로 이해하고 존중하는 사회를 만들어 국가의 발전과 함께 기존 국민과 이주민 간의 사회통합을 목적으로 제정된 것으로 볼 수 있다. 다시 말하면 국내 체류 외국인의 기본적인 인권 등을 보장함과 동시에 각 구성원의 개인적 역량이 충분히 발휘될 수 있도록 하여, 다양한 인종적·문화적 구성원으로 변화되어 가는 우리 사회의 통합을 추구함이 법 제정 정신이다. 그러나 이 법률은 기본법인 만큼 재한외국인의 처우에 관한 상세한 내용은 정하지 않고 있다. 선언적 의미를 갖는 내용이중심인데 법령 안에 사회통합을 명문화하고 있음은 사회통합 관련 법령으로서의 의미가 크다. 다만 법령이 궁극적으로 추구하는 미래 현상에 대한 비전 제시가 분명하지 않은 채 기본 사항만이 기술되어 있고 사회통합의 또 다른 당사자인 국민의 권리와 책임을 언급하지 않음으로써 진정한 의미의 사회통합을 추진하는 근거 법령으로서는 한계가 있다. 이주민의 한국 사회 적응을 위한 국가의 노력을 좀 더 구체적으로 명시하고 있으나[6] 사회통합 실천의 당사자인 국민과 이주민에게 적용할 내용을 적절히 담아내지 못함으로써 법령의 실효성 차원에서 한계를 안고 있다. 결국 이 법에 따라 다문화가족지원법이 집행법으로 제정되는데 이 역시 이주민의 사회통합을 위한 국가 차원의 지원 내용만

---

5) 여기에서 제시하고 있는 이주민 사회통합 관련 법령과 관한 논의는 이미 정상우(2009), 최연선(2009), 조항록(2011) 등에서 다루어진 내용을 바탕으로 하고 있음을 밝힌다.

6) 관련 법령의 내용은 "국가 및 지방자치단체는 결혼이민자에 대한 국어 교육, 대한민국의 제도·문화에 대한 교육, 결혼이민자의 자녀에 대한 보육 및 교육 지원 등을 통하여 결혼이민자 및 그 자녀가 대한민국 사회에 빨리 적응하도록 지원할 수 있다"로 되어 있다.

을 명시함으로써 사회통합이라는 거대한 정책의 방향성 제시와 미래 비전의 제시는 미진하였음을 느끼도록 한다.

재한외국인처우기본법은 이와 같이 한계를 안고 있으나 외국인 정책의 변화를 견인하는 근거 법령으로서의 의미는 크다. 재한외국인처우기본법의 중심 내용으로 볼 수 있는 '한국 내 체류 외국인의 한국 사회 적응 지원과 이를 통한 역량의 발휘', '대한민국 국민과 체류 외국인 사이의 상호이해와 존중'은 국내 체류 외국인을 차별 배제의 대상이 아닌 우리 사회 구성원의 일원으로 간주하였음을 의미한다.

사회통합과 관련이 깊은 또 하나의 법령은 다문화가족지원법(제정 2008. 3. 21)이다. 재한외국인처우기본법의 집행법인 다문화가족지원법은 다문화가족 구성원이 안정적인 가족생활을 영위할 수 있도록 함으로써, 이들의 삶의 질 향상과 사회통합에 이바지함을 목적으로 제정되었다. 다문화가족지원법은 집행법인 만큼 국가와 지방자치단체가 다문화가족을 대상으로 하여 어떠한 정책적 지원을 펼쳐야 할지를 비교적 상세히 명시하고 있는데 다문화 이해 교육과 홍보, 결혼이민자에 대한 기본적 정보 제공과 사회 적응 훈련 및 직업 교육 지원 등 다양한 활동을 포함하고 있다.[7]

이에 따라 중앙 정부와 지방자치단체가 협력하여 지자체 산하에 다문화가족지원센터를 설치하거나 기존 건강가정지원센터를 통하여 다문화가족에 대한 다양한 지원 정책을 펼쳐오고 있다.[8]

이상의 법령 제정과 함께 국무총리실을 비롯한 중앙 행정부서와 지방

---

[7] 다문화가족지원법은 이러한 활동 이외에도 가족상담, 부모교육, 가족생활교육의 추진, 다문화 가정 내 가정폭력 방지 및 외국어 통역 서비스를 위한 가정폭력상담소 및 보호시설 설치, 산전·산후 지원, 아동 보육·교육 지원, 다문화가족지원센터 지정, 민간단체 등에 대한 지원 조항 등을 포함하고 있다.

[8] 사회통합 정책과 관련하여 살펴볼 수 있는 또 하나의 법령으로 결혼중개업의 관리에 관한 법률을 들 수 있는데 이 법령의 주 내용은 국내에서 결혼을 중개함에 있어 부당한 행위를 제거하는 것이다. 이는 결국 결혼이민자의 인권을 보호하고 피해를 예방하여 안정적 사회 정착을 가능하게 한다는 점에서 사회통합과의 관련성을 부여할 수 있을 것이다.

자치단체에서는 훈령이나 조례 등을 통하여 다문화가족을 위한 지원 사업 등을 펼치는데[9] 여러 부서가 경쟁적으로 정책을 개발하여 시행하는 양상을 보이기도 한다. 대표적인 예로 국무총리실은 외국인정책위원회를 구성하여 외국인 정책 기본 방향 및 추진 체계(제1차 외국인 정책 기본 계획)를 마련하였고 다문화가족정책위원회를 두어 다문화가족 지원 사업을 조정하고 있다. 법무부는 재한외국인처우기본법의 제정 이후에 출입국 · 외국인정책본부를 설치하였고 출입국관리법에 근거한 사회통합프로그램을 실시하고 있다. 또한 여성가족부는 다문화가족지원센터를 지자체와 협력하여 설치하고 이를 뒷받침하기 위한 한국건강가정진흥원을 설치하여 운영하고 있으며 교육과학기술부는 다문화 가정 자녀 교육 지원 대책을 마련하여 다양한 지원 사업을 펼치고 있는 상황이다. 뿐만 아니라 행정안전부는 거주외국인 지원 표준조례안을 수립하여 각급 지자체에 보내 지자체별 지원 방안을 수립하는 데 활용하도록 하고 있다. 이 밖에도 국가인권위원회, 농림수산식품부 등 더 많은 행정 단위 및 부서가 사회통합과 관련한 정책을 실시하고 있어 어찌 보면 다문화 사회 구성원에 대한 지원이 봇물을 이루는 듯하다.

## 3.2. 이주민의 사회통합 정책 영역과 예산

이주민에 대한 사회통합 정책의 실제는 각 행정 부서의 정책의 내용과 이를 실시하기 위한 예산의 배정을 살펴봄으로써 가능하다. 각 행정 부서의 사회통합 정책의 내용을 총괄적으로 살펴볼 수 있는 것은 외국인 정책 기본 계획의 내용이다. 외국인 정책 기본 계획은 2007년의 재한외국인처우기본법에 따라 설치된 외국인정책위원회가 최종 심의하는 기본 계획으로서 각 중앙 부서의 정책 조정과 협력을 통하여 국가 차원의

---

9) 중앙 행정부서와 지방자치단체에서 훈령과 조례를 통하여 다문화 가족을 대상으로 실시하는 지원 정책에 대하여는 정상우(2009) 참조.

외국인 정책을 효율적으로 실시하고자 하는 종합적이고 기본적인 계획이다. 이와 함께 매년 정기국회에서 진행되는 예산 심의 과정에서 각 행정 부서별로 예산이 어떻게 배정되었는지 또는 각 행정 부서가 예산을 어떻게 신청하였는지를 살펴본다면 우리 정부의 이주민 사회통합 정책의 실제 내용을 이해하게 될 것이다.

외국인 정책 기본 계획은 재한외국인처우기본법에 의거하여 외국인정책위원회가 주관이 되어 수립하는 국가 기본 계획으로 매 5년을 단위로 한다. 2008년부터 2012년까지를 대상으로 하는 기본 계획 중 사회통합 관련 내용을 정리하면 다음과 같다.

첫째, 사회통합 정책은 제1차 외국인 정책 기본 계획의 4대 정책 목표 중 하나이며[10] 2011년 계획을 기준으로 할 때 과제 수에 있어서는 전체 211개 과제 중 82과제로서 4대 정책 목표 중 가장 큰 비중을 차지한다.

둘째, 사회통합 정책은 정책 목표로서 '질 높은 사회통합'을 제시하고 있으며 다문화에 대한 이해 증진, 결혼이민자의 안정적 정착, 이민자 자녀의 건강한 성장 환경 조성, 동포의 역량 발휘를 위한 환경 조성 등 네 개의 중점 과제를 포함한다. 이중에서 2011년 계획을 기준으로 할 때 결혼이민자의 안정적 정착에 관한 과제가 31개로서 가장 큰 비중을 차지한다.

셋째, 담당 부처로는 2011년 계획을 기준으로 할 때 교육과학기술부, 법무부, 문화체육관광부, 행정안전부, 보건복지부, 농림수산식품부, 여성가족부, 노동부 등 8개 중앙부서와 국립어린이청소년도서관, 국립중앙박물관 등 2개의 정부 중앙부서 산하기관이 있으며 이중에서 법무부가 최다인 31개 과제를 수행하고 있다.[11]

---

10) 외국인 정책 기본 계획의 기본 틀은 정책 목표, 중점 과제, 추진 계획, 세부 추진 계획으로 짜여 있는데 정책 목표는 네 개로서 ① 질 높은 사회통합, ② 적극적인 개방을 통한 국가 경쟁력 강화, ③ 질서 있는 이민 행정, ④ 외국인 인권 보호 등이다(출처: 외국인정책위원회(2008)).

11) 지식경제부의 외청인 외국인 산업연수생 제도의 관할 부서인 중소기업청은 2010년까지 참여하였으나 2011년부터는 참여하지 않는 것으로 나타난다.

넷째, 실제 과제의 내용은 법, 제도의 개선을 통한 편의 제공, 인권 보호, 다문화가족지원센터와 외국인력지원센터 등 특정 집단 대상의 종합 지원 센터 운영, 정보 제공 및 상담, 취업 지원, 자녀 양육 지원, 교육 기회 제공 및 교육 지원, 각종 사회 적응 프로그램 및 문화 행사 참여 기회 제공, 한국어 능력 함양 및 한국 사회 이해 능력제고, 피해 구제, 국민기초생활 보장 및 저소득층 의료 지원 등으로서 인권 보호, 사회 적응 지원, 활동 역량 강화, 긴급 구제 및 지원, 복지 향상 등 다양한 영역에서 추진되고 있다.

이상에서 살펴볼 때 이주민을 대상으로 하는 사회통합 정책은 정부의 외국인 정책에서 큰 비중을 차지함을 알 수 있다. 재한외국인처우기본법 제정 이후 체류 외국인에 대한 정책 방향이 사회통합 정책을 적극 실시하는 방향으로 나아가고 있음을 느끼게 한다. 그러나 자세히 살펴볼 때 질 높은 사회통합의 정책 대상이 결혼이민자와 이민자 자녀 및 동포에 국한되어 있다. 이는 사회통합 정책이 현실적인 차원에서 사회적 소수자 내지는 갈등의 잠재적 요인이 되고 있는 다문화 가정에 치중하고 있음을 반영하는 것이다. 이는 사회통합 정책이 1차적으로 약자를 보호하고 사회적 갈등을 해소하거나 예방한다는 점에서는 의미가 크나 우리 사회의 체류 외국인 전체에서 차지하는 비중이 큰 이주노동자나 외국인 유학생 등 여타의 체류 외국인에 대한 정책적 고려를 결여하고 있음을 의미하기도 한다. 특히 이주노동자는 2011년 기준으로 60만 명이 넘어 최대의 이주민 집단인 데다가 최장 5년에 가까운 기간을 국내에서 합법적으로 체류할 수 있고 이후에도 다양한 방법으로 국내에서 체류를 연장하는 이들이 적지 않은데 사회통합의 대상으로 적극 고려되지 않은 점은 음미해 볼 필요가 있다.

한편 외국인 정책 기본 계획이 정부의 정책 내용을 알 수 있는 자료인 데 비하여 국회의 예산 심의 자료는 실제적으로 얼마나 비중이 주어지고 정책적 실효를 거둘 수 있는지를 가늠하게 하는 자료이다. 이와 관련하여 국회입법조사처의 다문화 정책의 추진 실태와 개선 방향(2009. 12)

과 국회예산정책처의 다문화가족 지원 사업 문제점과 개선 과제(2010.
11)에 나타난 사회통합 정책 관련 내용을 살펴보면 다음과 같다.

첫째, 이들 자료에서는 예산 배정의 근거 법령을 망라하여 예산 신청
부서와의 관련성을 바탕으로 적시하고 있는데 이를 보면 이주민 사회통
합 정책의 추진과 관련한 법령이 광범위함을 알 수 있다. 법무부는 국적
법, 출입국관리법, 재한외국인처우기본법과 법교육 진흥법을, 보건복지
가족부는 다문화가족지원법과 결혼중개업의 관리에 관한 법률을, 문화
체육관광부는 문화예술진흥법, 재한외국인 처우기본법, 외국인 근로자
의 고용 등에 관한 법, 국어기본법, 도서관법, 박물관 및 미술관진흥법
을 근거로 정책을 추진하고 있다. 또한, 교육과학기술부는 다문화가족
지원법, 노동부는 외국인 근로자의 고용 등에 관한 법률, 행정안전부는
재한외국인 처우기본법과 다문화가족지원법을, 그리고 여성부는 가정
폭력방지 및 피해자 보호 등에 관한 법률, 여성발전기본법 및 경력단절
여성 등의 경제활동 촉진법을 근거로 사업을 실시한다(국회입법조사처
연구보고서(2009.12)).[12]

둘째, 외국인 정책 기본 계획에 따른 사업 예산은 2010년을 기준으로
중앙부처 투자 총액은 1,174억 원으로 2009년의 1,053억 원에서 121억
원(11.4%)이 증가했는데 이중에서 사회통합 분야가 전체 투자 예산의
52.66%로서 외국인 정책 4대 중점 영역 중 가장 큰 비중을 차지하였다.

셋째, 사회통합 정책 중 다문화가족 지원 사업은 2010년 11월에 8개
부처가 30개 세부사업을 수행하였으며 예산은 2008년 317억 원, 2009
년 436억 원, 2010년 629억 원으로 급증하였다(국회예산정책처의 다문
화가족지원사업 문제점과 개선과제(2010. 11)).

넷째, 지방자치단체도 시·도와 시·도 교육청을 중심으로 다문화가
족 지원 사업을 수행하고 있는데 16개 시·도의 다문화가족 지원 사업

---

12) 2009년도의 경우 현 보건복지부, 여성가족부가 당시에는 명칭이 보건복지가족부, 여성부
이었기에 여기에서도 이 명칭을 사용하였음을 밝힌다.

예산은 2008년 60억 원, 2009년 143억 원, 2010년 97억 원으로 나타났고 16개 시·도 교육청의 다문화가족 지원 사업 예산은 2008년 46억 원, 2009년 110억 원, 2010년 127억 원으로 나타났다(국회예산정책처의 다문화가족지원사업 문제점과 개선과제(2010. 11)).

이상의 내용으로 볼 때 이주민 사회통합 정책은 다양한 중앙 부서와 관련이 있으며 일부는 전적으로 이주민 사회통합 정책만이 정책의 목표와 내용으로 설정되어 있는 것에 비하여 일부는 우리 정부의 일반 국민 대상 정책의 일환으로 다문화 가족에게 정책적 시혜가 베풀어지고 있음을 알 수 있다.[13] 그러나 중요한 것은 관련 법령이 폭넓게 산재해 있는 만큼 이주민 사회통합과 관련한 정부 내 협의 조정의 필요성이 더욱 커진다는 점이다. 예산 규모의 측면에서 볼 때 전체 예산 규모와 함께 이주민 사회통합 정책 예산도 꾸준히 증가함을 알 수 있다. 그중에서도 다문화가족 관련 예산의 증가율(연평균 증가율이 40%를 넘음)은 이주민 사회통합 정책 예산의 평균 증가율(11.4%)을 훨씬 상회하고 있어 사회통합 정책의 주 대상이 다문화가족임을 알 수 있도록 한다. 한편 지방자치단체의 이주민 대상 예산의 증가 역시 괄목할 만하게 나타나나 전체 규모는 중앙 부서의 10% 미만으로 지역 거주민에 대한 정책적 고려가 충분히 이루어지고 있는지는 미지수이다.

---

13) 사실 국민을 대상으로 하는 지원 내지는 시혜성 법률에서, 법적으로 국민이 아닌 이주민까지 대상을 넓히고자 한다면 관련 법령의 개정이 선결되는 경우가 관례이다. 이의 대표적인 예로 국민연금법, 국민건강보험법, 고용보험법, 국민기초생활보장법, 한부모가족지원법, 가정폭력방지 및 피해자 보호 등에 관한 법률, 건강가정기본법(2004년) 등을 들 수 있다(정상우: 2009 참조). 그러나 위에 제시된 관련 법령의 일부는 제정 당시 이주민을 포함하였거나(예: 국어기본법) 일부는 법률의 개정이 없이 이주민을 정책의 대상으로 설정한 것으로 보인다.

## 4. 이주민에 대한 사회통합 정책의 사례 분석: 사회통합프로그램

이주민에 대한 다양한 사회통합 정책의 사례 중 대표적인 것으로 사회통합프로그램과 다문화가족지원센터의 설치 운영을 들 수 있다. 사회통합프로그램은 이주민의 한국 사회 적응을 위한 기본 소양인 한국어 능력과 한국 사회 이해 능력을 키워 주기 위한 것으로 다른 정책과는 달리 사회 구성원으로의 기본 자질 향상을 키우기 위한 것이고 다문화가족지원센터의 설치 운영은 이주민의 삶의 터전에서 현실적으로 겪게 되는 고충을 해소하기 위한 다양한 지원 정책을 총체적으로 실시하는 현장 지원 기구이기 때문이다. 여기에서는 사회통합프로그램의 주요 내용과 실시 성과, 한계 등을 살펴보고자 한다.[14]

### 4.1. 사회통합프로그램의 개요[15]

사회통합프로그램은 이민자가 우리말과 우리 문화를 빨리 익히도록 함에 따라 국민과의 원활한 의사소통으로 지역 사회에 쉽게 융화될 수 있도록 지원하기 위하여 실시한 것으로 다음의 두 가지를 기본 취지로 하고 있다(법무부, www.kiip.kr).

○ 재한 외국인에 대한 각종 지원 정책을 사회통합프로그램으로 표준화하고 이를 이수한 이민자에게는 국적 취득 필기시험을 면제해 주는 등 인센티브로 자발적이고 적극적인 참여 기회 부여

○ 이민자에게 꼭 필요하고 적절한 지원 정책 개발과 세부지원 항목 발굴을 위하여 이민자의 사회적응지수를 측정, 이민사 지원 정책 등에 반영

---

14) 사회통합프로그램과 함께 다문화가족지원센터에 관한 논의를 전개하고자 하였으나 지면의 부족 및 준비의 부족으로 본고에서는 사회통합프로그램에 대해서 논의한다. 다문화가족지원센터의 성과와 한계에 대하여는 다음 기회로 미루고자 한다.

15) 사회통합프로그램의 실시 배경 및 초기 실시의 개요에 대하여는 차용호(2008) 참조.

이러한 기본 취지로 실시된 사회통합프로그램은 2008년 3월에 관계 법령 및 제도를 정비하고 같은 해 12월에는 사회통합프로그램 운영에 필요한 전문 인력(한국어 교육을 담당할 강사와 한국 사회 이해를 담당할 강사) 중 기존에 양성 시스템이 갖춰지지 않은 한국 사회의 이해 담당 강사 양성 프로그램을 운영한 후 2009년 상반기에 전국 20개소에서 시범 운영하기에 이르렀다. 이후 사회통합프로그램은 운영 기관의 확대와 참가자 규모의 확대를 지속적으로 추구해 와 2011년에는 전국에 29개의 거점 운영기관을 포함하여 모두 150개의 기관에서 실시되고 있다.

사회통합프로그램은 참가자에 제한을 두지 않음으로써 국내 체류 외국인이면 누구나 참여할 수가 있는데 실제로는 결혼이민자 등 국적을 취득하고자 하는 외국인이나 장기 체류 외국인이 주를 이루고 있다.

교육과정은 아래와 같이 한국어와 한국 사회의 이해로 나뉘며 한국어는 기초 과정을 포함하여 총 415시간, 한국 사회의 이해는 50시간으로 구성되어 있다. 다만 참가자들은 참가 초기에 실시하는 사전평가를 통해 선수 학습의 수준에 맞는 단계에 배정됨으로써 짧게는 한국 사회의 이해 과정만을 이수하기도 하고 길게는 한국어 415시간과 한국 사회의 이해 50시간 등 총 465시간을 이수하게 되기도 한다. 다만 한국 사회의 이해는 한국어 과정을 모두 마쳤거나 면제된 경우에 한하여 참여할 수 있으며 종합시험을 응시하기 위한 필수 선결 과정으로 되어 있다.

한편 결혼이민자는 그 특성상 한국어를 생활 속에서 배울 수 있는 여지가 크다는 이유로 한국어 과정의 3단계와 4단계를 면제 받게 된다.[16]

---

16) 결혼이민자에 대한 한국어 과정 3,4단계 면제와 관련해서 실제 이유는 사회통합프로그램 실시 초기 이주민 인권단체 등에서 사회통합프로그램 실시에 따른 결혼이민자의 불편 야기 등을 이유로 프로그램 실시 반대 의견을 제시한 것을 일부 수용한 것이라는 해석도 있다.

**표 3** 사회통합프로그램의 교육과정 개요

| 구분 \ 단계 | 0단계 | 1단계 | 2단계 | 3단계 | 4단계 | 5단계 |
|---|---|---|---|---|---|---|
| 과정 | 한국어 | | | | | 한국 사회의 이해 |
| | 기초 | 초급1 | 초급2 | 중급1 | 중급2 | |
| 이수시간 | 15시간 | 100시간 | 100시간 | 100시간 | 100시간 | 50시간 |

사회통합프로그램은 본질적으로 교육 프로그램으로서 교재, 교사, 교수법과 같은 교육 실시의 필수 요건의 구비를 요하게 되는데, 교재는 초기에는 시중 교재 중에서 선정하여 사용하였다. 이후 한국어의 경우에는 고유 교재를 개발하여 사용하고 있으나 한국 사회의 이해는 여전히 시중 교재를 선정하여 사용하고 있는 상황이다. 교사는 한국어 교육의 경우 국어기본법에서 정하고 있는 한국어 교원 자격증 소지자를 우선으로 하되 현실적으로 충원의 어려움이 있어 한국어 교원 양성과정을 이수한 최소한의 전문 인력이 현장에서 500시간 이상의 강의 경력이 있으면 교육을 담당할 수 있도록 하고 있다. 한국 사회의 이해의 경우에는 법무부가 자체적으로 육성하는 시스템을 통하여 전문 강사(다문화 강사)에게 교육을 맡기고 있다.

사회통합프로그램의 주요 특징 중의 하나는 참여자에게 혜택을 부여한다는 점인데 혜택의 내용은 아래의 표와 같다. 이러한 혜택은 참여자가 프로그램을 통하여 갖추게 되는 기본 소양의 가치를 인정하는 보상 차원에서 실시하는 것으로 알려지고 있다. 그러나 참여자 확보를 위한 유인 전략이라는 인식도 있는데 외국의 사례를 보아도 사회통합프로그램 참여자에 대한 적절한 보상은 보편적인 현상으로 참여자에 대한 보상 차원에서 이해할 수 있을 것이다.

**표 4** 사회통합프로그램 이수자에 대한 혜택[17]

| 귀화신청 예정인<br>결혼이민자 | – 국적 취득 대기기간 1년 정도 단축, 귀화면접심사 등에 반영<br>– 국적 취득 최대 소요기간 현 3년 6개월 → 2년 6개월로 1년 단축<br>※ 적정시점에 귀화 필기시험 실시 시, 이수자에게 귀화필기 시험 면제 |
|---|---|
| 귀화신청 예정인<br>일반귀화신청자 | – 귀화 필기시험 면제<br>– 국적 취득 대기기간 대폭 단축(7년 → 5년 6개월로 단축)<br>– 귀화면접심사 등에 반영 |
| 귀화신청자의 배우<br>자, 가족 등 국민 | – 결혼이민자의 사증발급 기간 단축<br>– 이민자의 귀화면접 심사에 반영 |

## 4.2. 사회통합프로그램의 운영 성과와 한계[18]

사회통합프로그램은 2009년에 시범운영을 실시하고 이후 본격 운영 단계를 거치며 오늘에 이르고 있다. 그동안 투입된 예산은 2009년 12억 원, 2010년 28억 원, 2011년 33억 원으로 매년 크기 늘어났으며 운영기관도 초기의 20개소에서 2011년 150개소로 큰 폭으로 증가했다. 사회통합프로그램에 참가한 이주민의 수 역시 아래의 표와 같이 매년 큰 폭으로 증가하고 있어 사회통합프로그램이 안정적 운영의 단계에 접어들고 있음을 느끼게 한다.

**표 5** 사회통합프로그램 참여자 변화 추이[19]

(단위 : 명)

| 연도＼수 | 사전평가 응시자 | 참여자 |
|---|---|---|
| 2009년 | 2,827 | 1,920 |
| 2010년 | 5,140 | 4,056 |
| 2011년 (상반기) | 4,357 | 3,160 |
| 계 | 5,544 | 10,259 |

---

17) 조항록 외(2011)에서 전재.

18) 이 부분의 내용 중 많은 부분은 조항록 외(2011)의 내용에 바탕을 두고 기술하였음을 밝힌다.

19) 조항록 외(2011)에서 전재.

한편 사회통합프로그램 사전평가 응시자를 체류 자격별로 아래의 표에서 보는 것처럼 결혼이민자에 해당하는 국민배우자 비자 소지자, 방문동거, 영주권 소유자, 방문취업자 등이 주를 이룬다. 즉 국적 취득, 영주거주, 장기 체류와 관련이 있는 자들이 주를 이룸을 알 수 있다.

**표 6** 체류 자격 별 사회통합프로그램 응시자 비율[20]

| 체류자격 | 2010년 사전평가(종합) | 2009년 사전평가(종합) |
|---|---|---|
| C-3(단기종합) | 0.1% | − |
| D-2(유학) | 2.9% | 0.33% |
| D-4(한국어연수) | 0.5% | 0.03% |
| D-6(종교) | 0.2% | 0.03% |
| D-8(투자기업) | 1.8% | 0.4% |
| E-2(회화지도) | 0.3% | − |
| E-7(특정활동) | 0.5% | 0.1% |
| E-9(비전문 취업) | 1.3% | 0.6% |
| F-1(방문동거) | 10.0% | 2.7% |
| F-2-1(국민배우자) | 73.9% | 69.0% |
| F-2-4(난민) | 0.1% | 0.03% |
| F-3(동반) | 0.2% | 0.2% |
| F-4(일반동포) | 0.1% | 0.03% |
| F-5(영주권자) | 2.5% | 0.8% |
| G-1(기타) | 0.1% | 0.6% |
| H-2(방문취업) | 4.0% | 8.5% |
| 국민 | 0.8% | 0.5% |

　사회통합프로그램을 실시하는 법무부 외국인 · 출입국정책본부는 매 프로그램 종료 후 참가자를 대상으로 만족도 조사를 실시하는데 만족도는 높은 것으로 나타난다. 또한 최근에 성결대 다문화평화연구소가 주관 기관이 되어 실시한 법무부 외국인 · 출입국정책본부의 정책연구 과정에서 실시한 만족도 조사 역시 참가자의 만족도가 높은 것으로 나타

---

20) 조항록 외(2011)에서 전재.

났다. 한편 이 정책 연구에서는 사회통합프로그램의 강사를 대상으로 하는 만족도 조사도 동시에 실시했는데 전반적으로 높은 만족도를 보였으나 일부 항목(교육 전문성 분야)에서는 참가자가 느끼는 만족도가 낮은 것으로 나타난 점이 주목할 만하다.[21]

사회통합프로그램은 실시 3년이 지나면서 기반을 구축한 것으로 알려지고 있으나 아래와 같이 몇몇 한계도 노출하고 있음을 부인할 수 없다.

첫째, 앞에서 확인할 수 있듯이 교육 참여자(사전평가 응시자) 대비 이수 완료자 비율이 2009년 약 36%, 2010년 약 25%로 현저히 낮다. 취업이나 차년도로의 이월 등 여러 요인이 존재하기도 하겠지만 참여자 대비 이수 완료자 비율이 적정 수준을 유지할 필요가 있다.

둘째, 사회통합프로그램이 궁극적으로 추구하는 이주민의 사회통합을 위한 기능을 강화할 필요가 있다. 참여자의 체류 자격을 보면 국민의 배우자(F-2)가 2009년 69%, 2010년 74%로 가장 많은데 이는 곧 국민의 배우자의 최종 목표인 국적을 위한 프로그램이라는 인식을 갖게 한다. 이민자와 더불어 사는 열린사회 구현, 체류 외국인들에 대한 인권보장, 다문화 포용 및 사회통합이라는 사회통합프로그램 실시 목적을 충분히 실현하기 위한 다각적인 노력이 요구된다.

셋째, 사회통합프로그램은 법령 체계 내지는 국가 정책적 차원에서 좀더 높은 위상을 확보할 필요가 있다. 지금은 법무부장관 훈령으로 되어 있기 때문에 정책의 안정된 추진에 한계가 있다. 그뿐만 아니라 유관 정책과의 관계에서 실행력이 뒤질 수도 있다. 사회통합프로그램의 실시 성과가 좀 더 가시화되고 국민적 호응이 좋다면 법률로의 격상을 시도하여 강력하고 안정되게 추진할 수 있는 체계를 갖추는 것이 필요하다.

넷째, 사회통합프로그램은 외국인과 이주민에 대한 근본적인 정책 변화의 의미를 갖는 만큼 국민의 의식조사도 필요하다. 앞에서도 지적한

---

21) 사회통합프로그램 참여자에 대한 법무부 외국인·출입국정책본부에서 실시한 만족도 조사 결과 등에 대하여는 조항록 외(2011)에서 확인할 수 있다.

바와 같이 우리 국민이 진정 이러한 변화를 원하는지를 정확하게 파악해야 한다. 국민적 합의의 도출이 가능하다면 사회통합프로그램을 확대 실시할 필요가 있다. 아직도 국내 체류 외국인의 수에 비하여 사회통합프로그램 참가자 수는 미미하다. 참가자 규모가 대상자 대비 미미한 수준이라면 정책의 지속적 실시에 걸림돌이 될 수도 있다.

마지막으로 사회통합프로그램은 기능을 떠나 본질만을 논한다면 교육 프로그램인 만큼 교육 전문성을 확보해야 한다. 교육이 갖춰야 할 3대 요소인 교재, 교수법, 교사 요인에서 볼 때 사회통합프로그램은 아직 걸음마 단계이다. 교육과정이 체계적으로 개발되었다기보다는 기성 교재에 바탕으로 두고 귀납적으로 정립이 되어 간 느낌이다. 수요자 요구 조사 → 교육 목표 설정 → 교육과정 개발 → 교육자료/교수법개발/교사 육성 등과 같은 교육 프로그램 개발의 기본 절차를 이행할 필요가 있다. 최근 법무부가 이러한 관점에서 전문가 집단에게 연구를 의뢰하고 이를 적극적으로 수용하는 자세는 바람직하다. 이런 과정을 거쳐 교육 프로그램으로서의 체계성, 효율성, 실용성을 가져야 할 것이다.


## 5. 사회통합 정책 추진의 문제점과 개선 방안

이상에서 살펴본 바와 같이 이주민 사회통합 정책은 최근 급증한 국내 체류 외국인의 증가와 관련하여 우리 정부가 종전의 정책과는 다른 새로운 방향과 목적을 가지고 실시한 획기적인 정책으로 볼 수 있다. 이제 정책 실시의 초기 단계를 지나 안정된 정책을 실시해야 할 시점에 이르고 있다. 우리 정부의 이주민 사회통합 정책은 그동안 많은 성과를 내기도 하였지만 향후 좀 더 나은 정책의 실시를 위하여 아래와 같이 지금까지 실시해 온 정책을 냉정하게 짚어 보고 일부 개선 방안을 제시해 보고자 한다.

첫째, 지금까지의 사회통합 관련 법령과 제도 등은 지금까지 진행된 이주민의 증가에 대하여 국가가 정책적으로 대응한 성격이 강할 뿐 이주민을 포용한 상태에서 미래의 우리 사회에 대한 비전을 제시하지 못한다는 한계가 있다. 다만 사회통합프로그램의 실시와 같은 일부 정책의 경우 기존의 정책 패러다임을 뛰어넘어 이주민 증가를 적극 반영한 전향적인 정책으로서 큰 의미를 갖는 것으로 보인다.

둘째, 현시점 우리 정부는 몇몇 정책에서 사회통합을 추구하지만 실제로는 이주민의 자질과 역량을 강화하여 기존 구성원과 대등한 위치에서 활동하도록 하는 조화 정책을 적극적으로 펼치지는 못하는 것으로 보인다. 즉 지금까지 나타난 정책은 이주민이 우리 사회에 적응하는 과정에서 사회적 약자 내지는 소수자로 전락하는 것을 예방하고자 다양한 지원 및 보호 정책을 펼치는 듯하다. 정부의 제도와 정책 곳곳에서 접하게 되는 사회통합 정책도 결국은 이주민을 보호하고 지원하여 이들이 우리 사회의 구성원이 되도록 하는 과정으로 인식될 뿐 그들의 모어 자질이나 모문화 자질이 우리 사회의 중요한 구성 요소로 자리 잡도록 하는 방안은 그리 드러나지 않는다.

셋째, 김혜순(2010), 신지원 외(2011)에서 제시하고 있듯이 사회통합 정책은 컨트롤타워가 부재한 상태에서 중복과 혼선의 문제를 보여 주고 있다. 준비하지 않은 상태에서 이주민이 빠르게 증가한 만큼 정부의 입법과 정책의 개발도 현실을 뒤따르면서 문제를 해결하는 방식으로 진행되었다는 평가가 적지 않다. 이는 곧 하나의 법령이나 제도로 현실 사회에 다양하고 폭넓게 존재하는 현상을 아우르는 일이 쉽지 않은 결과를 낳는다. 더욱이 총괄 추진 기구(협의체가 아닌)가 존재하지 않는 상황에서 이러한 현상은 지속되고 있다. 일일이 열거할 수는 없지만 중복, 혼선을 나타내는 사례는 국회예산정책처가 2010년 11월에 펴낸 다문화가족지원사업 문제점과 개선과제에도 잘 나타나 있다.[22]

넷째, 김혜순(2010) 등 여러 논저에서 지적하고 있듯이 사회통합 정책은 결혼이주여성, 다문화 가정 자녀 등 특정 집단을 집중적으로 대상으로 한다. 이는 시간이 지나면서도 개선되지 않아 이주민 지원과 관련하여 부익부 빈익빈 현상이 가중되고 있다.

다섯째, 사회통합 정책의 주 대상이 결혼이주여성이나 다문화 가정 자녀 이외에 실제로 우리 사회에 도움이 될 수 있는 전문 기술 인력이나 고숙련 노동자의 정주화를 촉진할 수 있는 제도의 출현이 요구된다. 저출산 고령화 사회에서 이주민의 국가 사회적 기능의 중요성은 지속될 전망이다. 이러한 상황에서 사회에 좀 더 기여할 수 있는 이주민 집단을 대상으로 하는 사회통합 정책을 적극 추진할 필요가 있다. 최근에 단순 노동 인력(E-9)에 대하여 일정 요건을 갖출 경우 준 전문 인력(E-7)으로 체류 자격을 변경해 주는 방안이 발표된 것은 고무적이다. 그러나 그 요건이 까다로워 실제 효과가 얼마나 클지는 미지수인 것으로 보인다.

여섯째, 김이선 외(2007), 동아일보(2011. 2. 28)에서 지적하고 있는 것처럼 다문화 가족에 대한 서비스의 체계화와 전문성 제고가 필요하다. 이에 대한 대안의 모색은 곧 질 높은 사회통합을 구현하는 길이 될 것이다.

마지막으로 여러 논저에도 등장하듯이 사회통합은 이주민을 대상으로 하는 정책에 머물러서는 안 되고 기존 국민에 대한 관련 정책이 병행되어야 하지만 실제로 이주민에 대한 국민의 인식 변화와 관련한 정부 정책이 드러나 보이지 않는다.

이상에서 보듯이 사회통합 정책은 시행 초기 단계에서 여러 과제를 안고 있다. 다문화 사회로의 진전이 피할 수 없는 상황이라면 이러한 과제에 대한 적극적인 개선 노력은 하루 빨리 이루어져야 할 것이다.

---

22) 2011년 1월 23일자 인터넷 뉴스 매체인 노컷뉴스에서 '다문화 정책, 의지만 있고 컨트롤 타워가 없다'는 보도에서 부서 간, 중앙부서와 지자체 간 중복, 혼선의 사례를 상세히 보여 주고 있다. 한편 이주민 집단 사이에서는 비슷한 시기에 비슷한 성격의 여러 문화 행사에 초청(또는 동원) 되어 곤란한 경우가 많음을 진술하기도 한다.

# 6. 결론

　최근 우리 사회에서는 다문화라는 말이 보편화되어 있고 실제로 우리의 생활 주변에는 다양한 변인을 가진 이주민이 함께 하고 있다. 우리 정부 역시 이러한 환경 변화를 직시하여 이주민에 대한 새로운 정책적 접근을 시도하는데 그 중심에 이주민 사회통합 정책이 있다. 이러한 배경에서 본고에서는 이주민 사회통합 정책의 정책 환경과 주요 내용을 살펴보았다. 이중 주요 내용에는 이주민 사회통합 정책 관련 법령과 제도, 주요 정책이 포함되고 구체적인 정책 사례로서 사회통합프로그램에 대한 검토를 진행하였다. 그리고 이주민 사회통합 정책과 관련하여 지금까지 나타난 문제점을 정리하고 개선을 위한 대안을 제시하였다.

　이상의 논의를 종합할 때 우리 정부가 국경 관리나 출입국 정책, 체류 관리나 지원 정책의 차원을 넘어 이주민을 우리 사회의 대등한 구성원으로 인식하고 이들과 기존 우리 사회 구성원 사이의 통합을 추진하는 일은 시의적절한 것으로 평가할 수 있다. 이주민 사회통합 정책의 추진을 위하여 법령이 제정되고 제도가 구축되고 다양한 정책이 실시되고 있음은 앞에서 살펴본 바와 같다. 그러나 우리 정부의 이주민 사회통합 정책은 아직 초기 단계로서 정책 목표와 방향의 제시부터 구체적인 정책 내용 등이 충분한 평가를 받지 못한 상태이다. 학계 전문가, 일반 시민, 언론, 이주민 집단 등은 이제 다양한 관점에서 이주민 사회통합 정책에 관심을 갖고 향후 발전을 위한 대안을 제시할 필요가 있다. 우리 사회가 이주민의 유입을 전제로 하는 다문화 사회로 진입하고 있음을 부인하지 못하는 상황에서 이주민에 대한 사회통합 정책의 필요성이 더욱 커지고 있음에 우리는 주목해야 할 것이다.

# 참고문헌

국회입법조사처(2010) 다문화 정책의 추진실태와 개선방향, 정책보고서 Vol.2.

김이선 · 황정미 · 인진영(2007) "다민족 다문화 사회로의 이행을 위한 정책 패러다임 구축(I): 한국 사회의 수용 현실과 정책과제", 한국여성정책연구원.

김혜순(2007) 한국적 "다문화주의"의 모색: 세계화 시대 이민의 보편성과 한국의 특수성, 한국 사회학회 편, 한국적 "다문화주의"의 이론화.

김혜순(2010) 이민자 사회통합 정책 기초연구: 결혼이민자와 다문화가족을 중심으로, IOM MRTC Working Paper No, 2010-05, IOM 이민 정책연구원.

박성혁 외(2008) 우리나라 다문화 교육정책 추진현황, 과제 및 성과분석 연구, 교육인적자원부 정책과제.

신지원 외(2011) 이민자 통합정책과 다층적 통합 거버넌스: 영국, 독일, 한국 사례를 중심으로, IOM MRTC Working Paper No, 2010-01, IOM 이민 정책연구원.

외국인정책위원회(2008) 외국인 정책 기본방향과 추진 체계, 제1회 외국인정책위원회 회의 자료.

이혜경(2010) 한국 이민 정책사, IOM-MRTC Working Paper No, 2010-07, IOM 이민 정책연구원.

정상우(2009) 다문화가족 지원에 관한 법체계 개선 방안 연구, 法學論叢 第26輯 第1號.

조항록(2011) 다문화가족 관련 법령 · 제도의 검토와 개선방안, 나라사랑 제120호, 외솔회.

조항록 외(2011) 사회통합프로그램 발전 방안 연구, 법무부 외국인 · 출입국정책본부 정책 연구 과제 보고서.

주성훈(2010) 다문화가족지원사업 문제점과 개선과제, 국회예산정책처 예산현안분석 제38호.

차용호(2008) 이민자 사회통합을 위한 정책방향, 한국이민학회 2008년 후기학술대회 발표 논문.

최연선(2009) 다문화 가정을 위한 사회통합 정책의 현황과 과제, 임상사회사업연구 제6권 제3호, 임상사회사업학회.

최용기(2011) 다문화 사회의 한국어 교육 정책 현황과 과제, 다문화와 평화 第 5輯 1號, 성결대학교 다문화평화연구소.

한국여성정책연구원(2010) 다문화가족의 해체 문제와 정책과제, 여성가족부 연구보고서.

동아일보 2011년 2월 8일자

법무부 외국인·출입국정책본부 사회통합프로그램 홈페이지(www.kiip.kr)

인터넷 뉴스 매체 노컷 뉴스 2011년 1월 23일자

# 3 다문화가족 관련 법령·제도의 검토와 개선 방안*

## 1. 들어가는 말: 다문화 담론과 법령 · 제도

최근 국내에 체류하는 외국인이 급속히 늘면서 한국이 다문화 사회에 진입하였다는 주장이 공공연히 제기되고 있으며 이를 뒷받침하듯이 다문화 가정, 다문화가족, 다문화 교육이라는 용어가 빈번히 사용되고 있다. 국가 정책적 차원에서도 2006년 4월 26일 정부가 결혼이민자 가족의 사회통합 지원대책과 혼혈인 및 이주자 지원방안을 발표하고[1] 곧 이어 외국인 정책 기본방향 및 추진 체계를 발표하면서 우리 사회에서 다문화 담론이 본격화된 것으로 보인다(김혜순, 2007: 29).

그러나 엄밀한 의미에서 볼 때 우리 사회가 다문화 사회로 진입하였는가에 대한 논의는 정부 정책 차원에서나 학계 차원에서 진지하게 논의되었다고 보기는 어렵다. 우리 사회의 구성원과 속성을 가장 기본적이고 단적으로 나타내는 국가의 법령과 제도에서 '다문화'를 찾기는 매우 어렵고 정부의 정책 역시 특정 분야를 제외하고는 '다문화'를 찾기가 쉽지 않다. 최근 우리가 '흔히 말하는' 다문화 관련 영역에 대한 국가의 법령과 제도, 정책의 대부분은 외국인이나 출입국이라는 개념으로 제시되

---

\* 이 글은 외솔회의 나라사랑 제120집(2011년)에 게재되었음을 밝힌다.

1) 이는 빈부격차 · 차별시정위원회의 주관으로 열린 제74회 국정과제회의에서 마련된 범정부적 차원의 종합대책으로서 국내 체류 외국인 문제가 국가의 최고 정책 과제인 국정과제로 자리 잡았다는 의미를 갖도록 만드는 것이었다. 그 제목이나 내용에서 알 수 있듯이 체류 외국인 전체를 대상으로 하기보다는 특수한 지위에 있는 여성 결혼이민자 등이 정책의 주 대상임을 알 수 있다.

고 있으며 학계의 논의 역시 일부 학자가 다문화 사회를 공식화할 뿐 우리 사회의 다문화를 기정사실화하는 예를 찾기가 쉽지 않다.

국가 정책적 영역이나 학계에서 다문화를 전면에 크게 드러내지 않는 이유는 여러 가지가 있을 것이다. 쉽게 생각할 수 있는 것으로 우리 사회가 오랜 역사 동안 단일성, 순혈성을 유지해 온 상태에서 다문화로의 전환을 쉽게 수용하는 데에 대한 정서적 부담이 있을 수 있고 국가 경영 철학의 차원에서 부담으로 작용할 수도 있다는 점을 들 수 있다. 이와 함께 국내 체류 외국인의 수가 전체 인구의 2% 남짓인 상태이고 이들 중 대다수가 결국 본국으로 귀환할 것을 예정하고 있는 상태에서 우리 사회를 진정 다문화 사회라고 볼 수 있는가에 대한 현실 인식의 문제도 있을 것이다. 특히 최근에 국내 체류 외국인의 증가 추이가 한풀 꺾이는 것으로 나타나는 것으로 보아 우리 사회의 다문화화에 대한 전망이 엇갈릴 수도 있을 것이다.

그러나 중요한 것은 현시점 우리 사회에 130만이 넘는 외국인이 체류하고 있다는 사실이다. 이는 아래와 같은 몇 가지 측면에서 국가 정책 중요한 의미를 가지며 공동체 구성원인 우리 국민에 대한 함의도 크다.

첫째, 체류 외국인의 수가 우리 사회 거주자의 2% 남짓이라고 하지만 이들의 대다수가 불과 10여 년 사이에 우리 사회 구성원이 되었다. 국가의 정책에 의해서 계획적으로 늘어난 규모도 아니며 국민의 합의에 의하여 적절하게 수용된 경우도 아니다. 현시대 국가 간에 인구의 이동이 자연스러운 현상이라고는 하지만 우리 사회의 외국인의 증가는 우리 의지와는 별개로 어느 순간에 크게 늘어나 이제는 국민 정체성, 문화 정체성의 변화를 시도하는 수준에 도달해 있다.

둘째, 체류 외국인의 변인별 특성을 볼 때 정주 외국인의 수가 점점 늘고 있다. 그중에서도 16만이 넘는 결혼이주여성은 우리 사회의 가장 기초적인 단위인 가족 구성원이 되고 이들 중 상당수가 우리 국적을 취득하였거나 하게 될 것이다. 또한 이들로 구성된 가정에서 자녀가 출생함으로써 또 다른 유형의 다문화성이 점증할 것이라는 점은 단순한 수치 이상의 정책적 고려 대상이 된다. 여기에 그치지 않고 고용허가제의 실시에 따라 합법적으로 최장 5년을 한국에서 일하게 되고 그 과정에서 한국인과의 결혼 등을 통하여 한국에 영구 정착하게 되는 외국인도 늘고 있다. 이와 함께 체류 기간의 합법적·불법적 연장을 통하여 장기 체류하는 외국인이 늘고 있다는 점 역시 의미 있게 관찰해야 하는 요인이다.

마지막으로 체류 외국인이 국내에 영구 정착을 하든지, 하지 않든지 그들에 대하여 국가가 베풀어야 하는 책무가 있다. 이는 경제적·사회적 및 문화적 권리에 관한 국제규약(1990년 비준), 시민적·정치적 권리에 관한 국제규약(1984년 비준), 모든 형태의 인종차별 철폐에 관한 협약(1984년 비준), 아동권리협약(1991), 난민의 지위에 관한 협약(1992)과 같이 국제 사회에서 보편적으로 적용되는 협약에 가입함으로써 우리 정부도 인류 보편적 가치, 특히 인권의 차원에서 체류 외국인에 대한 인도적 차원의 지원 의지가 있음을 확인하도록 한다.[2]

이렇게 볼 때 우리 사회의 외국인의 증가는 다층적인 의미를 갖는 것이며 국가로 하여금 해결해야 할 커다란 과제를 제기한다. 바로 그 과정에서 다문화 담론의 중요성이 제기될 것이다. 지금까지 우리 정부의 체류 외국인에 대한 정책은 주로 출입국 관리, 체류 관리·지원, 귀화와 같은 외국인 정책의 차원에서 전개되었다. 그러나 정주 외국인의 수가 늘고 유형이 다양화되면서 이제 이주민 개념이 도입되고 이민 정책의 중요성까지도 대두되고 있다.

'다문화'는 바로 이주민에 대한 기본 정책과 이민 정책의 기본 방향 설정 및 주요 내용을 구성하는 핵심이다. 다문화의 기본 개념 및 본질이 (좁은 범위에서 볼 때) 동일한 공동체 내에서 다양한 문화적 자질을 갖춘 구성원이 서로 다른 문화를 존중하면서 공존하여 각자 문화적 자질을 발휘함으로써 사회 발전을 도모하는 것을 의미하기 때문이다. 즉 문

---

2) 그러나 우리 정부는 2003년 7월에 발효된 이주노동자와 그 가족의 권리보호에 관한 국제 규약에는 가입하지 않았다. 이는 국내에 외국인 노동자가 많은 상태에서 국가의 부담으로 작용한 것으로 짐작된다(박성혁 외, 2007: 15).

화 다양성의 존중 및 상호 조화를 전제로 하는 다문화의 가치를 인정한다면 당연히 그 사회는 다문화 정책을 채택하여 주류가 아닌 소수자가 동등한 지위와 역량을 지니도록 국가가 지원하고 더 나아가 소수자 문화의 유지 발전을 위하여 다양한 지원도 펼 것이다. 그리고 그 반대의 경우라면 사회의 동등한 구성원으로 인정하지 않는 차별 배제 정책을 취하거나 정주를 원하는 사람에게는 기존 사회에 동화되도록 강요하는 동화주의 정책을 취하게 될 것이다. 그리고 그 수용 정도에 따라 유연한 동화나 선별적 다원화와 같이 스펙트럼상 중간 위치에 존재하는 정책적 입장을 취할 수도 있을 것이다.

이러한 관점에서 지금까지의 우리 정부의 정책을 보면 최소한 최근에 결혼이주여성이 급증하기 전까지는 국내 체류 외국인에 대하여 차별 배제 정책이 근간이 되고 이 가운데 정주를 희망하는 외국인에 대하여는 동화 정책을 펼쳤던 것으로 보인다. 그러나 차별 배제 정책은 국가 간의 인구 이동이 자유로워지고 규모가 커지는 현 상황에서 유지하기 어려운 정책이고 공동체 내의 문화 다양성의 위력을 간과하는 것이기에 정책 방향으로서의 가치가 떨어지는 것으로 평가된다. 또한 한국의 특수 상황에서 다양한 유형의 정주 외국인이 크게 늘면서 우리 사회도 점진적으로 다문화를 수용하는 방향으로 선회하는 것으로 이해할 수 있다.

우리 정부의 이러한 정책의 골간은 법과 제도의 구축으로 구현된다. 법은 그 사회 구성원 모두가 지켜야 하고 누려야 하는 가치 규범과 행위 규범을 가장 상위에서 규정한다. 법가 제도는 국가가 추구하는 가치를 공유하도록 계도하고 이를 실현하기 위한 정책 방향을 제시하는 기능을 한다. 실제로 우리 사회의 외국인, 이주민과 관련한 법과 제도의 변화를 보면 이러한 국가의 정책 방향의 변화를 실감하게 한다. 체류 외국인이 많지 않았던 시기에 이들을 대상으로 적용하던 법은 이들의 출입국 관리와 귀화 등이 중점 적용 사안이었기에 출입국관리법과 국적법이 관련 법규의 전부였다. 그러나 전술한 바와 같이 우리 사회에 체류, 정주 외국인이 늘면서 외국인 근로자의 고용 등에 관한 법률, 재한외국인처우기본법, 결혼중개업의 관리에 관한 법률, 다문화가족지원법 등이 제정되고 중앙 부서와 지자체에서는 이러한 법령의 구체적인 적용을 위한 훈령과 조례를 제정하기에 이르렀다. 그뿐만 아니라 이러한 법령의 제정은 국무총리실과 중앙부서를 중심으로 하여 구체적인 제도와 정책으로 구체화되어 법령이 정한 내용을 실행하게 되는데 외국인정책위원회, 다문화가족정책위원회, 외국인력정책위원회, 사회통합프로그램 등이 대표적인 사례가 된다. 그러나 정상우(2009)에서도 지적하듯이 이러한 법령의 제정과 제도의 수립이 국가의 정책 방향을 제시하고 계도한다기보다는 사회 변화에 따른 정치적 · 정책적 대응의 의미를 갖는 것으로 법 제정의 적실성여부는 논의거리가 된다.

결국 우리 사회에 보편화되어 가고 있는 다문화 담론에서 법적 제도적 접근의 의미를 갖는 관련 법령과 제도에 대한 고찰은 내용과 특성을 이해하는 데에 도움을 줄 것이다. 그리고 이를 바탕으로 하여 향후 진행될 우리 사회의 다문화화에 대한 예측을 가능하게 하고 현재 진행되고 있는 다문화 담론이 적용될 수 있는 현실적 영역이 무엇인지를 짚어 줄 수도 있을 것이다.


## 2. 다문화가족 관련 법령과 제도의 현황

### 2.1. 법령 제정과 제도 수립 과정상의 특징

다문화가족 관련 법령의 제정이나 제도의 수립은 결국 우리 사회에 체류하는 외국인에 대한 국가 정책적 방향과 밀접한 관련을 갖는다. 국제 사회에서 보편적 가치와 개념으로 인정받고 인류 사회에 공통적으로 구현되어야 하는 인권(자유, 존엄, 평등 등)이나 문화 다양성과 관련하여 국제적인 규약이 있고 우리 정부도 이에 가입함으로써 이러한 규약이 국내에도 적용될 수 있으나 그 구속력은 제한적일 수밖에 없다. 따라서 국내 체류 외국인이 사회적 소수자, 약자의 위치에 있다 하여도 국제적 규약에 의한 인권의 보호 등은 국제 관련성보다는 국내법 제정을 통해 실현될 수밖에 없다.

국내 체류 외국인에 대한 국가의 정책 방향의 결정에 영향을 주는 것으로 무엇이 있을까? 기본적으로 체류 외국인의 증감과 그들의 배경 변인, 사회적 기능 등이 1차적인 요인이 될 것이다. 이와 함께 규모와는 별개로 체류 외국인 집단이 갖는 특수한 속성(이를테면 한국적 상황에서는 재외동포가 이에 속할 것이다.)이 국가 정책 결정에 영향을 끼칠 것이고 전쟁이나 인접 국가의 환란 등과 같은 대규모의 국제 환경 변화가 영향을 줄 것이다. 우리나라의 경우 이러한 요인들이 복합적으로 작용을 하며 오늘에 이르는 것으로 볼 수 있다. 다만 그러한 현상이 대한민국 정부 수립 이후부터 지금까지 지속적으로 전개되었다기보다는 근래 10여 년 사이에 집중되고 있음에 주목할 필요가 있다.

주지하듯이 국내의 체류 외국인은 근래 십수 년 사이에 급속하게 증가하였다. 증가의 배경은 크게 셋으로 나눌 수 있는 바 첫째는 국가 간 노동 인력의 이동에 따른 유입이고 둘째는 국제결혼을 통한 유입이며 셋째는 국가 간 유학생 이동에 따른 증가이다. 이 이외에 주목할 만한 것으로 외국인은 아니지만 탈북자가 유입되어 새로운 거주민으로 자립 잡는 경우를 들 수 있다. 탈북자를 제외한다면 이러한 유입 유형은 한국에만 고유한 것이 아니고 국제적으로 보편화된 현상이다.[3] 그러나 자세히 살펴보면 한국만의 특수 상황이 존재하고 있음도 알 수 있다. 대표적인 예로 외국 인력의 유입은 서구 제국이 60년대와 70년대에 활발했던 것에 비해 우리는 90년대에 활발해짐으로써 시기적으로 뒤늦은 지역에 속

---

3) 사실 탈북자는 우리 민족의 특수한 상황에 기인하는 것이지만 국제적 난민으로서의 성격을 갖는다는 점에서 국제 사회에서 유사한 예를 흔히 볼 수 있다.

한다. 그러면서도 한국 사회의 단일성 특징 등에 따라 외국 인력에 대하여는 철저한 차별배제 정책을 펼쳤는데 유럽 여러 나라의 예와는 다른 점이다. 또한 2000년대의 방문취업제도와 같은 '외국 인력+민족 정책'이 복합적으로 작용한 예를 찾을 수 있고 재외동포는 물론이고 각국에서 여성이 들어와 가족을 이루고 있는 점을 들 수 있다.[4]

한국이 국제 사회에 노출이 되며 국제 교류가 활발해지기 시작하면서 제일 먼저 대두된 것은 외국인의 출입국 관리에 관한 것이다. 이에 따라 1963년에 출입국관리법이 제정되었고 외국 인력의 유입이 요구되는 시점에서는 외국인연수취업자격제도를 시행하게 되었다. 1993년에 시행된 이 제도는 별도의 법체계를 갖춘 것이 아니며 출입국관리법의 일부 조항에 근거하여 중소기업청 고시에 따라 시행하게 된 행정규칙으로서 국가 법령 체계상 하위에 속하는 지위에 있다. 그러나 현실에 있어 연간 2만 5천 명에서 3만 명 정도의 외국 인력의 유입을 규정하는 제도가 단지 하나의 행정규칙에 의하여 시행되었다는 것은 역으로 말하면 이 제도에 대한 국가의 관심이 매우 소극적 또는 제한적이라는 것을 의미한다. 이후 1990년대 후반부터 조선족 동포와의 결혼을 시작으로 국제결혼을 통한 결혼이주여성의 증가와 장기 체류 외국인이 늘면서 2002년에 영주자격제도가 도입되었지만 역시 별도의 법안을 제정하기보다는 국적법과 출입국관리법의 개정을 통한 조치로 진행되었다.

결국 1960년대에 시작된 국내 체류 외국인 관련 법령은 출입국 관리라는 통제, 관리의 차원에서 접근하였고 체류 외국인의 수가 크게 증가한 2000년대 초까지 이러한 기조가 지속되었다. 그러나 2000년대 초에 우리 정부의 체류 외국인 정책의 기조를 바꾸도록 하는 큰 변화들이 나

---

4) 필자는 이아 관련하여 한국적 다문화주의의 특성에 대한 고찰이 좀 더 요구됨을 주장하고 싶다. 최근까지 한국 다문화 사회의 특징에 대한 논의는 그 수도 많지 않지만 한국 사회의 기본적인 속성(가족주의와 같은 가치 규범)에 초점이 맞춰져 있다. 외국인의 증가 배경 변인과 증가 이후 나타나는 현상에 대한 면밀한 검토를 통해 한국적 다문화 사회의 특성을 도출할 필요가 있다.

타나는데 결혼이주여성의 급속한 증가와 외국인 노동 인력에 대한 정책 변화의 필요성이었다. 우선 국가 법령과 정부 제도에 변화가 나타나는 데 첫 번째 변화는 종래 중소기업청 고시, 즉 행정규칙에 기반하던 산업 연수생 제도가 정식 법률인 외국인 노동자의 고용 등에 관한 법률에 의 하여 외국인고용허가제가 실시된 점이다. 두 번째는 국제결혼의 증가에 따라 발생하는 다양한 유형의 국적 취득 희망자를 위하여 혈통주의를 완화하고 간이귀화의 요건을 완화하는 내용을 골자로 한 국적법의 개정 (1997년, 2004년)이다.

국내 체류 외국인과 관련된 법령의 제정과 제도의 수립에서 획기적인 배경 요인으로 작용하는 결혼이민자의 급속한 증가가 이루어진 2005년 이후 국내 체류 외국인 관련 법령의 제정과 제도 역시 큰 변화를 가져온 다. 바로 특정 집단을 대상으로 하여 별도의 법령을 제정함으로써 대상 자에 대한 적극적인 지원 정책이 대두되었다는 점이다. 국내 체류 외국 인에 대한 지원 성격의 법령은 앞에 제시한 바와 같이 국적법이나 출입 국관리법의 개정 등을 통해 매우 제한적으로 이루어졌으나 과거와는 다 른 특성을 갖는 결혼이민자나 장기 체류 외국 인력의 증가는 국가의 지 원 필요성을 제기하게 되었고 관련 법령의 개정 등을 통해 부분적으로 실현되었다. 국민연금법, 국민건강보험법, 고용보험법, 국민기초생활보 장법, 한부모가족지원법, 가정폭력방지 및 피해자 보호 등에 관한 법률, 건강가정기본법(2004년) 등에 외국인 관련 조항이 포함되었다.

그러나 뭐니 뭐니 해도 국내 체류 외국인에 대한 지원을 본격화하기 위한 법안으로는 재한외국인처우기본법(2007년), 결혼중개업의 관리에 관한 법률(2007년), 다문화가족지원법(2008년)[5]의 제정을 들 수 있다.

---

5) 참여정부 시절 다문화가족 문제는 입법을 통한 정부 지원 정책의 대상으로 폭넓게 인식된 듯하다. 지난 17대 국회에서 혼혈인가족 지원에 관한 법률안(2006년), 이주민가족의 보호 및 지원 등에 관한 법률안(2007년), 다문화가족지원법안(2007년)이 제안되었는데 최종적 으로는 일부 제안 법안과 여성가족위원회의 협의로 최종적으로는 다문화가족지원법이 제 정되었다(정상우, 2009: 493 참조).

이와 함께 외국인정책위원회의 설치 및 정례 운영, 사회통합이수제도의 실시 등이 중요한 정책으로 대두되었다.

재한외국인처우기본법은 기본적으로 한국 내에 체류하는 외국인이 대한민국 사회에 적응하여 개인의 능력을 충분히 발휘할 수 있도록 하고 대한민국 국민과 체류 외국인이 상호이해하고 존중하도록 할 것을 기본 목적으로 삼는다. 이는 곧 지금까지의 차별 배제 정책에서 최소한 동화 내지는 다문화 정책으로의 전환을 의미하는 것이었다. 이에 머무르지 않고 곧이어 결혼중개업의 관리에 관한 법률과 다문화가족지원법을 제정함으로써 국제결혼으로 인한 인권 침해의 소지를 사전에 예방하고 특별한 지위(한국인과의 결혼)를 갖는 외국인이 안정적인 가족생활을 영위할 수 있도록 하고 있다. 이는 곧 이들의 삶의 질 향상을 지원하는 것이기도 하지만 체류 외국인이 많아지는 상황에서 한국 내에서의 사회통합을 추진하는 정부의 의지의 실현이기도 하다.

다문화가족지원법의 제정을 통하여 국내 체류 외국인의 증가에 따른 입법 요구가 실현되는 분위기에서 문화체육부는 한국법제연구원에 의뢰하여 다문화 사회 문화적 지원을 위한 법률안(2008년)을 마련하였고 모 국회의원은 다문화와 인종차별금지법 입법을 위한 공청회(2009년)를 개최하기도 하였다. 그러나 이들 법안은 최종적으로 입법 과정으로 연결되지 않았지만 체류 외국인에 대한 국내의 관점이 전에 비하여 적극적이고 긍정적인 것으로 변화되고 있음을 반증하는 것으로 볼 수 있다.

이상의 법령의 제정과 함께 국무총리실을 비롯한 중앙 행정부서와 지방자치단체에서는 훈령이나 조례 등을 통하여 다문화가족을 위한 지원 사업 등을 펼치는데 2006년에 대통령이 직접 주재하는 국정과제로 승격된 이후에는 여러 부서가 경쟁적으로 정책을 개발하여 시행하는 양상을 보이기도 한다. 대표적인 예로 국무총리실은 외국인정책위원회를 구성하여 외국인 정책 기본 방향 및 추진 체계를 마련하였고 다문화가족정책위원회를 두어 다문화가족 지원 사업을 조정하고 있다. 법무부는 재한외국인처우기본법의 제정 이후에 출입국·외국인정책본부를 설치하였고 출입국관리법에 근거한 사회통합이수제도를 실시하고 있다. 또한 여성가족부는 다문화가족지원센터를 지자체와 협력하여 설치하고 이를 뒷받침하기 위한 전국다문화가족지원사업단을 설치하여 운영하고 있으며 교육과학기술부는 다문화 가정 자녀 교육 지원 대책(2006년)을 마련하여 다양한 지원 사업을 펼치고 있는 상황이다. 그뿐만 아니라 행정안전부는 거주외국인 지원 표준조례안을 수립 각급 지자체에 보내 지자체별 지원 방안을 수립하는 데 활용하도록 하고 있다. 이 밖에도 국가인권위원회, 농림수산식품부 등 더 많은 행정 단위 및 부서가 다문화가족 지원과 관련한 정책을 실시하고 있어 어찌 보면 다문화가족 지원 사업 봇물시대가 도래한 것이 아닌가 하는 착각이 들 정도이다.

한편 국내 체류 외국인의 지원과는 성격이 다른 것으로 최근 들어 우리 정부는 정부 정책의 주요 대상인 결혼이민자, 외국인 노동 인력뿐만 아니라 다른 유형의 외국인의 유입을 확대하는 정책을 펼치기도 한다. 대표적인 예로 교육인적자원부가 2004년 12월에 발표한 스터디 코리아 2005(이후 목표 조기 달성으로 2008년에 스터디 코리아 발전 방안으로 변경됨)와 외국인 우수 인재 유치 계획 등이 있다. 외국인 우수 인재 유치 계획에는 재외동포를 포함하여 사회 경제 문화 등 각 분야에서 탁월한 능력을 보유한 자에게는 이중국적을 허용하는 등 종래의 국가 정책에 비추어 볼 때 파격적이라고 할 수 있을 정도의 적극성을 보이기도 한다.[6]

## 2.2. 주요 법령과 제도의 실제

### (1) 외국인 근로자의 고용 등에 관한 법률

---

6) 우수 외국인 유치 확대 및 지원은 국무총리 주재로 개최하는 외국인정책위원회에서 역점 추진 사항으로 채택된 것으로 세계화, 개방화 추세에 우리 정부가 국가 이익을 실현하기 위한 방안으로 제시된 것으로 보인다 (국무총리실 보도자료 2008년 12월 17일자 참조).

외국인 근로자의 고용 등에 관한 법률(제정 2003. 8. 16, 법률 제6967호)은 외국인 근로자를 체계적으로 도입·관리함으로써 원활한 인력수급 및 국민경제의 균형 있는 발전을 도모함을 목적으로 제정되었다. 총 6장과 부칙으로 구성된 이 법령은 외국인 근로자의 정의로부터 시작하여 관련 정책을 결정할 외국인력정책위원회의 설치 근거와 활동 내용을 규정하고 있다. 다문화가족 논의라는 측면에서 의미 있는 것은 외국인 근로자의 보호라는 제목의 제5장에 차별금지, 보험 가입, 외국인 근로자 관련 단체에 대한 지원 근거 조항을 담고 있다는 점이다. 이에 따라 곳곳에 외국인력지원센터가 설치되었다.[7] 이 법은 체류 외국인에 대한 관리 및 지원의 성격이 함께 담겨 있는 법령으로 볼 수 있고 과거 산업연수생 제도와는 다르게 외국인 노동 인력을 우리 사회의 구성원으로서 일정 부분 지위를 부여하고 처우를 정하고 있음을 보여 주고 있다.

### (2) 재한외국인처우기본법

재한외국인처우기본법(제정 2007. 5. 17, 법률 제8442호)은 한국에 체류하고 있는 외국인에 대한 처우에 관한 기본적인 사항을 정하고 있다. 법 제정 정신으로는 국내 체류 외국인의 기본적인 인권 등을 보장함과 동시에 각 구성원의 개인적 역량이 충분히 발휘될 수 있도록 하여, 다양한 인종적·문화적 구성원으로 변화되어 가는 우리 사회의 통합을 추구하기 위한 것으로 보인다. 특히 이 법률은 기본법인 만큼 재한외국인과 결혼이민자에 대한 정의 규정을 포함하고 있으며 외국인 기본 계획의 수립과 외국인정책위원회의 설치에 관한 근거 규정을 두고 있다. 이에 따라 법 제정 이후 정부의 체류 외국인에 대한 정책 개발 및 시행의 근거 법령으로서의 기능을 수행하게 되었다. 특히 이 법에서는 인권옹호 노력, 사회적응 지원 등을 담고 있는데 체류 외국인의 유형별 분류

---

7) 외국인력지원센터의 운영은 대부분 민간단체에 위탁하고 있는데 관련 행정 조직의 운영 여건 미비도 있겠지만 그보다는 그 동안 외국인 노동자에 대한 지원 활동을 민간단체가 주도해 온 관행을 존중한 것으로 이해할 수 있다.

에는 결혼이민자 및 그 자녀, 영주권자, 난민, 귀화자, 전문외국인력, 과거 대한민국국적을 보유하였던 자 등이 포함되어 있다.

그러나 이 법은 기본법인 만큼 관련 내용의 기본적인 사항만을 규정할뿐 세부 내용 및 시행 방안에 대하여는 각급 행정부서 등에서 마련하여시행할 것을 제시한다. 한 예로 결혼이민자 및 그 자녀의 처우의 경우 "국가 및 지방자치단체는 결혼이민자에 대한 국어 교육, 대한민국의 제도 · 문화에 대한 교육, 결혼이민자의 자녀에 대한 보육 및 교육 지원 등을 통하여 결혼이민자 및 그 자녀가 대한민국 사회에 빨리 적응하도록지원할 수 있다"고 규정함으로써 다문화가족에 대한 한국어 및 한국 문화 교육이 국가의 책무임을 규정하고 있다.

### (3) 결혼중개업의 관리에 관한 법률

결혼중개업의 관리에 관한 법률(제정 2007. 12. 14, 법률 제8688호)은 결혼중개업을 건전하게 지도 · 육성하고 이용자를 보호함으로써 건전한 결혼문화 형성에 이바지함을 목적으로 제정한다고 하나 실제로는갑자기 늘어난 국제결혼을 효율적으로 관리하기 위한 정책적 목적이 작용한 것으로 보인다. 특히 한국인 남성과 결혼한 외국인 여성의 인권 문제가 심각하게 대두되면서 관련 입법의 필요성이 제기된 것으로서 다문화가족의 구성 및 초기 정착에서 불법적 요소를 제거하고 인권을 보호하는 데 도움을 주는 것으로 볼 수 있다.[8] 이 법은 국내결혼중개, 국제결혼중개를 모두 포함하고 있는데 결혼중개업자는 거짓 · 과장되거나국가 · 인종 · 성별 · 연령 · 직업 등을 이유로 차별하거나 편견을 조장할 우려가 있는 내용의 표시 · 광고를 해서는 안 된다고 규정하고 있다.

### (4) 다문화가족지원법

---

8) 이 법의 제정에는 유사한 경험을 갖고 있는 외국의 사례(일본, 미국, 호주)를 참고하였다고 한다(정상우, 2009: 497).

다문화가족지원법(제정 2008. 3. 21, 법률 제8937호)은 다문화가족 구성원이 안정적인 가족생활을 영위할 수 있도록 함으로써 이들의 삶의 질 향상과 사회통합에 이바지함을 목적으로 제정되었다. 다문화가족지원법은 현실 사회에서 목격하게 되는 주요 정책의 근거가 되는 조항을 다수 포함하고 있는데 이를 정리하면 다음과 같다.[9]

- 다문화이해 교육과 홍보(다문화가족에 대한 사회적 차별 및 편견을 예방하고 문화다양성을 인정하고 존중하도록 함)
- 결혼이민자 등에게 필요한 기본적 정보 제공 및 사회적응훈련과 직업교육 · 훈련 지원
- 가족상담, 부모교육, 가족생활교육의 추진
- 다문화 가정 내 가정폭력 방지 및 외국어 통역 서비스를 위한 가정폭력상담소 및 보호시설 설치
- 산전 · 산후 지원, 아동 보육 · 교육 지원
- 다문화가족지원센터 지정
- 민간단체 등에 대한 지원에 관한 조항

이와 같은 다문화가족지원법은 재한외국인처우기본법의 집행법으로서의 성격을 갖는 것이며 구체적인 정책수단을 법제화하였다는 특징을 갖고 있다(정상우, 2009: 494).

다문화가족지원법의 제정에 따라 전국적으로 다문화가족지원센터가 설치되기 시작하였고 이 센터를 중심으로 하여 다양한 지원 사업이 전개되기에 이르렀다. 다문화가족지원센터의 활동은 한국어 교육(센터 내 집합교육, 가정 방문 교육), 컴퓨터 교육, 상담, 자조모임 지원, 통역 지

---

9) 박성혁 외(2008)에서는 정부와 지자체가 추진한 다문화 정책의 빈도 분석 및 정책현황을 자세히 다루고 있는데 그 내용은 대부분 여기에서 정하고 있는 것들로 귀결되고 있음을 알 수 있는데 이를 볼 때 다문화가족지원법이 다문화 가족에 대한 지원 정책의 핵심적인 근거 법령임을 알 수 있도록 한다.

원 서비스 등 법이 정하고 있는 내용이 사업화하여 다문화가족에게 다가가는 것으로 보인다.[10]

### (5) 외국인정책위원회 · 다문화가족정책위원회 · 외국인력정책위원회

외국인정책위원회는 재한외국인처우기본법 제5조에 근거하여 국무총리 훈령으로 2006년에 설치된 정부 내 통합 정책 조정 협의체로서 외국인 관련 중요 정책을 심의하고 조정한다. 위원장은 국무총리이고 법무부장관 등 관계 장관과 국무총리실장, 중소기업청장 등 14명이 정부위원이고 민간위원 7인을 위촉하고 있다. 외국인정책위원회의 주요 기능은 외국인 정책에 관한 기본 방향과 추진계획을 수립하고 외국인의 권익 증진 및 사회통합에 관한 사항을 심의하고 외국인 정책에 관한 부처 간 협의 또는 협조 · 조정이 필요한 사항 등을 심의한다. 매년 한 차례 개최하는 것을 원칙으로 하는 것으로 보이며 5년 단위의 기본 계획을 심의 확정함과 동시에 연도별로 시행한 추진 실적을 평가하고 당해 연도 시행할 정책을 심의 확정한다. 지금까지 매회 실시한 외국인정책위원회의 논의 내용을 보면 정책 환경의 변화에 대한 대응의 성격이 강한 것으로 보인다. 2011년도 외국인정책위원회의 논의 내용 중 특징적인 것으로는 우수인재 특별귀화제도 도입과 글로벌 고급인력 DB 구축과 취약 계층 외국인에 대한 사회적 배려 확대를 들 수 있다. 그러나 더욱 중요한 것은 우리 정부가 이민 정책이라는 개념을 도입하여 정책 논의를 한 것을 엿볼 수 있는데 이는 체류 외국인에 대한 정책 방향의 설정에 있어 합의하는 바가 큰 것으로 보인다.

다문화가족정책위원회는 다문화가족지원법에서 정하고 있는 내용을

---

10) 다문화가족지원센터는 기본적으로 각 기초자치단체마다 설치하는 것을 목표로 하는 것으로 보인다. 그러나 설치에는 예산과 인력이 필요한 만큼 점차적으로 추진하였으며 초기에는 각 기초자치단체에 설치되어 있는 건강가정지원센터를 다문화가족지원센터로 지정하여 통합 운영하였다. 이 시점에도 통합 운영하는 자치단체가 있으나 2012년까지는 전국적으로 다문화가족지원센터를 전면 분리 운영할 것으로 예상된다.

실행하기 위하여 국무총리훈령으로 다문화가족정책위원회 규정을 제정함으로써(국무총리 훈령 제552호, 2009년 9월 11일) 설치되었다. 외국인정책위원회와 같이 정부 내 통합 정책 조정 협의체로서 다문화가족지원 정책 기본 계획 수립 등 간련 정책을 심의 · 평가 · 확정한다. 국무총리를 위원장으로 하고 기획재정부 장관 등 10명의 장관과 국무총리실장을 당연직 위원으로 하고 민간 전문가 8인을 위원으로 위촉한다. 주요 내용은 다문화가족지원 정책 기본 계획의 수립 이외에 다문화가족지원 정책의 시행계획 수립, 다문화가족과 관련한 각종 조사 · 연구 및 정책 분석 · 평가를 수행하고 범부처 다문화가족지원사업의 조정 · 협력에 관한 사항을 다룬다. 다만 중요한 것은 다문화가족의 출입국 · 체류 · 귀화 및 그와 관련한 정책에 대한 사항은 제외하고 있다.[11] 2010년 5월 7일에 다문화가족정책위원회 심의를 거쳐 발표된 다문화가족지원 정책 기본 계획에서는 "열린 다문화 사회로 성숙한 세계국가 구현"을 비전으로 제시하고 있으며 주요 추진과제로 다문화가족지원 정책 추진 체계 정비, 국제결혼중개 관리 및 입국 전 검증시스템 강화, 결혼이민자 정착 지원 및 자립역량 강화, 다문화가족 자녀의 건강한 성장환경 조성, 다문화에 대한 사회적 이해 제고 등을 제시하고 있다.[12]

외국인정책위원회는 외국인 근로자의 고용 등에 관한 법률 제4조에 근거하여 설치된 정부 내 통합 정책 조정 협의체로서 외국인 근로자의

---

11) 이는 다문화가족뿐만 아니라 체류 외국인과 관련한 최초의 법안인 출입국관리법 등이 법무부 소관이고 다문화가족뿐만 아니라 체류 외국인 모두에게 적용되는 사안으로 법무부의 고유권한으로 간주한 것으로 이해된다.

12) 한국어 교육 및 언어 교육과 관련한 내용으로는 향후 2~3년 내 학령기 다문화가족 자녀가 증가할 것에 대비하여 거점학교 운영, 특성화 프로그램 및 이중 언어 교육 확대 등을 적극 추진하기로 한 점과 다문화가족 유아 교육프로그램, 다문화언어지도사 등을 통한 가정방문 교육 확대 등이 있다. 또한 기존의 결혼이민자에 대한 한국어 교육과 관련해서는 프로그램 간 연계체계 구축을 시도하여 사회통합프로그램의 한국어 교육 기준을 다문화가족지원센터의 교육과정에 적용하고 이수자에 인센티브를 제공하기로 한 점과 한국어 교육 통합정보망인 누리 세종학당을 통한 온라인 교육을 실시하는 등 한국어 교육 방법의 다각화를 들 수 있다(국무총리실 보도자료 2010년 5월 7일자 참조).

고용관리 및 보호에 관한 주요 사항을 심의·의결한다. 국무총리실장을 위원장으로 하고 관계 부처 차관 등 20명 내외의 위원으로 구성된다. 이 위원회의 주요 기능으로는 외국인 근로자 관련 기본 계획의 수립, 외국인 근로자 도입 업종 및 규모, 송출 국가 지정 및 취소 등이다. 이 위원회의 활동이 체류 외국인에 대한 관리나 지원 등과 같은 직접적인 정책 내용과는 거리가 있으나 기본적으로 외국 인력의 국내 체류 규모, 재외동포 노동 인력의 규모 등을 정하는 만큼 국내 다문화가족의 형성 배경과의 관련성이 크다.

### (6) 사회통합프로그램

사회통합프로그램은 재한외국인처우기본법의 목적을 실현하기 위하여 2008년 3월 12일에 제정된 법무부 훈령 제612호인 이민자 사회통합프로그램 및 그 운영에 관한 규정에 따라 시행하고 있는 교육프로그램이다. 사회통합프로그램의 실시 대상은 위 규정 제2조에서 정하고 있듯이 재한외국인, 귀화자와 그 자녀 및 국민 등이라고 포괄적으로 정하고 있지만 실제 참여자의 70% 이상이 결혼이주여성인 것으로 보고되고 있다.

사회통합프로그램에서 교육의 대상으로 설정한 영역은 한국어 교육과 한국 사회의 이해 등 두 영역이고 총 5단계 450시간으로 구성된다.[13] 이중 한국어 교육이 4단계 400시간(단계별 100시간)이고 한국 사회의 이해는 한국어 학습을 마친 자에 한하여 50시간을 부과하고 있다. 법무부는 2009년부터 전국적으로 사회통합프로그램을 실시하고 있는데 실시를 앞두고 전국의 20개 대학을 중점추진대학의 성격을 갖는 ABT(Active Brain Tower) 대학으로 지정하여 교육 담당 인력을 양성하였다. 실시 3년째를 맞고 있는 2011년에는 전국에 28개의 거점기관 등 78개의 실시기관을 지정하였으며 다문화가족지원센터 150곳과도 협력

---

13) 전체 교육과정이 450시간으로 구성되어 있으나 한글자모를 모르는 학습자를 위하여 1단계 이전에 15시간으로 구성된 0단계를 설정하고 있다.

하여 사회통합프로그램을 확대 실시하고 있다.

사회통합프로그램 이수자에 대하여는 국적 취득을 위한 귀화시험의 필기시험을 면제하는 혜택과 함께 국적 취득 심사대기 기간을 단축하는 혜택을 부여한다.


## 3. 다문화가족 관련 법령 제도의 개선 방안

이상에서 살펴보았듯이 우리나라는 최근 10여 년 사이에 체류 외국인이 급속하게 증가하면서 다문화 사회가 도래한 듯한 느낌을 준다. 다문화 사회에 대한 정책적 방향 논의나 이론적인 개념 규정 논의가 충분하지 않은 상태에서 이미 실용적 차원으로 다문화 사회라는 용어는 보편화되어 있다. 이와 함께 다문화가족, 이주민이라는 용어를 자연스럽게 쓰고 있음도 목격하게 된다. 이는 국내 체류 외국인이 급속하게 증가하던 시기에 이들의 체류를 지원하던 시민단체 등이 국민의 대립되는 개념인 외국인이라는 용어의 사용을 배제하고 우리 사회의 동등한 구성원이라는 개념으로 사용하기 시작한 것으로 알려져 있다. 그리고 이러한 개념의 보편화는 외국인에 대한 인간 존엄성의 존중(인권)이라는 현시대 전 세계적 추세를 반영한 것이기도 하다. 이러한 용어 사용의 예로 다문화가족지원법, 이주민 사회통합프로그램 및 그 운영 등에 관한 규정, 다문화가족지원센터 등이 대표적이다.

그러면서도 동시에 앞서 살펴본 바와 같이 동일 대상자를 상정함에도 외국인정책위원회, 재한외국인처우기본법, 외국인력지원센터와 같이 아직도 외국인이라는 개념으로 접근하는 예를 볼 수 있다. 물론 법령이 추구하는 목적 및 기능이 다층적일 수 있고 제정 시기에 따라 명칭의 사용이 달라질 수 있지만 우리 사회에서 체류 외국인에 대한 이중적인 잣대나 관점을 실감할 수 있는 예가 된다.

국내 체류 외국인의 증가 현상에 대한 인식의 문제나 관련 용어의 사용 문제와 관련하여 학계의 논의도 다양하게 나타나는 것으로 보인다. 일부 학자는 다문화 사회를 기정사실화하고 이를 바탕으로 모든 논의를 진행하는가 하면 다문화 사회라는 용어 사용 자체에 신중해야 한다는 주장이 맞선다. 논의를 좀 더 진행시켜 본다면 다문화 사회에서의 사회통합이라는 용어의 사용에서도 논자 사이에는 상당한 이견이 존재한다. 사회통합을 단순히 적극적 동화 정책의 수단이라고 보는 관점이 있는가 하면 체류 외국인의 문화적 다양성을 존중한 상태에서 이를 조화롭게 하기 위한 다문화 정책의 과정으로 제기하는 논자도 있다. 문제는 이러한 다문화 사회와 사회통합이라는 매우 심오한 개념이 정부의 법령이나 제도, 정책에 자주 등장한다는 것이다.[14)]

　이제 우리는 누군가 말했듯이 우리가 원하든 원치 않든 다문화라는 신기루 속에 사는 듯하고 그 신기루는 사람에 따라 보이기도 하고 안 보이기도 한다. 문제는 실제로 우리 사회가 다문화 사회에 진입했는지, 진입했다면 거기에 걸맞은 체제를 갖추어 가고 있는지 하는 점이다. 아직 아니라면 다문화 사회의 도래를 미래에는 받아들여야 하는 우리 사회의 숙명으로 인식할 것인가 아니면 적절한 수준에서 다문화화를 억제할 것인가 하는 점이다.

　이러한 논의의 핵심에는 앞서 살펴본 바와 같은 다문화 사회와 관련한 정부의 법령, 제도, 정책 등이 자리 잡고 있다. 지금까지 제정, 시행되고 있는 다문화 관련 법령이 '혼란스러운' 시기에 제기된 다양한 쟁점

---

14) 원래 우리 사회에서의 이민자 개념의 보편적 사용은 인권단체, 시민단체에서 비롯된 것으로 알려져 있다. 이들을 외국인이라는 개념으로 보기보다는 우리 사회에 와서 살고 있는 우리의 이웃이라는 개념으로 사용하기 시작하였으며 다문화 사회라는 용어는 사회학과 같은 학문 분야에서 2000년대 들어 간헐적으로 대두되어 지금은 보편화되었고 정부 정책에서도 2006년 결혼이민자 사회통합 지원대책이라는 정책 수립으로부터 보편하기 시작한 것으로 보인다. 이후 2007년 8월 24일에 체류 외국인 100만이 넘는 시점에 많은 언론 매체가 다문화 사회의 도래를 기정사실화하는 기사를 게재하면서 우리 사회에 급속히 전파된 것으로 볼 수 있다.

을 해결하기도 하고 바람직한 미래 방향을 제시하기도 하였지만 엄밀한 의미에서 한계를 많이 노정하고 있다. 이를 바탕으로 다문화 사회 관련 법령의 문제점을 보완하는데 필요한 몇몇 쟁점을 아래에 제시하면 아래와 같다.

## (1) 다문화 사회화에 대한 국가 입장의 정립 및 반영

최근 우리 사회에서 흔하게 접하게 되는 다문화 담론이나 정부의 다문화가족 지원 정책과 사회통합 정책 등을 볼 때 우리 사회가 다문화 사회화의 과정에 있음은 분명해 보인다. 그러나 우리 사회의 다문화 사회화가 우리가 주체가 되어 진전시키고 있는 것인지, 여러 요인으로 체류 외국인이 늘다 보니 어느새 다문화 사회로 진전되는 것인지에 대한 판단이 불가능해진다. 전자의 경우라면 지금까지 제정된 법률이나 제도, 정책의 내용은 적실성이 없어 보인다. 정상우(2009)에서 지적하고 있듯이 관련 법령과 제도 등은 현재하는 쟁점에 대한 대응적 성격이 강하기 때문이다. 후자의 경우라면 진정 우리 국민이 다문화 사회를 수용할 의사가 있는지에 대한 국민적 합의가 도출되어야 할 것이다. 아무리 다문화 사회화가 전 세계적 추세이고 국가 역량의 구축 차원이나 다양한 구성원 사이의 상호이해와 같은 긍정적인 가치 규범이 존재한다 하더라도 진정 우리 사회가 다문화 사회화를 지향해야 하는 목적성을 갖는 것인지에 대한 총체적인 논의가 필요하다.

지금까지 우리 사회에 유입된 외국인은 모두 우리 사회가 필요했기 때문에 수용한 것으로 간주해도 좋을 것이다. 우리의 산업이 급속하게 발전하고 소득 수준이 높아지면서 3D 업종에 대한 종사를 기피할 때 외국인 노동 인력이 이 공백을 채워 주었고 농촌 총각 등 성비 불균형과 여건상의 미비로 미혼 남성이 증가하는 상황에서 동포 여성과 외국인 여성이 우리의 가족 구성원으로 편입되었다. 그리고 이들 가정에서 또 하나의 다문화가족 유형인 자녀가 출생하게 되었다. 다문화가족 중 무시할 수 없는 수를 기록하고 있는 외국인 유학생 역시 우리 정부와 대학 등이 발 벗고 나서 유치한 결과이기도 하다. 이러한 배경 탓인지 아니면 현시대 조류에 순응하는 탓인지 지금까지 실시한 다문화가족에 대한 국민 인식도 그리 부정적이지만은 않다. 다문화 사회화와 관련한 국민 정서와 인식 수준을 가늠할 수 있는 몇몇 조사(2008년 6월 서울대 조영달 교수팀 연구 결과, 2008년 6월 리서치 월드의 조사 결과 외)를 종합하면 다문화 사회통합 등에 대하여는 긍정적으로 인식하나 이민자를 위한 추가 세금 납부 등과 같은 국민의 실질적인 책임과 부담의 영역에서는 부정적인 반응이 비교적 크게 나타난 점을 들 수 있다.

이렇게 볼 때 우리 사회의 다문화 사회화와 관련하여 국가가 첫 번째로 할 일은 우리 사회의 다문화 사회화의 수준과 방법에 대한 분명한 방향과 정책적 목표를 정하는 일일 것이다. 다문화 사회를 지향한다면 왜 그리 해야 하는지에 대한 국가 철학이 정립되어야 할 것이고 적정선에서 다문화 사회화를 통제하고자 한다면 왜 그리 해야 하는지도 분영하게 정립해야 할 것이다.

역사적으로, 심지어는 근원적으로 다문화 사회의 경험을 갖고 있는 많은 나라에서 아직도 다문화 사회화에 대한 국가 통제는 보편화되어 있다. LA폭동과 9.11테러로 상징되는 혼돈의 미국, 개방에서 통제로 급격히 선회한 프랑스, 통제에서 개방으로 급격히 선회한 호주의 예, 다문화 사회(심지어는 복합문화라는 개념이 대두되기도 함) 구현을 공식화하고 이를 국가 경영에 그대로 실천하고 있는 캐나다, 다문화 공생을 명확하게 밝히고 그에 맞는 모델을 개발한 일본의 사례 등을 주목할 필요가 있다. 현시점 진행되고 있는 다문화 사회화에 대한 국민적 합의의 도출이 이루어진다면 이를 구현할 수 있는 법령의 제정이나 제도의 수립 및 정책 개발 등이 뒤따라야 할 것이다. 부언하자면 지금까지의 다문화 사회 관련 법령과 제도 등은 지금까지 진행된 다문화 사회화에 대하여 국가가 정책적으로 대응한 성격이 강할 뿐 다문화와 관련한 미래 사회의 비전을 제시하지 못한다는 한계가 있음을 주지할 필요가 있다.

## (2) 현실을 반영한 입법과 이민 정책 개념의 도입 검토

앞에서 제기한 현시점 다문화 사회화에 대한 국가 경영 입장의 정립 못지않게 중요한 것은 현재까지 진행된 다문화 사회화에 대한 정부의 정책적 입장의 정립도 중요하다. 본문에서도 언급한 바와 같이 외국인 유입에 대한 국가의 정책적 입장은 넓은 스펙트럼으로 분포한다. 한쪽 끝에는 그들은 결국 본국으로 돌아갈 것이라는 전제 하에서 제한된 범위의 권익을 옹호하는 차별 배제 정책이 있고 다른 한쪽 끝에는 그들을 기존 사회 구성원과 동등한 위치에 두고 상호 간의 이해와 화합·공존을 바탕으로 하여 국가 역량의 한 축으로 결집시키는 다문화(다원주의) 정책이 있다. 그 사이에 존재하는 동화주의 역시 이주민은 결국 기존 사회에 완전히 녹아 들도록 하는 적극적인 동화 정책(흔히 용과로 정책이라고도 함)으로부터 점차 사회 적응 과정을 거쳐 최종적으로는 기존 사회의 구성원과 동등한 자질을 갖추도록 하는 유연한 동화주의도 있다. 이 경우 물론 기존 사회에 동화되기 전까지는 모어 자질과 모문화 자질이 어느 정도는 보호받기도 한다.

현시점 다문화 사회화의 과정에서 우리 정부는 몇몇 정책에서 다문화 사회를 외치고 있지만 실제로 다문화 사회를 구현하기 위한 기존 구성원과 이주민 사이의 조화 정책을 적극적으로 펼치는 것으로는 보이지 않는다. 우리 사회에 적응하는 과정까지 이주민을 사회적 약자 내지는 소수자로 인식하여 다양한 지원 및 보호 정책을 펼치는 듯하다. 위에서 말한 스펙트럼으로 볼 때 유연한 동화주의에 가깝지 않나 하는 판단이다. 정부의 제도와 정책 곳곳에서 접하게 되는 사회통합 정책도 결국은 이주민을 보호하고 지원하여 이들이 우리 사회 구성원이 되도록 하는 과정으로 인식될 뿐 그들의 모어 자질이나 모문화 자질이 우리 사회의 중요한 구성 요소로 자리 잡도록 하는 방안은 그리 드러나지 않는다.

우리 시회가 진정 다문화 사회를 지향한다면 이를 총체적으로 규정하는 법령의 제정이 필요하다. 지금까지 제정된 법령은 외국인 근로자, 국제결혼, 다문화가족(자녀 포함) 등 특정 정책의 대상자 또는 대상 영역을 설정한 것으로 보인다. 대상을 특정하지 않은 재한외국인처우기본법의 경우에도 이들을 우리 사회의 영속적인 구성원으로 간주하기보다는 외국인으로 규정한 상태에서의 입법이다. 다만 사회통합프로그램만이 대상을 특정하지 않은 채 체류 외국인 전체를 대상으로 설정하고 있다. 이제 체류 외국인을 우리와 다른 외국인으로 간주하지 않고 우리 사회의 동등한 구성원이라고 간주한 상태에서의 총괄적인 법령 제정의 필요성을 검토할 단계이다. 여기에서 다문화 사회의 개념도 규정할 수 있고 넓은 의미의 다문화가족(기존의 다문화 가정은 특정 대상을 정한 협의의 개념임)에 대한 개념을 정립할 필요가 있다. 여기에서 더 나아가 이들이 '떠나갈' 외국인이 아닌 '우리와 함께 하는' 구성원이라는 관점에서 외국인 정책 못지않은 이민 정책의 개념도 도입할 필요가 있다. 이렇게 본다면 최근에 기획재정부가 이민청 설립을 전제로 하여 연구용역을 발주한 것은 의미 있는 일이다. 외국인 정책, 다문화가족 정책으로 지속할 것인가, 이민 정책으로 전환할 것인가 등 큰 방향에 대한 논의와 함께 관련 입법의 필요성을 진지하게 고려해야 할 것이다.

### (3) 제도와 정책의 중복과 혼선 해결

준비하지 않은 상태에서 다문화 사회화가 진전된 만큼 정부의 입법과 정책의 개발도 현실을 뒤따르면서 문제를 해결하는 방식으로 진행되었다는 평가가 적지 않다. 이는 곧 하나의 법령이나 제도로 현실 사회에 다양하고 폭넓게 존재하는 현상을 아우르는 일이 쉽지 않은 결과를 낳는다. 더욱이 총괄 추진 기구(협의체가 아닌)가 존재하지 않는 상황에서 이러한 현상은 지속되고 있다. 일일이 열거할 수는 없지만 중복, 혼선을 나타내는 사례는 국회예산정책처가 2010년 11월에 펴낸 다문화가족 지원사업 문제점과 개선과제에 잘 나타나 있다. 2011년도 예안 심의를 앞두고 정부 내 각 부서가 제출한 예산안 중 다문화가족 지원 사업의 예산을 검토 분석한 이 보고서에서 중복 사업을 적지 않게 지적하고 있다.

정부 내 추진 사업의 중복성을 나타내는 또 하나의 사례가 한국어 교육이다. 대표적인 예로 결혼이주여성에 대한 한국어 교육이 법무부의 사회통합프로그램 지정기관에서 실시되고 있는가 하면 여성가족부·지자체 산하의 다문화가족지원센터에서 실시되고 있다. 물론 교육과정과 사용 교재가 다르다고는 하지만 결국 특정 지역에 거주하는 동일한 대상자를 대상으로 하여 정부가 서로 다른 두 개의 사업을 펼치는 것이다. 참가자 사이의 혜택의 불균형 문제로 최근에는 국민권익위원회에 민원이 제기되어 국무총리실에서 조정하기에 이르기도 하였다. 결국에는 통합 내지는 협력 운영 방안이 수립되기는 하였지만 여전히 예산의 배분 및 운용은 별도로 진행되는 것으로 알려지고 있다.

이러한 중복과 함께 혼선의 예도 찾을 수 있다. 다문화가족 자녀에 대한 한국어 교육의 경우 관련 부서 사이의 협의 자체가 진행되지 않고 있다. 각급학교에 취학하였으나 한국어 능력이 부족하여 학교 적응은 물론 교과학습에 어려움을 겪는 다문화가족 자녀에 대한 한국어 교육이 교육과학기술부와 문화체육관광부 사이의 협력을 통할 때 효과적일 수 있으나 당해 부서들 사이의 고유한 업무 영역의 차이로 협조가 미비하다.[15] 여성가족부가 지방자치단체와 협력하여 다문화가족지원센터를 운영하는 사례가 협조체제의 좋은 사례가 되듯이 협조를 통해 상승효과를 낼 수 있는 영역에서는 전향적인 정책 접근이 필요할 것이다.

---

15) 문화체육관광부는 외국인을 대상으로 하는 한국어 교육의 주무 부서로 지정되어 있으며 국어기본법에 근거하여 한국어 교원 자격제도를 운용하고 있다. 물론 대체로 성인 학습자를 대상으로 하는 외국어로서의 한국어 교육 또는 제2언어교육으로서의 한국어 교육을 중심으로 경험을 축적해 왔으나 아동 대상의 한국어 교육에의 전이효과를 기대할 수 있다. 교육과학기술부는 각급 학교의 제도 교육을 관장하는 부서이고 언어 교육에 있어서 국어교육이라는 교과 교육을 연구하고 발전시켜 왔다. 다문화가족 자녀에 대한 한국어 교육은 그 성격이 복잡하므로 양 부서 사이의 협력이 요구되는 사안이다.

## 참고문헌

김혜순(2007) 한국적 "다문화주의"의 모색: 세계화 시대 이민의 보편성과 한국
　　　의 특수성, 한국 사회학회 편, 한국적 "다문화주의"의 이론화.

박성혁 외(2008) 우리나라 다문화 교육정책 추진현황, 과제 및 성과분석 연구,
　　　교육인적자원부 정책과제.

오경석 외(2007) 한국에서의 다문화주의, 한울아카데미.

유네스코한국위원회·문화체육관광부(2008) 다문화 정책 포럼 자료집.

정상우(2009) 다문화가족 지원에 관한 법체계 개선 방안 연구, 法學論叢 第26
　　　輯 第1號.

조항록(2010) 한국어교육정책론, 한국문화사.

주성훈(2010) 다문화가족지원사업 문제점과 개선과제, 국회예산정책처 예산현
　　　안분석 제38호.

차용호(2008) 이민자 사회통합을 위한 정책방향, 한국이민학회 2008년 후기학
　　　술대회 발표 논문.

최용기(2010) 한국어정책론, 한국 문화사.

다문화가족지원법 외 관련 법령

국무총리실 보도자료(2007. 4. 20) 외 정부 내 보도 자료

# 제2장

# 다문화 사회와 한국어 교육

# ① 다문화 사회와 한국어 교육1
## −2008년의 논의*

## 1. 문제의 제기

1993년의 외국인산업연수생 제도의 도입으로부터 시작한 외국인 이주노동자의 유입과 최근의 외국인고용허가제에 따른 이주노동자의 증가, 결혼 이주 여성의 급증으로 우리 사회가 다문화 사회에 진입하였다는 주장이 제기되고 있다. 1990년 4만 9000명에 불과하던 체류 외국인의 수가 2000년에는 268,000명에 도달했고 급기야 2007년 8월 24일에는 100만 명을 돌파하였고 2008년 2월 현재 약 110만 명이 체류하고 있는 것으로 잠정 집계되고 있다. 비록 전체 인구 대비 2.1%의 비율이지만 그동안의 단일성에 비추어 볼 때 한국 사회의 다문화성이 급속히 진전되고 있음을 의미한다.

우리 사회에서의 다문화성의 진전은 상당 부분 우리가 주체가 되어 초래한 결과로서 이는 우리 사회의 발전에 긍정적으로 기여할 것이라는 전제를 가능하게 한다. 즉 이주노동자의 증가는 우리 사회의 노동력 부족, 특히 우리 국민이 기피하는 3D 업종에서의 노동력 공백을 채워 주어 산업 역군으로서의 기능을 하도록 하고 결혼이주여성의 증가는 우리

---

* 이 글은 국립국어원의 새국어생활 2008년 봄 호에 게재한 〈다문화 사회와 한국어 교육〉으로서 바로 다음 장에 이어지는 2013년의 논의와의 대비를 전제로 하여 제목에 부제로 '2013년의 논의'를 덧붙임. 이 글에는 정부 중앙 부서의 명칭이 다수 등장하는데 논의 당시의 명칭을 사용하고 있음을 밝힌다.

사회의 성비 불균형과 가치기준으로부터 비롯된 농촌 남성의 결혼 문제를 해결함과 동시에 농촌 사회의 노동력 부족을 해결하는 기능을 하게 되고 CEO를 포함한 국내 기업 종사 외국 인력은 우리 기업의 글로벌화에 기여하고 있다. 여기에 6만 명을 넘는 외국인 유학생은 장래에 한국 관련 영역에 종사할 것으로 기대되어 국제 사회에서 우리나라의 이미지를 높이고 역할을 강화하는 데 기여함은 물론 현 시점에서는 우리 대학의 재정적 어려움을 극복하는 데 도움을 주고 전체적인 유학수지의 개선에도 도움을 주는 것으로 인식되고 있다.

그러나 우리 사회의 이러한 다문화성은 우리가 오랫동안 준비하여 대안을 마련하지 않은 상태에서 갑자기 진행되는 것으로 적지 않은 문제점과 과제를 안고 있다. 이주노동자의 탈법적 행위, 결혼이주여성의 우리 사회 적응 문제, 결혼 이주 여성 자녀의 교육 문제, 국내 노동력 시장의 왜곡 현상, 외국인 유학생의 탈법적 행위 등 많은 문제가 노출되고 있으며 이러한 문제는 시간이 지나면서 심각성이 더해지고 있다. 그러나 실제로 중요한 것은 이러한 수많은 문제에 대한 우리 정부의 대응 능력이 부족하다는 점이다. 사회의 다문화성이 진전되고 있지만 우리 정부의 정책적 방향이 무엇인지에 대한 근본적인 의문을 갖게 하고 있다. 일반적으로 외국인의 수용에 있어 동화 정책으로부터 문화상호주의에 이르기까지 폭넓은 스펙트럼이 존재하나 우리 정부는 이중 어느 입장을 취하는지가 아직은 불분명하다. 즉 외국인의 증가와 관련한 사회통합의 문제가 가장 큰 문제로 대두되고 있다.

다문화성이 가속화되고 있는 현실에서 우리 정부의 입장이 어떻게 결정되든 무엇보다 중요한 것은 다문화 사회 구성원이 우리 사회에의 적응 능력을 갖도록 하는 것이다. 이를 위해서는 이들에 대한 효율적인 우리말 교육이 최우선적으로 실시되어야 한다는 점에 이론의 여지가 없다. 일반적으로 이언어 사회, 이문화 사회에 접하게 되면 언어적 장벽과 함께 문화적 장벽을 동시에 접하게 된다. 이들에 대한 언어 교육은 바로 이러한 언어 장벽, 문화 장벽을 극복하게 하여 이언어 사회에의 적응을 가능하게 한다. 즉 한국 내의 다문화 사회로의 진전 과정에서 외국인에 대한 한국어 교육은 무엇보다 중요한 과제가 되고 있다.

다문화 사회 구성원에 대한 한국어 교육의 중요성은 당연히 우리 정부나 관심 있는 이들로부터 공감을 얻고 있다. 이에 따라 국내 도처에서 다양한 방식으로 한국어 교육이 실시되고 있음도 역시 주지의 사실이다. 그러나 다문화 사회 구성원에 대한 한국어 교육은 자세히 살펴볼 때 많은 문제를 안고 있다. 다문화 사회 구성원에 대한 정부 정책의 필요성이 강조됨에 따라 관련 부서가 경쟁적으로 참여하며 무리하게 일정을 앞당기는 바람에 실제적으로 성과가 기대되는 정책 대안이 마련되지 않고 있다. 교재 개발, 교육장 설치, 교육 실시 등은 실적 위주로 진행되어 교육 내적 측면에서의 타당성 검증 및 효과 입증의 측면에서 심각한 문제가 노출되고 있다. 또한 민간 차원에서 진행되는 이들에 대한 한국어 교육은 자원봉사단체 내지는 종교단체가 주도할 뿐 한국어 전문 교육기관이나 한국어 교육 전문가의 참여가 부족하여 교육 효과가 제한적일 수밖에 없다. 교육 방식에 있어서도 방문 교사제의 실시, 공중파 방송의 실시 등 다양성을 추구하기도 하나 면밀한 검토나 효율적인 방식의 구안 과정을 거치지 않아 교육 수요자의 요구를 어느 정도 충족시킬지는 미지수이다. 다시 말해 다문화 사회 구성원에 대한 한국어 교육을 실시하고 있다고 하지만 교육적 측면에서 큰 성과를 거두지 못하는 한계를 안고 있다.

이러한 배경에서 본 연구에서는 다문화 사회 구성원에 대한 현행 한국어 교육을 총체적으로 점검하고 효과적인 교육 실시를 위한 대안을 모색해 보고자 한다.

## 2. 다문화 사회 구성원에 대한 한국어 교육의 실제

우리 사회의 다문화성을 결정짓는 국내 체류 외국인을 유입 배경 및 체류 자격별로 분류하면 일시적인 관광이나 상용 목적의 단기 체류자, 취업 외국인, 결혼이주여성, 유학생, 외국군인 등을 들 수 있고 이들 사이 또는 결혼이주여성 가정에서 태어나는 2세 등이 여기에 추가될 수 있다. 이들 중 여기에서 논하는 한국어 교육의 대상자는 단기 체류자와 외국 군인을 제외한 모든 이들을 포함할 수 있다. 다만 2007년부터 실시된 방문취업제도에 따라 입국한 재외동포 20여만 명 중 일부는 외국 현지에서의 이중 언어 환경으로 한국어를 유지해 온 것으로 보아 한국어 교육 대상자에 포함되지 않을 수도 있다. 이에 따라 다문화 사회에서의 한국어 교육을 체류 유형 및 자격에 따라 '이주노동자 대상의 한국어 교육', '결혼 이주 여성에 대한 한국어 교육', '다문화 가정 자녀에 대한 한국어 교육'으로 나누어 살펴보고자 한다.

## 2.1. 이주노동자 대상의 한국어 교육

법무부 자료에 따르면 2007년 12월 31일 현재 이주노동자의 수는 불법 체류자 6만 4907명을 포함하여 총 47만 6179명으로 우리 사회의 다문화 사회 구성원 중 최대의 집단이다. 이들은 한국의 이주노동자의 신분을 얻게 되는 과정부터 한국에서 체류하는 기간 동안 모두 세 번에 걸쳐 한국어 학습 기회를 갖게 된다. 첫 번째는 이주노동자가 되기 위한 자격을 획득하기 위하여 필수적으로 거쳐야 하는 한국어능력시험 대비 학습 과정이며, 두 번째는 한국에 들어온 후 일선 노동 현장에 종사하기 전 적응 훈련 과정에서의 한국어 학습 기회이다. 그리고 마지막으로는 노동 현장에 종사하면서 자발적인 참여를 통하여 한국어 학습 기회를 갖게 되는데, 이주노동자에 대한 한국어 교육을 논한다는 것은 교육 목표나 교육 실제의 측면에서 바로 이 세 번째에 초점을 두게 된다.

일반적으로 이주노동자에 대한 한국어 교육은 민간 지원단체에 의하여 수행되는 것으로 알려져 있다. 비록 지방자치단체 부설의 이주민지원센터에서 한국어 교육을 주관하기도 하나 이 역시 실제 운영은 민간 자원봉사자들에게 맡기는 경우가 대부분이다. 이주노동자를 대상으로 한국어 교육을 실시하는 지방자치단체 부설 기관 및 민간 지원기관의 수가 몇 곳인지는 정확하게 파악하기 어려우나 관련 자료에 따르면 2006년 말 현재 대략 300여 곳으로 집계되고 있다.[1] 이들 중 대표적인 교육기관 7곳의 이주노동자 한국어 교육 현황을 선행 연구 자료를 바탕으로 하여 도표로 정리하면 다음과 같다.

**표 1** 주요 이주노동자 대상 한국어 교육기관의 교육 실태 비교[2]

| 구분 | 성동 외국인 근로자센터 | 유락종합 사회복지관 | 한국외국인 근로자지원 센터 | 부천외국인 노동자 의 집 | 서울외국인 노동자센터 | 원불교 서울외국인 센터 | 시흥이주 노동자지원 센터 |
|---|---|---|---|---|---|---|---|
| 학생 인원 | 178명 | 85명 | 170~200명 | 65명 | 20명 | 11명 | 75명 |
| 교사 인원 | 28명 | 18명 | 42명 | 12명 | 8명 | 5명 | 13명 |
| 시설 및 기자재 | 교실 5개, 자석칠판, 카세트, 코팅기, 화이트 보드 | 교실 6개, 화이트 보드, 카세트 | 교실 4개, 화이트 보드, 카세트, 자석칠판 | 교실 4개, 화이트 보드, 카세트 | 교실 3개, 화이트 보드 | 교실 2개, 화이트 보드, 카세트, 비디오 | 교실 4개, 화이트 보드, 카세트 |

1) 이주노동자, 결혼이주여성, 다문화 가정 자녀 등을 대상으로 한국어 교육 등 다양한 지원 프로그램을 운영하는 민간단체의 수는 정확하게 파악되지 않고 있다. 조영달 외(2006)에서는 2005년 말 현재 200여 곳으로 제시되고 있으며 교육인적자원부 외 12곳의 중앙부처가 참여한 국정과제 회의 자료에 따르면 2006년 말 현재 300여 곳인 것으로 나타나 있다.
2) 임승선(2006)의 내용을 본 연구의 취지에 맞추어 요약 정리한 것이며, 이 내용은 졸고(2008)에도 게재돼 있다.

| 교육 자료 | 교재 및 테이프, 사전, 카드, 비디오 테이프 | 교재 및 테이프, 사전, 카드, 일반 서적 | 교재 및 테이프, 사전, 카드 | 교재 및 테이프, 사전, 카드, 비디오 테이프 | 교재, 사전, 문법 책 | TOPIK 문제집, 노래 테이프, 사전, 카드, 동화책, 장난감, 지도, 비디오 테이프 | 교재 및 테이프, 사전류, 카드, 달력, 지도 |
|---|---|---|---|---|---|---|---|
| 교육 기간 | 2학기제 (각 학기 5개월) | 3학기제 (각 학기 4개월) | 2학기제 (각 학기 20주) | 레벨별로 끝나는 시기가 다름 | 2학기제 (각 학기 5개월) | 2학기제 (각 학기 5개월) | 2학기제 (1학기-25주, 2학기-17주) |
| 수업 시간 | 주 1회, 2시간 | 주 1회, 1시간 반 | 주 1회, 2시간 | 주 1회, 2시간 | 주 1회, 2시간 | 주 1회, 1시간 반 | 주 1회, 2시간 |
| 특별 활동 | 사랑방 모임 체육대회 송년회 등 | 한국 문화 체험 송년회 | 현장체험 학습 | 야유회 한국어 말하기 대회 | 친교모임 소풍 외부 문화 행사 참가 | 문화교실 | 체육대회 문화제 송년회 |

위의 표에서 알 수 있듯이 이주노동자 대상의 한국어 교육은 이와 같은 지방자치단체 산하 또는 민간 지원단체가 주관하며 다양한 특별 활동 등을 포함하며 알차게 운영하고자 노력하는 것으로 알려져 있다. 그러나 박인상(2006)에서 지적하고 있듯이[3] 교육 시설, 교육 시간, 교육 전문성, 교육 자료 등 교육 내적 요소의 측면에서 큰 성과를 기대하기 어려운 형편 역시 부인하기 힘들다. 이러한 문제의 원천은 비록 이주노동자가 한국어 학습 욕구를 강하게 갖고 있다고 하여도 실제 노동 현장의 여건상 교육 참여의 시간이 절대적으로 모자라고, 교육 공급을 맡는 기관/단체 역시 교육 전문성을 충분히 갖추고자 하나 재정 문제로 전문 교사를 확보하지 못한 채 자원봉사자에게 의지해야 하는 한계가 존재하는 등 총체적으로 기본 여건이 열악하다. 이러한 제약 하에서도 참여 기

관/단체의 의지와 민간 자원봉사자의 열정과 노력은 한국어 학습 욕구를 가진 이주노동자에게는 유일한 욕구 충족의 장이 되고 있다는 점에서 큰 의의를 찾을 수 있다. 그뿐만 아니라 한국어 교육계의 입장에서는 기존의 대학 중심의 한국어 교육이 해결하지 못하고 있는 비정규 영역의 한국어 교육 영역이 이들 기관/단체와 자원봉사자의 역할로 점차 확대되어 가고 있음에 의미를 둘 수 있다.

## 2.2. 결혼이주여성 대상의 한국어 교육

2007년 말 현재 결혼이주여성은 약 11만 명으로 수에서는 이주노동자에 비하여 훨씬 적다. 그러나 결혼이주여성이 처한 특수한 상황, 즉 한국인과 가정을 이룸으로써 가족 내 관계가 형성되고 더 나아가 한국 국민으로서의 권리와 의무의 중요성, 가사 분담 및 노동 현장 참여 등 사회적 역할의 측면에서 결혼이주여성에 대한 국가 사회적 관심은 이주노동자에 대한 관심 못지않게 커지고 있다. 결국 결혼이주여성이 갖는 다양한 특성은 관련 중앙부서와 지방자치단체로 하여금 다양한 명분과 근거로 이들의 한국 사회 적응 능력을 키우기 위한 노력을 끌어내고 있다. 이들의 법적 신분에 대한 판단 및 사회 구성원 사이의 통합이라는 측면에서 법무부가 참여하고 있으며, 이들의 한국 사회 적응을 위해서는 언

---

3) 박인상(2006)에서는 이주노동자 한국어 교육의 문제로 다음의 네 가지를 지적하고 있다.
첫째, 열악한 학습 환경을 들 수 있다. 민간 진원단체들의 대부분이 외국인 노동자들이 학습할 만한 전용 교육장이 거의 없어 식당, 다용도실 등에서 교육이 진행되고 있는 형편이다.
둘째, 외국인 노동자가 쉽게 이해하고 학습할 수 있는 전용 교재도 몇 권 없어 이들의 눈높이에 맞춘 전용 교재의 개발과 보급이 시급한 실정이다.
셋째, 한국어 교육을 담당하는 교사들의 대부분이 자원봉사로 이루어진 비전문 인력으로 구성되어 있어 체계적인 언어학습을 위한 교육이 어렵다.
넷째, 보다 근본적인 문제로 외국인 노동자들의 학습 시간의 부족을 들 수 있다. 일주일 중 유일한 휴일인 주말(일요일)을 이용한 2–3시간의 학습으로는 기대한 만큼의 학습 효과를 얻어내기 어려운 실정이다.

어와 문화에 대한 이해 및 사용 능력이중요함으로써 문화관광부와 국립국어원이 참여하고 있으며, 다문화 가정 자녀의 취학 및 수학과 관련하여 교육인적자원부가 참여하고 있다. 또한 이들이 여성이면서 동시에 한국 가정의 구성원이라는 점에서 여성가족부가 참여하고 있고, 이들 중 상당수가 농촌 총각과 결혼하여 농촌에 거주한다는 측면에서 농림부가 참여하고 있으며, 국내 곳곳의 지역 주민으로 거주한다는 점에서 행정자치부가 참여하고 있다. 또한 국가의 복지 차원에서 보건복지부가 참여하고 있다. 사정이 이러하다 보니 결혼이주여성의 한국어 교육은 이주노동자 대상의 한국어 교육과는 달리 국가 정책적 차원에서 논의되고 있으며 심지어 일부 부처 사이에 중복 혼선이 일고 있다는 우려도 나오고 있다.

결혼이주여성에 대한 한국어 교육은 이주노동자에 대한 한국어 교육과는 달리 다양한 방식과 내용으로 운영되고 있다는 특징을 보이고 있다.

첫 번째 유형은 이주노동자에 대한 한국어 교육과 같이 특정 장소에서 집합 교육을 실시하는 것으로 지방자치단체 부설 결혼이민자가정지원센터, 민간 지원단체 등에서 실시되고 있다. 여성가족부의 자료에 따르면 2007년 11월 현재 결혼이민자가정지원센터는 전국 16개 시도의 40개 기초지방자치단체(시, 군, 구)에 각각 1곳씩 설치되어 있는 것으로 나타나 있는데[4] 이중의 21곳에서 한국어 교실을 운영하고 있다. 이와 함께 이주노동자 한국어 교실과 공동으로 운영되는 민간 지원단체, 결혼이주여성만을 위한 한국어교실, 결혼이주여성과 이주어린이가 함께 하는 한국어 교실 등이 있는데 그 수는 대략 20곳 안팎인 것으로 보고되고 있다.[5] 여기에서 사용하는 교재로는 정부가 민간 전문가에게 의뢰하여 발간한 결혼이주여성을 위한 한국어 교재가 주를 이루고 국내의 일반 대학 교재 등도 사용되고 있다. 교육을 담당하는 교사는 이주노동자 대상

---

4) 이중 11곳은 지방자치단체 직영이고 나머지 29곳은 외부 전문기관 또는 지원단체에 위탁 운영하고 있는데 3곳은 대학에, 나머지 26곳은 민간 지원단체에 위탁을 하고 있다.

5) 이러한 수치는 보건복지부가 발간한 결혼이민자를 위한 생활 안내 책자(제목: 행복한 한국 생활 도우미)에 공식적으로 제시된 기관명을 바탕으로 한 것으로 결혼이주여성에게 한국어를 가르치는 현장은 이보다 훨씬 많을 것으로 추정된다.

한국어 교실의 교사와 마찬가지로 자원봉사자가 주를 이루고 있는데 최근에는 결혼이민자지원센터 주관의 한국어 교실의 경우 강의료를 지급할 수 있게 되면서 강의 담당자의 요건을 제시하기도 한다.

두 번째 유형은 방송을 통한 한국어 교육으로 최초의 프로그램은 EBS가 음식, 시장, 집, 교통, 가족 등 5개 주제를 가지고 주제 당 20분씩 한국어 교육 프로그램을 개발하여 방송한 "EBS 아시아 여성 한국어 프로젝트 – 한국어 쉬워요"가 효시이다. 5회라는 짧은 시간 동안 방영되었고 교육과정이나 교수요목의 설계 없이 진행하였다는 점에서 실제적인 교육 효과를 크게 거두지는 못하였을 거라고 추측되나 공중파 방송이 결혼이주여성의 한국어 능력을 키우기 위하여 창안하였다는 점에서 높이 평가할 수 있다. 이후 EBS는 국립국어원과 업무 제휴 협정을 체결하고 2007년부터 결혼이주여성을 위한 한국어 교육 방송을 본격적으로 실시하고 있다. 공중파 방송을 통한 한국어 교육의 중요성이 부각되면서 관련 연구가 본격화되고 있는데 국립국어원이 국제한국어 교육학회에 의뢰하여 '결혼이주여성을 위한 방송매체를 이용한 한국어 교육 체계 연구'를 진행하였고, 이의 후속으로 방송매체를 이용한 다문화 가정 한국어 교재 개발 연구 용역을 전문가에게 의뢰하여 연구가 완료된 상태로서[6] 향후 방송 매체를 이용한 다문화 가정 한국어 교육은 활성화될 전망이다.

세 번째 유형은 방문 교육을 통한 한국어 교육으로 한국어 교사 또는 멘토가 결혼이주여성의 가정을 방문하여 한국어를 가르친다. 이러한 교육 유형은 대상자의 생활환경을 충분히 고려하여 시간대와 장소가 정해지고 1 대 1 수업을 통하여 학습 시간 대비 학습 효과를 높일 수 있고 남편 또는 자녀가 함께 수업에 참여함으로써 실제 사용 연습을 충분히 할

---

6) 이 연구(연구 책임자: 이미혜 이화여대 교수)에서는 방송매체를 이용한 다문화 가정 한국어 교육 연구의 기본 원리와 방향, 교육과정과 교수요목, 교재 개발의 실제, 방송으로의 활용 과정을 담고 있고 25개 주제를 대상으로 하여 총 6개월 75회분의 방송 교재를 별책으로 제시하고 있다.

수 있다는 장점이 있다. 그러나 다수의 교사 확보가 필요하고[7] 1대1 수업 방식에 대한 훈련이 교사에게 요구됨과 동시에 동료 집단의 도움이 없다는 단점도 있다. 여기에서 주로 사용되는 교재는 집합교육과 마찬가지로 결혼이주여성 한국어 교육용 교재가 주를 이루고 있다.

이와 같이 결혼이주여성에 대한 국가 사회적 관심이 큰 만큼 한국어 교육과 관련한 정책의 제시, 제도의 수립, 기반 구축을 위한 재정적 지원이 다양하게 이루어지고 있으나 교육 실제에 있어서 어느 정도 효과를 거두고 있는지는 미지수이다. 이는 수요자인 결혼이주여성 본인의 측면에서 볼 때 한국어 학습 필요성이 큼에도 불구하고 결혼이주여성이 처한 특수한 상황으로 한국어 학습에 많은 시간과 노력을 투입할 수 없다는 근본적 제약이 제1의 이유가 될 것이다. 이와 함께 교육 공급의 측면에서 결혼이주여성과 관련한 교육 기반, 즉 교재, 교수법, 교사의 측면에서 효율성을 가져올 수 있는 충분한 연구가 수반되고 전문성 향상을 위한 체계적인 노력이 부족하였다는 점에서 문제를 지적하지 않을 수 없다. 정부의 지원으로 이들을 위한 교재가 출판되고 방송을 통한 교육 프로그램이 실시되고 한국어 교사를 위한 연수도 부분적으로 실시되기도 하였으나 현장의 목소리는 여전히 긍정적이지만은 않다. 이는 결국 한국어 교육의 전문성의 측면에서 논의될 수 있는데 시간에 급급하여 교재 개발 시 충분한 기초 연구가 부족하여 난이도 설정이나 어휘, 문법의 선정 및 배열 등에서 현장의 부정적인 반응이 나오기도 하였다. 기존에 방영된 방송 프로그램의 경우도 충분한 사전 연구 없이 기존 교재를 방송에 활용하거나 흥미 위주로 진행함으로써 학습 효과를 극대화하지 못하였다는 지적이 나오고 있다. 이러한 상황에서 위에서 언급한 방송매체를 이용한 다문화 가정 한국어 교육용 교재 개발 기초 연구 등이 수행된 것은 한국어 교육의 전문성 확보 및 실현이라는 측면에서 시의 적절

---

7) 최근에 여성가족부에서는 방문 교육 제도를 강화하기 위하여 중앙건강가족센터 주관으로 방문교사 교육을 실시한 바 있다.

한 것으로 평가할 수 있다.

## 2.3. 다문화 가정 자녀에 대한 한국어 교육

1990년도 초에 이주노동자가 국내에 거주하기 시작한 지 15년이 지나고 1990년대 후반에 농촌 총각의 국제결혼을 계기로 시작된 다문화 가정이 대두된 지 10년 가까이 되면서 최근에는 이들로 구성된 다문화 가정의 자녀에 대한 교육 문제가 중요한 쟁점으로 제기되고 있다. 2006년 12월 말 기준으로 국내에 합법적으로 체류하고 있는 외국인 중 만 5세~19세에 해당하는 연령대의 외국인은 2만 5488명으로 전체 등록 외국인의 4%에 해당한다. 한편 다문화 가정의 취학 연령대 자녀 중 취학한 비율은 경기(24.2%), 서울(11.2%), 전남(9.6%), 전북(8.4%), 경북(7.6%) 등으로 극히 저조하며 이들 중 대다수인 87.1%는 초등학교 재학인 것으로 조사되고 있다.[8]

이들 자녀 중 특히 이주노동자 사이의 가정, 한국인 남성과 외국인 여성 사이의 가정에서 태어난 자녀의 경우 어머니의 한국어 능력 부족으로 인한 자녀 교육 문제는 심각한 과제가 되고 있다. 자녀 교육의 특성상 어머니의 역할이 크나 의사소통상의 장애가 있다면 자녀의 인지 능력, 언어 능력의 발달이나 사회적 적응 능력 등 여러 면에서 일반 가정의 자녀에 비하여 떨어질 수밖에 없다. 여기에 자녀들이 취학한다 해도 언어 능력의 부족으로 학습 부진 현상이 나타나고 여기에 순혈주의 전통에 따라 집단 따돌림의 대상이 되는 등 더 이상 방치할 수 없는 심각한 문제로 대두되고 있다.

다문화 가정 자녀에 대한 교육 지원은 주로 취학과 관련하여 쟁점화되고 실제로 국내 제도권 내 학교에서 교육이 실시되고 있는 만큼 교육인적자원부에서 주도하는 모습을 보이고 있다. 교육인적자원부가 2006

---

8)  이러한 통계치는 교육인적자원부(2007), 조영달 외(2006)에 근거함.

년 7월에 발표한 다문화 가정 자녀 교육 지원대책에서는 다문화 가정 자녀 교육을 위한 과제로서 다문화 가정 지원을 위한 부처 간 협력, 지역 사회의 다문화 가정 지원 협력체제 구축, 학교의 다문화 가정 자녀 지원 기능 강화, 다문화 자녀 교육을 위한 교사 역량 강화, 교육과정 및 교과서에 다문화 교육 요소 반영 등을 들고 있다. 이러한 과제의 세부 추진 활동 중 다문화 가정 자녀를 위한 방과 후 학교 프로그램 개설, 교사 대상 한국어(KSL) 및 한국 문화 연수 활성화, 한국어 교원 자격증(KSL 자격증) 소지 교사에 대한 인센티브 부여 검토 등은 한국어 교육과 직접적인 관련을 갖는다. 이후 교육인적자원부가 2007년에 제시한 자료에 따르면 한국어 학습 프로그램 · 교재 개발 · 보급(2006년 6개 교육청 23종), 한국어(KSL)반 운영, 방과 후 학교 운영[9] 등을 주요 대안으로 제시하고 있고 교사의 한국어 교육 능력 제고를 위한 인센티브 제도의 도입을 제시하고 있다.

교육인적자원부 등 관련 부서의 다문화 가정 자녀 교육 지원대책은 다문화 가정 자녀를 국가 교육의 대상으로 설정하여 제도권에 포함하고자 시도하고 이를 실현하기 위한 다양한 대안을 제시하였다는 점에서 의미가 있다. 그뿐만 아니라 학계에 이를 위한 연구를 의뢰하여 진행함으로써 전문성 확보를 추구하는 점도 높이 평가할 수 있다. 또한 기존의 교사를 대상으로 하여 제2언어로서의 한국어 및 한국 문화 연수 활성화를 대안으로 제시한 점도 높이 평가할 만하다. 그러나 다문화 가정 자녀를 대상으로 하는 한국어 교육 자료의 개발, 교수 방법의 개발, 한국어 능력의 평가 등 한국어 교육 관련 제반 영역에 대한 연구 및 진행이 아직

---

9) 교육인적자원부가 2007년 자료에서 제시한 2006년도 방과 후 학급 운영 현황은 아래와 같다.

| 구 분 | 초 | 중 | 고 | 계 |
|---|---|---|---|---|
| 학교 수 | 89 | 5 | 3 | 97 |
| 강좌 수 | 103 | 5 | 3 | 111 |
| 학생 수 | 811 | 34 | 13 | 858 |

※ 특별학급 운영 : 부산, 경기, 충북 등의 9개 학교, 9학급 158명 대상

추진되지 않고 있는 것으로 보이며 한국어 교육 관련하여 기존의 한국어 교육 전문가의 참여가 보고되지 않고 있다. 다문화 가정 자녀에 대한 한국어 교육은 일반 국어 교육이나 기타 기존의 교과 교육 영역과는 차별화되는 영역으로 한국어 교육계와의 협력이 요구되는 영역임을 직시할 필요가 있다.


## 3. 다문화 사회의 진전과 한국어 교육의 효율적 추진 방안

최근 급속하게 진행되고 있는 다문화 사회의 진전 과정에서 한국어 교육의 역할과 기능이 중요함은 앞에서 언급한 바와 같다. 또한 정부의 여러 부서에서 다문화 사회 구성원의 한국어 교육을 효율적으로 실시하기 위하여 많은 노력을 기울이고 있음도 주지의 사실이다. 그러나 한국어 교육계에서는 몇몇 학술적 논의 내지는 정부 부서 또는 기관의 의뢰를 받아 연구 용역을 수행하거나 교재 개발에 참여하고 교사 연수 프로그램에 참여하는 수준을 넘지 못하고 있다. 즉 교육 현장에의 직접 참여는 매우 제한적이고 학술회의 개최 이외에 자발적인 참여가 부족한 것 역시 사실이다. 결국 다문화 가정 구성원에 대한 한국어 교육 현장은 민간 지원단체가 대부분 직접 내지는 위탁 운영하고 여기에서 한국어를 가르치는 사람은 자원봉사자가 주를 이루고 있다. 이러한 배경에서 다문화 가정 구성원을 대상으로 하는 한국어 교육의 효율적 추진을 위한 방안을 제시하면 다음과 같다.

첫째, 우리 정부의 다문화 사회 대책이라는 큰 틀 안에서 다문화 가정 구성원에 대한 한국어 교육의 목표를 분명히 설정해야 한다. 사실 우리 정부의 다문화 사회 정책이 궁극적으로 무엇인지에 대한 명확한 입장은 아직 정리되지 않은 것으로 알려져 있다. 동화(assimilation)를 요구할 것인지, 유연한 동화(flexible assimilation)를 요구할 것인지 문화

상호주의의 관점에서 문화적 적응(acculturation)을 요구할 것인지에 대한 정책적 입장이 정리된다면 이후 한국어 교육은 이를 실현하는 방향으로 교육의 목표가 정리되어야 할 것이다. 좀 더 구체적으로 언어 능력 향상을 통한 사회 구성원으로서의 보편적 활동 능력을 갖추도록 하고 언어 속에 반영된 사회 문화에 대한 이해를 통하여 이 사회 구성원과의 진정한 소통을 실현하도록 해야 할 것이다. 이러한 능력의 향상은 한국 국민과 동일한 정체성 정립까지는 이르지 않더라도 사회 구성원으로서의 역할과 책임을 다할 수 있을 정도의 능력까지는 갖추도록 목표가 정해져야 할 것이다.

둘째, 한국어 교육의 실시 과정에서 문화상호주의적 관점이 적극 도입되고 한국어 교육 담당 교사에게 문화상호주의에 입각한 교육 능력을 갖추도록 하는 제도적 장치가 마련되어야 한다. 때때로 외국어 교육 현장에서 나타나는 현상은 목표 언어에 대한 능력을 키우도록 하면서 목표 언어 사회의 가치관이나 규범, 구성원의 사고방식 등을 일방적으로 전달하기도 한다. 그러나 다문화 사회의 실현을 위해서는 구성원의 다양한 사회·문화적 배경을 존중하고 이것이 하나의 사회 속에서 적절하게 발휘되도록 해야 한다. 여기에서 더 나아가 구성원의 다양한 배경이 사회의 총체적인 능력을 강화하는 데 기여하도록 유도해야 할 것이다. 이렇게 본다면 다문화 사회 구성원에 대한 한국어 교육은 비교문화적 관점에서 접근되어야 하고 담당 교사들은 이를 실현하기 위한 능력을 갖춰야 할 것이다. 담당 교사의 한국어 교육 능력 향상 노력과 함께 다문화 사회 구성원의 모어 사회에 대한 이해 능력을 키우는 노력이 요구되는 것도 바로 이러한 배경에서이다.

셋째, 우리 정부의 다문화 사회 정책에 대한 총괄적인 추진 체제의 확립과 부서 간 협조 체제의 구축이 요구되고 여기에서 한국어 교육에 대한 정책 공조가 이루어져야 할 것이다. 앞에서 언급하였듯이 우리 정부 내에서 다문화 사회와 관련하여 참여하는 부서는 다양하다. 부서 내 정책 분야에서 국정과제로 승격된 후 마련된 결혼이민자 가족의 사회통합 지원대책(2006. 4. 16)에 참여한 중앙 부서(대통령 자문 빈부격차.차별시정위원회 포함)는 13곳이다. 이 가운데 이미 다문화 사회 구성원에 대한 한국어 교육과 관련하여 직간접적으로 활동을 하고 있는 부서는 교육인적자원부, 법무부, 행정자치부, 문화관광부, 농림부, 보건복지부, 노동부, 여성가족부 등 8개 부서에 이른다. 이들 부서의 활동 중에 교재 개발이나 교사 연수 등은 이미 동일 대상으로 하여 중복 시행한 사례가 있다. 정책 시행 대상이 광범위한 상태에서 동일 사업을 여러 부서에서 추진할 수 있다고는 하나 상호 협조가 이루어진다면 예산의 효율적 배정을 통한 성과의 극대화가 가능할 것이다.

넷째, 한국어 교육계의 전문성 향상 노력이 요구된다. 다문화 사회 구성원에 대한 한국어 교육의 추진에 있어 기존 한국어 교육계에서는 학술단체 차원 또는 개별 교육기관 차원 또는 개인 차원에서 다문화 사회 구성원에 대한 한국어 교육에 참여하고 있다. 그러나 냉정하게 살펴볼 때 기존 한국어 교육계가 구축한 역량이 다문화 사회 구성원을 대상으로 하는 한국어 교육에 그대로 투입되기에는 한계가 있다. 지금까지의 한국어 교육은 성인 학습자가 주 대상이었고, 일반 목적 한국어 교육이 중심이었으며, 외국어로서의 한국어 교육이 주를 이루었다. 이에 비하여 다문화 사회 구성원에 대한 한국어 교육은 성인 및 유아, 아동 학습자가 포함이 되고, 부분적으로 특수 목적 한국어 교육과정이 요구되며, 외국어로서의 한국어 교육보다는 제2언어로서의 한국어 교육이 더 요구된다. 이렇게 볼 때 한국어 교육과 관련한 핵심 쟁점 영역인 교육과정, 교수 학습, 교육 자료, 능력 평가 등 다양한 영역에서 새로운 접근이 모색되어야 한다. 즉 기존의 역량이 그대로 투입되기에는 한계가 있고 규모가 방대한 만큼 기존 한국어 교육계는 하나의 도전으로 인식하고 이에 대한 대응 능력을 키우기 위하여 노력해야 할 것이다.

다섯째, 한국어 교육 실시와 관련하여 다양한 방법론의 모색이 요구된다. 이미 일부에서 시행되고 있기는 하지만 집합 교육 일변도에서 공중파 방송을 통한 한국어 교육, 인터넷을 통한 한국어 교육, 다문화 가정 방문 교육 등 수요자의 특성 및 환경에 맞춘 교육 방식의 도입이 요구된다. 집합 교육 이외의 방식은 지금까지 한국어 교육계가 구축한 성과물이 그리 많지 않음으로써 이에 대한 기초 연구도 선행되어야 할 것이다.

마지막으로 다문화 사회 구성원에 대한 한국어 교육 현장 종사자의 전문성 향상 노력이 요구된다. 지금까지 다문화 사회 구성원에 대한 한국어 교육이 민간 지원단체가 대부분 수행해 왔음은 주지의 사실이다. 그리고 이들이 열정과 사명감을 가지고 다문화 사회 구성원의 요구에 충족하고자 노력하였고 개인 차원 또는 단체 차원에서 전문성 향상을 위한 노력을 꾸준히 진행해 온 것으로 알려져 있다. 그러나 아직도 한국어 교육 현장의 전문성에 대하여는 지금까지 이루어 온 것보다 이루어야 할 것이 더 많은 것이 사실이다. 이를 위하여 기존 한국어 교육계와의 협력이 요구되며 정부 및 유관기관과의 협력도 더불어 요구된다. 이의 모델로 다음의 세 가지를 들 수 있다.[10]

### ① 교육기관의 자발적 참여를 통한 위탁 교육

이미 한국어 교육의 전문성을 갖춘 교육기관, 개인이 실제 다문화 가정 구성원에 대한 한국어 교육을 담당하는 것으로 다양한 형태가 가능하다. 공간의 제공(지자체, 종교 시설, 산업 현장의 복지 시설 등)—경비 지원(관장 부서/산하기관)—교육 지원(교육기관)을 분담하면서 제반 경비(교육기관의 입장에서는 수익 공여가 될 수도 있음)를 각자가 분담하는 방식이다. 즉, 교육기관 측면에서 본다면 교육 수입을 기대하지 않고 교육을 제공하는 형태이다.

---

10) 여기에서 제시하는 모델은 졸고(2007b)에 있는 이주노동자 대상의 한국어 교육 모델을 바탕으로 일부 수정하였음을 밝힌다.

'교육기관의 자발적 참여를 통한 위탁 교육' 모델

**공간의 제공**
지자체,
종교 시설,
산업 현장의
복지 시설 등

**경비 지원**
관장 부서/
산하기관

**교육 지원**
교육기관 + 민간 지원단체

② 교육기관 위탁교육

지금까지 한국어 교육기관, 전문 교사의 자발적 참여가 폭넓게 이루어지지 못하는 현실과 앞으로도 위와 같은 협력의 가능성이 크지 않다고 보는 경우 실제 교육 경비를 정부 예산 또는 기업의 사회 공헌 기금 내지는 노동 현장의 기업들로부터 충당하는 것이다. 이 경우는 공간의 제공(지자체, 종교 시설, 고용 현장의 복지 시설)—경비 지원(관장 부서/산하기관, 기업의 사회 공헌 기금, 노동 현장의 지원금)—교육 실시(교육기관)의 형태를 고려할 수 있다. 이때 교육을 담당하는 교육기관과 경비에 대한 협의가 있어야 할 것이다. 물론 여기에서도 실제 교육의 담당은 민간 지원단체 인력과 공유하여야 할 것이다.

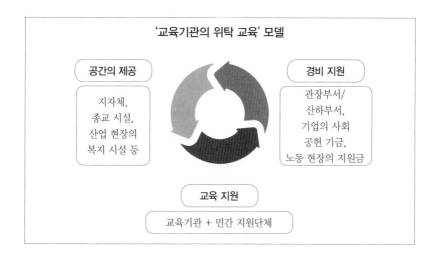

**'교육기관의 위탁 교육' 모델**

**공간의 제공**

지자체,
종교 시설,
산업 현장의
복지 시설 등

**경비 지원**

관장부서/
산하부서,
기업의 사회
공헌 기금,
노동 현장의 지원금

**교육 지원**

교육기관 + 민간 지원단체

③ 한국어 교육 전문가 채용 및 활용

다문화 사회 구성원에 대한 한국어 교육이 활발한 곳 또는 활성화가 예상되는 지방자치단체 또는 산하 기관에서 한국어 교육 전문가를 채용하는 일이 필요하다. 과거에 컴퓨터가 본격 도입되면서 전산직종을 신설한 것과 같은 경우로 볼 수 있다. 이들은 역내 다문화 사회 구성원에 대한 한국어 교육 방향을 제시하고 민간 진원단체 내지는 자원봉사자들과 협력하여 역내 한국어 교육을 이끌어 갈 수 있을 것이다. 그뿐만 아니라 다문화 사회 구성원에 대한 한국어 교육 관련 자료를 수집하고 주요 쟁점에 대한 해결 방안을 제시하는 등 전문가 영역의 활동을 추진할 수 있다.

# 참고문헌

교육인적자원부(2006) 다문화 가정 자녀 교육 지원대책(PPT 자료).

교육인적자원부 외(2006) 결혼이민자 가족의 사회통합 지원대책, 국정과제 회
    의 제출 자료.

교육인적자원부(2007) 다문화 가정 자녀 교육 지원 계획.

박인상(2006) 이주노동자의 한국어 교육의 과제와 해결 방안, 2006 한국어세
    계화재단 주최 국내 이주민 대상 한국어 교육 정책 수립을 위한 심포
    지엄 기조발표문.

박영순(2006) 이주 여성과 자녀의 제2언어 교육의 방향, 2006 한국어세계화재
    단 주최 국내 이주민 대상 한국어 교육 정책 수립을 위한 심포지엄 기
    조발표문.

보건복지부(2006) 결혼이민자를 위한 생활 안내 – 행복한 한국생활 도우미.

설동훈(2006) 이주민의 한국어 교육을 둘러싸고 선결해야 할 조건, 2006 한국
    어세계화재단 주최 국내 이주민 대상 한국어 교육 정책 수립을 위한 심
    포지엄 발표문.

윤인진(2006) 사회통합을 위한 한국어 교육 정책, 이화여자대학교 한국어문학
    연구소 외 주최 한국어의 미래를 위한 제1차 토론회 기조발표문.

이미혜 외(2008) 방송 매체를 이용한 다문화 가정 한국어 교재 개발, 국립국어
    원 2007-01-65, 국립국어원.

임승선(2006) 이주노동자의 입국 전 한국어 교육에 관한 연구, 상명대학교 교
    육대학원 석사학위 논문.

조영달 외(2006) 다문화 가정의 자녀 교육 실태 조사, 서울대학교 사범대학.

조항록(2006) 이주민 대상 한국어 교육의 현황과 문제점, 2006 한국어세계화
    재단 주최 국내 이주민 대상 한국어 교육 정책 수립을 위한 심포지엄
    주제토론문.

조항록(2007a) 한국어 교육 실시, 국립국어원 편, 국어연감 2006.

조항록(2007b) 이주노동자를 대상으로 하는 한국어 교육의 실제와 과제, 2007
    년 가을 한국 사회언어학회 발표 논문집.

조항록(2008) 한국어 교육 환경의 변화와 발전을 위한 대안의 모색, 한국어 교
    육 제19권 1호, 국제한국어 교육학회.

www.immigration.go.kr 법무부 출입국·외국인정책본부 홈페이지

# ② 다문화 사회와 한국어 교육2
## −2013년의 논의*

## 1. 들어가기

최근 한국 사회가 다문화 사회로 전환되고 있다는 점에 대하여 이의를 제기하는 사람은 이제 찾아보기 어렵다. 최근 이주민의 수가 급증한데다가 이 시점에도 이주민의 증가세가 계속되고 있다.

이와 같은 다문화 사회의 진전 과정에서 핵심 쟁점으로 떠오른 것 중의 하나가 한국어 교육이다. 한국어 교육은 다문화 사회와 관련하여 수행된 주요 정책 연구에서 쟁점으로 논의되고 있으며 정부의 이주민 정책에 있어서도 주요 쟁점으로 다루어진다. 이는 이주민에 대한 한국어 교육이 국가의 책무이기 때문이다. 이주민이 한국 사회를 삶의 터전으로 선택했다 해도 한국 정부의 이주 허용이 없이는 이 사회의 구성원이 될 수 없다. 이 과정에서 최근 주요 국가는 두 가지의 공통된 국가 정책 방향이 나타나고 있다. 하나는 예로부터 논의되어 온 것으로 보편적 인권의 보장이고 다른 하나는 최근 국제 사회에서 크게 부각되고 있는 사회통합이다. 보편적 인권의 보장이란 인류 사회에서 인간이 어디에서 살든 기본적으로 보장 받아야 할 최소한의 권리, 즉 인권을 갖게 되는데

---

* 이 글은 국제한국어 교육학회의 한국어 교육 제24권 1호(2013년)에 게재한 〈다문화 사회에서의 한국어 교육 실제와 개선 방안 – 주요 교육 실시 체계를 중심으로〉이 원문이나 앞서 수록한 〈다문화 사회와 한국어 교육1: 2008년의 논의〉와의 대비를 위하여 제목을 이와 같이 변경하여 수록함을 밝힌다.

국가 이 인권을 보장할 책무를 지님을 의미한다. 사회통합이란 기존의 사회 구성원과 이주민이 이질적 구성원으로서의 유리 상태나 차별적 대우의 상태가 아닌 상호 존중과 조화를 바탕으로 하여 동등한 구성원으로서 생활하는 상태를 의미한다. 한국어 교육은 바로 보편적 인권의 보장과 사회통합에 있어 불가결한 요소이다. 즉 이주민이 이 사회에서 떳떳하게 살 수 있는 능력을 갖추도록 국가가 기회를 부여해야 하는데 언어 소통 능력을 위한 학습 기회가 여기에 포함된다. 또한 사회 구성원 상호 간에 적절하게 소통이 되었을 때 이주민을 포용한 진정한 의미를 발현할 수 있는데 언어 능력이 바로 이러한 소통을 가능하게 하기 때문이다.

그런데 이주민에 대한 한국어 교육은 국가적 책무 영역에서 논의할 사안만이 아니다. 우리 사회 구성원인 이주민의 입장에서 볼 때 한국어 능력은 더욱 절실한 당면 과제가 된다. 이주민은 한국 사회 정착 과정에서 언어 소통의 문제와 문화 적응의 문제를 필연적으로 겪게 되는데 이를 해결하지 못할 경우 생존 자체가 불가능하기 때문이다. 여기에서 더 나아가 언어가 사회 구성원 간 사고방식과 행위 양식을 공유하도록 한다는 점을 생각할 때 언어 능력은 사회 구성원으로서의 요건과 정체성을 갖추는 데에 필수불가결한 요소이다.

결국 이주민에 대한 한국어 교육은 다차원적인 의미를 갖는다. 1차적으로는 이주민에게 있어 다문화 사회의 구성원으로서 정착을 가능하도록 하고 이를 바탕으로 개인의 발전과 사회의 발전을 위하여 도전을 하도록 한다. 이는 곧 국가 사회적 차원에서의 의미를 갖는데 이주민이 사회적 약자가 아닌 국민과 대등한 능력을 갖춘 구성원으로서 활동할 수 있는 능력을 갖추도록 함으로써 한국 사회가 설정한 다문화 사회의 비전을 실현시킬 수 있기 때문이다.

그렇다면 이렇게 중요한 한국어 교육이 잘 실시되고 있는가? 결론부터 말하면 만족스럽지 않다. 이주민을 대상으로 하는 한국어 교육에 대한 국가의 참여는 매우 더디었고 이 역시 아직은 특정 집단에 치우친 듯한 느낌이다. 그뿐만 아니라 국가 역량의 결집 및 동원에 있어서도 효율성과 합리성에 대한 의문이 제기된다.

이주민에 대한 한국어 교육은 국가의 교육 철학과 교육 목표의 설정 문제, 국가의 한국어 교육 정책 추진의 방식, 한국어 교육 인프라 구축의 문제, 한국어 교육 실시 이후 나타나는 교육성과의 공유 및 활용 문제 등 여러 측면에서 논의할 수 있다. 그러나 지금까지 나타난 정책 실제 빛 한국어 교육 실시 현황만을 놓고 볼 때에는 위의 어느 측면도 만족스럽지 않다. 한국어 교육을 독립적인 정책 영역으로 설정하여 교육 철학과 교육 목표를 진지하게 논의하고 제시한 예를 찾기 어려우며, 국가의 교육 정책 추진 방식은 국가적 역량의 결집보다는 분산의 느낌이 크며 교육 인프라는 이제 초기 단계 구축을 진행하는 느낌이다. 이런 상황에서 교육성과의 공유 및 활용 문제는 더더구나 논의의 밖에 있음은 자명한 사실이다. 이러한 맥락에서 본 연구에서는 이주민에 대한 한국어 교육의 실제적 측면을 대표적인 교육 체계를 중심으로 살펴보고자 한다.

여기에서 살펴보고자 하는 이주민 대상 교육 체계는 결혼이주민을 대상으로 하는 다문화가족지원센터의 한국어 교육이 하나이고 이주민 전체를 대상으로 사회통합 정책의 차원에서 한국어 교육을 실시하는 사회통합프로그램이 다른 하나이다. 마지막으로 이주민 중 가장 규모가 큰 이주노동자를 대상으로 하는 외국인력지원센터의 한국어 교육을 더불어서 살펴보고자 한다.[1]

---

1) 여기에서 이주민에 대한 한국어 교육을 국가 정책적 차원에서 논의하고 있지만 사실 기존 한국어 교육계 차원에서의 논의 역시 중요하다. 그러나 일별할 때 그동안 한국어 교육 발전 역사는 체계적인 교육, 집중적인 교육이 중심인 대학 내 전문 한국어 교육기관을 중심으로 발전해 온 만큼 이주민 대상 한국어 교육에의 직접적인 전이효과는 매우 제한적이었음을 밝히고 싶다. 또한 교육 대상자인 이주민의 생활환경을 볼 때 교육에의 참여 여건이 매우 좋지 않음 역시 주지의 사실이다. 따라서 대학 내 전문 한국어 교육기관에 대한 논의는 포함하지 않는다.

## 2. 선행 연구 고찰[2)]

　다문화 사회에서의 한국어 교육의 방향 및 정책에 관한 연구는 초기 다문화 관련 연구의 주류를 이룬다. 조선경(2006)은 국내에 거주하고 있는 외국인 노동자, 결혼이민자와, 다문화 가정 자녀의 한국어 사용 실태를 파악하고, 이들의 한국어 교육에 대한 요구를 분석하여 교육 방향을 설정하고, 실천 가능한 교육 방안에 대해 논의하였다. 황범주(2008)는 다문화 사회에서의 교육정책을 분석·검토하고 개선 방향을 모색하였다. 2010년 이후로는 다문화 사회와 한국어 교육 관련 연구들이 다수 등장하는데 대표적인 예로 김선정(2011)을 들 수 있다. 여기에서는 다문화 사회에서 한국어 교육을 효율적으로 실시하기 위하여 현상을 분석하고 대안을 제시하고자 하였다.

　다문화 가정을 위한 정부의 지원과 사업이 시행되고 프로그램이 운영되면서 이에 대한 방안 연구 또한 활발히 진행되고 있다. 최용기(2010)에서는 다문화 사회에서 한국 정부가 실시하고 있는 한국어 교육 지원 정책을 부서별로 정리하여 비교하고 효율적인 정부 정책 실시를 위한 의견을 제시하였고 박주영(2011)에서는 다문화가족 지원 사업 중에서 한국어 교육 지원 사업을 비판적으로 살펴보았다. 한편 조항록(2011a)에서는 다문화 사회 관련 법령, 제도 등을 일별하면서 각각의 법령, 제도가 갖는 한국어 교육 관련성을 도출하여 제시하였고 조항록(2011b)에서는 한국 정부의 사회통합 정책을 전반적으로 살펴보면서 사회통합 정책의 구체적인 정책 사례로서 사회통합프로그램을 살펴보고 있다.

　한편 방성원(2010), 이미혜(2012a) 등이 대표하듯이 다문화 사회의 진

---

2) 다문화 사회의 진전과 관련한 한국어 교육 정책 논의 중에서 다수를 차지하는 것이 다문화 가정 자녀를 대상으로 하는 KSL논의이다. 이는 다문화 가정 자녀가 우리의 공교육 체제로 편입되는 과정에서 그들의 한국어 능력 부족으로 인한 자아 정체성의 결여, 학습 부진, 학교생활 부적응 등 심각한 문제를 우려하면서 대안을 제시하고자 한 시도들이었는데 본 연구의 범위를 벗어나기에 선행 연구의 분석 대상으로 삼지 않았음을 밝힌다.

전에 따른 한국어 교육 내적인 문제, 즉 교육 자료의 개발, 교육 방식의 개발, 교수법의 개선 등의 논의가 활발해지나 여기에서는 정책을 중심으로 논의하는 만큼 역시 논의의 밖에 두기로 한다.

본 연구에서 집중적으로 다루고자 하는 다문화가족지원센터에서의 한국어 교육, 사회통합프로그램, 외국인력지원센터의 한국어 교육 실시 체계 등과 관련해서는 그리 많은 연구가 진행되지 않았다. 다문화가족지원센터의 한국어 교육과 관련해서는 이관식(2010), 김도연(2011), 송미심(2012) 등이 대표적인데 이관식(2010)에서는 다문화가족지원센터를 통한 다문화 가족 지원 사업에서 어떻게 하면 한국어 교육을 효율적으로 실시할 것이지를 다루었고 김도연(2011)은 예산다문화가족지원센터의 사례를 중심으로 하여 다문화가족의 요구 분석을 진행하였다. 그리고 송미심(2012)은 서산시다문화가족지원센터의 사례를 중심으로 하여 다문화가족지원센터의 한국어 교육 실제를 살펴보고 개선 방안을 제시하였다. 사회통합프로그램과 관련한 연구는 거의 나타나지 않는데 차용호(2008)와 조항록(2012)을 들 수 있다. 차용호(2008)는 정부 정책으로서 사회통합프로그램 실시를 도입하면서 관련 이론을 정리하고 사회통합프로그램 실시의 당위성과 함께 기본적인 실시 체계 등을 제시하였다. 이후 조항록(2012)은 수년 간 실시되어 온 사회통합프로그램을 분석 대상으로 삼아 실상을 정리한 후 결혼이주민의 3, 4단계 면제, 결혼이민자 중심 운영 등과 같은 문제점을 지적한 후 이의 극복을 위한 대안을 제시하였다. 한편 구민숙(2001), 안설희(2002), 김정은(2006) 등 외국인 노동자를 대상으로 하는 연구는 비교적 활발히 진행되었으나 외국인력지원센터의 한국어 교육과 관련해서는 연구 성과를 찾아볼 수 없다.

위에서 살펴본 바와 같이 다문화 사회에서의 한국어 교육에 관한 연구에서 다문화가족지원센터, 사회통합프로그램, 외국인력지원센터와 같은 전달체계 내지는 교육 실시 기관을 중심으로 한 접근이나 정부의 교육 정책적 차원에서의 논의는 그리 보이지 않는다. 대신에 다문화 가정 자녀를 대상으로 하는 교육 정책이나 교수학습론의 관점에서 한국어 교육을 다룬 논의는 비교적 활발하게 진행된 것으로 보이는데 이는 정부의 다문화 가정 자녀 교육 지원 방안 등이 종종 발표되고 이를 실행하기 위하여 대학의 협력을 추구하면서 연구 주제로 급격히 부상하였기 때문으로 보인다.

## 3. 한국 내 다문화 사회의 진전과 교육 체계 확립의 의의

### 3.1. 한국 내 다문화 사회의 진전과 이주민 대상 한국어 교육 체계의 정립

한국에서 다문화 사회의 시작은 1980년대 특정 종교에서 있었던 국제결혼을 계기로 한 외국인 여성의 이주로 볼 수 있다. 그러나 이때 한국 사회에 정착한 국제결혼여성의 수는 많지 않음으로써 우리 사회의 관심을 사는 수준은 아니었다. 이후 1980년대 말에 국내 기업의 해외 현지 투자 법인의 직원이 한국 본사에서의 연수를 목적으로 입국하면서 노동 현장에 외국 인력이 들어오기 시작하였다. 1990년대에 들어와서 이주민은 본격적으로 늘기 시작하는데 그 시작은 외국인 산업연수생 제도이다. 1994년에 시작한 외국인 산업연수생 제도를 통하여 남아시아와 중앙아시아의 외국 인력이 대규모로 들어오게 되었다. 한편 1990년대 중반에 한국 남성과 재중국 동포 여성과의 결혼이 시작되고 점차 외국인 여성으로 결혼 상대자가 확대되면서 정주 외국인이 대규모로 등장하기 시작하였다. 외국인 산업연수생 제도는 2000년대에 들어와 연수 취업 제도로 바뀌고 다시 외국인고용허가제로 바뀌면서 외국 인력이 지속적으로 유입되고 국제결혼여성의 출신지가 중국으로부터 남아시아, 중앙아시아로 확대되면서 한국 사회에 이주민의 수가 크게 늘기 시작하였다. 이와 함께 외국인 유학생도 늘고 국제결혼가정에서 태어난 다문화 가정 2세는 물론 한국인과 결혼한 이주민이 결혼하기 이전 출신국에서 양육하던 아이를 초청하는 경우가 늘면서 한국 내의 다문화 사회 구성원의 변인은 한층 다양해졌다. 이러한 변화 상황에서 한국 정부도 국내 체류 외국인에 대하여 적극적인 정책을 펼치기 시작하는데 이의 시점은 2006년 결혼이주민과 혼혈아에 대한 범정부 대책의 수립으로부터 비롯된 것으로 볼 수 있다. 이후 한국 정부의 재한외국인 정책은 법 제정, 제도의 개편, 정책의 실시 등 다양한 측면에서 전개되는데 이 과정에서 국내 체류 외국인에 대한 한국어 교육은 이러한 정책 변화의 핵심 사안으로 자리를 잡게 되었다.[3] 한국 정부가 재한 외국인에 대한 한국어 교육을 정부의 정책 범주 안에 포함하기 전에 이들에 대한 한국어 교육은 인권단체, 시민단체, 종교단체 등의 몫이었다는 점에 대부분의 견해가 일치한다.

　이러한 배경을 거쳐 시작된 국내 체류 외국인에 대한 한국 정부의 한국어 교육 지원은 당연히 법, 제도에 기반을 두고 추진되는데 여기에서 두 가지 특징이 나타난다. 첫째는 이주민에 대한 한국어 교육의 중요성이 부각되고 있지만 독립적인 한국어 교육기관을 직접 설립하여 교육을 실시하기보다는 기존의 교육기관에 위탁하거나 종합지원기관 안에서 하위 사업으로 설정하여 교육을 실시한다는 점이다. 이주민에 대한 한국어 교육에 참여한 대표적인 부서는 여성가족부, 법무부, 고용노동부이다. 이중에서 여성가족부와 고용노동부는 이주민에 대한 종합지원기관을 설립하고[4] 그 안에서 한국어 교육을 주요 사업의 하나로 설정하여 실시하지만 법무부는 기존의 한국어 교육기관 또는 이주민 지원 기관/단체에 위탁하여 한국어 교육을 실시하는 것으로 나타난다.[5] 두 번째는 이주민에 대한 한국어 교육은 초기에는 교육 전문성을 갖추지 못한 상

---

3) 이주민 관련 법령에 대하여는 정상우(2009)를, 이주민 관련 법령의 한국어 교육 관련성에 대하여는 조항록(2011a)을 참조.
4) 여기에서 말하는 종합지원기관이란 다문화가족지원센터와 외국인력지원센터를 의미한다.
5) 여기에서 말하는 한국어 교육은 사회통합프로그램을 의미한다.

태에서 출발한 것으로 볼 수 있으며 시간이 지나면서 급속하게 전문성을 확보해 가는 양상을 보여준다는 점이다. 한국 사회에서 한국어 교육 전문성은 주로 대학 내 전문 한국어 교육기관이 갖추고 있는 것으로 보이는데 이들 교육기관이 이주민 대상 한국어 교육에 적극 참여한 사례를 찾기 어려울 뿐만 아니라[6] 한국어 교육계 또는 기성 한국어 교육 연구자의 참여도 뒤늦게 나타나기 시작하였다. 한국어 교육학계의 이주민 대상 학술적 논의의 시작은 이중 언어학회의 제18차 학술대회(2005년 10월 18일. 주제: 한국 내 이주 외국인의 이중 언어 교육)가 최초이고 기성 연구자의 이주민 대상 연구 발표는 2006년에서야 나타난 것으로 확인된다. 다만 이주민과 관련한 석사학위 논문은 이보다 빠른 2001년에 최초로 등장하고 2003년 1편, 2004년 2편, 2005년 1년 나오고 2006년부터 그 수가 급속히 느는데 이는 논문 작성자 중 다수가 이주민 대상 자원봉사 활동을 실시하면서 관심을 가진 것으로 보인다.[7]

이와 같이 한국어 교육 관련 전문성이 갖추어지지 않은 상태에서 정부의 참여로 시작된 이주민 대상 한국어 교육은 초기에는 교육 전문성을 확보하기가 쉽지 않았을 것이라는 것은 쉽게 유추할 수 있다. 그러나 시간이 지나면서 이들 부서/기관이 정부 내 한국어 교육 전문성을 갖춘 기관과 협력하고 한국어 교육계와 직접 협력하면서 이들 기관에서의 한국어 교육 전문성은 급속하게 확보해 나가는 양상을 보여 주고 있다.

이러한 과정을 거쳐 이주민에 대한 한국어 교육은 교육기관 등 기반의

---

6) 실제로 한국에서 이주민이 증가하기 시작하던 초기에는 대학 내 한국어 교육 전문 교육기관의 참여의 예는 찾아보기 어렵다. 1990년대 후반 서울의 K대학교가 이주민을 대상으로 한국어 교육을 실시하기도 하였으나 이주민 대상으로 직접 교육을 실시한 예는 거의 없다.

7) 이주민 대상 한국어 교육을 주제로 한 학위논문 검색 결과 2001년에 최초로 논문이 제출되었으며 2012년까지 총 286편이 작성되었다. 한국어 교육 학술지로 일컬어지는 한국어 교육(국제한국어 교육학회), 이중 언어학(이중 언어학회), 한국언어문화학(국제한국언어문화학회), 언어와 문화(한국언어문화교육학회) 등 4종의 학술지와 사회언어학(한국 사회언어학회) 등 관련성이 있는 학술지를 검색한 결과 이주민 대상 학술 논문은 2006년에 최초로 등장하고 시간이 지나면서 빠르게 늘기 시작한 것으로 나타난다.

구축으로부터 교육 내적 영역에서의 전문성 확보에 이르기까지 전반적인 발전 양상을 보여 주고 있는데 교육기관 또는 프로그램으로서는 여성가족부 산하의 다문화가족지원센터에서 이루어지는 한국어 교육, 법무부 출입국·외국인정책본부 주관의 사회통합프로그램의 한국어 교육, 고용노동부 산하 한국산업인력공단이 설치한 외국인력지원센터의 한국어 교육이 대표적인 사례이다. 이중에서 다문화가족지원센터는 결혼이주민을 주 교육 대상으로 설정하고 있으며 외국인력지원센터는 외국인 노동자를 대상으로 하고 있는 것에 비하여 사회통합프로그램은 결혼이민자와 외국인 노동자를 포함한 모든 외국인을 대상으로 하고 있다. 전자의 두 기관은 기관 설립 자체가 특정 집단을 대상으로 설정한 만큼 특정 대상에 국한하여 한국어 교육을 실시하는 것은 당연한 일이며 사회통합프로그램은 특정 대상을 전제로 하지 않았지만 프로그램의 성격상 결혼이주민 등이 주 대상이 되고 있음도 엄연한 현실로 봐야 할 것이다. 이들 세 기관이 대상으로 하는 외국인 집단은 국내 체류 외국인 집단의 대부분을 포괄하는 것으로 여기에 포함되지 않는 집단은 외국인 유학생 집단이 대표적이다. 그러나 외국인 유학생 집단은 그 자체가 한국어 교육 관련성을 가지고 있기 때문에 이들 세 기관 또는 프로그램에 포함되지 않은 것이 문제가 되지 않는다.

## 3.2. 이주민 대상 한국어 교육 체계 정립의 의의

위에서 살펴본 바와 같이 최근 들어 이주민에 대한 한국어 교육 지원 체계를 구축한 것은 늦은 감이 있지만 다행스러운 일이나. 이는 한국 사회의 다문화 사회화의 진전 과정상에서 나타나는 특징을 보면 더욱 그러하다.

한국 사회는 1990년대 이후 이주민이 지속적으로 증가하였으며 그들의 변인도 다양해져 왔다. 그들 중 결혼 이주민은 이주 목적 자체가 한국 내 영주이고 그들로 구성된 가정에서 태어나거나 편입되는 자녀들 역시 영주를 전제로 한다. 이와 함께 주목할 만한 것으로 외국인 노동 인력도 외국인고용허가제에 따라 특별한 사유가 발생하지 않는 한 한국에서 4년 10개월을 거주하게 되고 경우에 따라서는 체류 자격을 바꿔 그이상을 거주할 수 있는 길이 열려 있다. 즉 한국 내 이주민의 정주화 현상이 가속화되는 상황에서 이들이 한국민과 조화롭게 살아가야 하는 것은 국가적 당면 과제가 되고 있다. 이는 실제로 한국 정부의 외국인 정책에도 그대로 반영되어 사회통합이라는 이름으로 정책화되는데 사회통합은 외국인 정책의 중심을 이루고 있다.

국무총리실 산하의 외국인정책위원회가 5년 단위로 수립하는 외국인 정책에서 사회통합은 정책 과제의 수, 투입 예산의 규모에서 다른 정책 영역보다도 비중이 크다. 법무부가 개최한 제2기 외국인 정책 공청회 자료를 바탕으로 할 때 2008년부터 2012년 사이에 실시한 제1차 외국인 정책 기본 계획 중에서 사회통합은 전체 예산의 54%를 차지하고, 연간 평균 증가율도 40%에 이름으로써 정량적인 측면만으로 볼 때 외국인 정책 내 비중이 제일 크다. 사회통합과 관련한 중앙부처도 교육과학기술부 등 8개 부처가 되고 지방자치단체, 시도 교육청 등이 지속적으로 사회통합 관련 활동을 확대해 오고 있다.

같은 자료에 나타난 제2차 외국인 정책 기본 계획에서도 사회통합은 개방, 인권, 안전, 협력과 함께 5대 중점 추진 영역이 되고 사회통합을 통한 국민과 이주민 사이의 조화로운 삶을 바탕으로 한 공동가치가 존중되도록 함을 주요 목표로 내세우고 있다. 이의 세부 추진 방향으로 건전한 국가 구성원 육성을 위한 사회통합 기반 강화, 체계적이고 균형 잡힌 이민자 정착 지원을 제시하고 있다. 추진과제 중 대과제는 모두 다섯 개로 자립 가능한 사회구성원 확보, 체계적인 이민자 사회통합프로그램 운영, 결혼이민자의 안정적 정착 지원, 이민배경 자녀의 건강한 성장환경 조성, 이민자 사회통합을 위한 인프라 구축 등이다. 대과제 아래의 세부 과제는 모두 12개로서 이는 전체 과제의 33%로 다른 정책 목

표에 비하여 많다.[8]

사회통합을 위한 과제 추진 방향 및 세부과제의 주요 내용을 볼 때 사회통합은 다분히 이민자가 우리 사회의 구성원으로서 생존을 넘어 평균적인 삶을 영위하도록 하는 데에 정책의 궁극적인 목표를 둔 것으로 보인다. 이를 위하여 한국어 능력 획득, 한국 사회 이해 능력 획득, 경제적 자립 능력 확보, 이민자 자녀 양육 및 학업, 사회 진출 지원 등을 국가적 차원에서 지원하는 것으로 정한 듯하다.

이러한 정책 추진 방향 및 세부 추진 과제는 이민자가 우리 사회에서 사회적 약자 내지는 소수자로 존재하지 않고 기존 구성원과 대등한 입장에서 삶을 영위하도록 함으로써 말 그대로 통합 사회를 구현하고자 하는 정책 의지로 이해된다. 제1기 외국인 정책 기본 계획이 질 높은 사회통합을 목표로 하고 실제 추진 내용을 중심으로 볼 때 당시 쟁점으로 대두된 정책적 과제, 특히 문제 해결을 중심으로 설정하고 추진했다고 할 수 있다. 이에 비하여 제2기의 사회통합 정책은 이민자의 역량 강화의 구체적 목표와 수준을 제시하고, 제1기에서 추진했던 내용 중 제2기에서도 채택된 정책 과제에 대하여 좀 더 강화된 추진 방안을 마련함으로써 큰 의미가 있다.

한국 정부의 이러한 외국인 정책의 변화는 바로 한국어 교육의 중요성을 부각시키기에 충분하다. 이미 조항록(2012)에서도 논하였지만 한국 사회의 구성원으로 편입되는 이주민이 한국어 능력을 갖춰야만 한국인을 이해하고 한국 문화를 이해하여 한국인과 어울릴 수 있을 것이다. 그리고 여기에서 더 나아가 한국 사회에서 소외된 자로 남지 않고 자신의 역량을 발휘할 수 있는 기반을 구축하게 될 것이다. 그렇지 않을 경우 이주민은 한국 사회에 편입이 된다 해도 한국인과의 소통이 불가능함으로 인해 자신의 권리와 의무를 다하지 못한 채 주변의 도움에 의존하거나

---

8) 제2기 외국인 정책 기본 계획에 대하여는 법무부(2012), 제2차 외국인 정책 기본 계획 수립을 위한 공청회(2012년 11월 9일) 자료집을 참조함.

자신들만의 공간에서 격리된 삶을 영위할 것이다. 한국 정부 역시 이주민을 포용하여 다문화 사회를 인정하는 상황에서 이주민이 사회적 약자로 남는 경우 사회적 비용은 계속 증가하게 되는 만큼 이들의 한국 사회 적응 능력을 속히 갖추어 줄 필요성이 있는 것이다. 그뿐만 아니라 한국 정부는 이미 이주민의 인권 보호 등에 관한 국제 협약에도 가입되어 있는 만큼 이주민 지원을 국가의 책무로 설정해 놓은 상태에서 이들의 자활 능력 향상 등을 위한 노력을 해야 하는 상황이다.

그러나 문제는 이주민이 한국어를 효과적으로 배울 수 있는 교육 기반이 갖추어져 있지 않고 이주민의 생활 여건 특성상 스스로 학습 기회를 찾아 한국어 학습에 참여하기가 어렵다는 점이다. 기존의 한국 내 한국어 교육 전문 기관은 대학에 설치되어 있거나 일부 상업적 목적의 사설 학원이 있을 뿐 이주민 지원 기관의 한국어 교육은 대부분 자원봉사자에 의하여 운영되는 비정규 프로그램이 주를 이룸으로써 전문성이 상대적으로 뒤떨어진다. 결국 이주민에 대한 한국어 교육의 당위성이 논의되는 상황에서 이들에 대한 효율적인 교육을 위해서는 국가가 나서서 기본 교육 체계를 구축하고 전문성을 이입하여 교육 효과가 기대되는 프로그램을 개발하여 실시하는 일이 중요해졌다. 이러한 상황에서 여성가족부, 법무부, 고용노동부 등이 이주민 지원기관에서 한국어 교육을 실시하거나 전문 교육기관과 협력하여 한국어 교육을 실시하는 것은 의미가 크다.

종국적으로 질 높은 사회통합을 위해서 이주민의 한국 사회 적응 능력의 제고와 한국인의 이주민에 대한 인식의 전환과 함께 양자 사이의 조화로운 관계의 설정이중요하다고 하지만 무엇보다도 이주민의 한국어 능력 향상이 선결 과제라는 것에 이론의 여지는 없을 것이다. 이렇게 볼 때 이주민에 대한 한국어 능력 제고와 관련하여 한국 정부가 기존의 한국어 교육 실시 기반이 미흡함을 인식하고 새로운 교육 실시 체계를 구축한 것은 의미가 크다.

# 4. 이주민 대상 한국어 교육 실시 체계의 실제

## 4.1. 다문화가족지원센터의 한국어 교육

다문화가족지원센터는 국비 또는 지방비를 지원받아 시·군·구와 같은 기초 지방자치단체에 설치하는 기관으로서 설치 근거는 다문화가족지원법 제12조에 있다. 2012년 현재 국비를 지원받는 곳이 200곳, 지방비로 운영되는 곳이 4곳 등 모두 204곳이 설치되어 있다.[9]

다문화가족지원센터의 사업은 크게 기본 사업, 홍보 및 운영, 특성화 사업 등으로 나누어지며 한국어 교육은 다문화가족통합교육, 다문화가족 취업 연계 및 교육 지원, 개인·가족상담 등과 함께 기본 사업에 편성되어 있다. 한국어 교육은 센터 내에서 실시하는 집합 한국어 교육과 대상자의 집을 찾아가서 교육을 실시하는 방문 교육으로 나누어진다. 집합 한국어 교육은 다문화가족의 언어소통의 어려움을 해결해 주고 이주 초기의 한국생활 적응의 문제를 해결해 주기 위하여 2006년부터 실시하고 있으며 방문 교육은 지리적 어려움 등으로 인해 센터 내방이 힘든 결혼이민자와 중도입국자녀를 대상으로 2008년부터 실시해 오고 있다.

다문화가족지원센터의 한국어 교육은 2011년까지는 5단계로 구성이 되나 1단계~4단계까지는 각 단계 이수 시간을 40시간씩으로 하고 연간 2회(1~3단계) 또는 1회(4단계) 운영함으로써 정규 과정화하였으나 5단계는 한국어능력시험 대비 과정과 같은 특별 프로그램으로 운영하였다.

**표 1** 사회통합프로그램의 교육 단계별 이수시간 (개편 전)

| 세부영역 | 내 용 | 운영 시간 |
|---|---|---|
| 1단계 | · 기초적인 단어 및 문장, 간단한 표현 | 40시간×연간 2회 |

---

9) 다문화가족지원센터에 대한 기본 내용의 대부분은 여성가족부와 중앙건강가정진흥원의 자료를 바탕으로 하였음을 밝힘.

| 2단계 | · 기초적인 단어 및 문장, 다양한 표현 | 40시간×연간 2회 |
|---|---|---|
| 3단계 | · 일상생활에 필요한 표준어 교육 등 일상적인 의 사소통 가능하도록 교육 | 40시간×연간 2회 |
| 4단계 | · 구체적이고 폭넓은 의사소통 가능 수준의 교육 | 40시간×연간 1회 |
| 특별반(선택) | · 한국어능력시험 대비반 등 | 교재에 맞게 설정 |

그러나 다문화가족지원센터의 한국어 교육은 2012년에 전면 개편하였는데 아래와 같이 정규과정 4단계 각 100시간씩 400시간, 특별반 50시간으로 구성되었다.[10]

**표 2** 사회통합프로그램의 교육 단계별 이수시간 (개편 후)

| 한국어 과정 | 1단계<br>(초급1) | 2단계<br>(초급2) | 3단계<br>(중급1) | 4단계<br>(중급2) | 특별반<br>(고급) |
|---|---|---|---|---|---|
| 이수시간 | 100시간 | 100시간 | 선택<br>※ 총 400시간 운영 | | |
| 교재 | 결혼이민자와 함께하는 한국어 1~4단계<br>(국립국어원) | | | | 센터 자체<br>교재 활용 |

그러나 방문 한국어 교육은 4단계로 구성되었다고는 하나 단계별 이수 시간을 정하지 않은 채 주당 시수(2회 각 2시간 총 4시간)와 교육 기간(10개월이 기본이나 가변적)만을 제시하고 있어 단계별 이수 개념보다는 학습자 수준에 맞춘 연속 학습의 의미만을 갖는 것으로 볼 수 있다.[11]

다문화가족지원센터의 집합 한국어 강사의 요건은 한국어 교원 3급

---

10) 여기에서 3단계와 4단계는 선택으로 제시되어 있는데 이는 뒤에서 설명할 사회통합프로그램과 체계를 같이 하기 위한 것으로 보인다. 사회통합프로그램에서는 결혼이민자에 한해서 3단계와 4단계의 이수를 면제해 주고 있다. 다만 결혼이민자가 원할 경우에는 참여를 허용한다.

11) 다문화가족지원센터의 한국어 교육이 언급한 바와 같이 집합 한국어 교육과 방문한국어 교육으로 2원화되어 있으나 방문한국어 교육은 대상자 1인이 1주 2회 4시간 수업으로 한국어 능력 강화보다는 유지의 목적이 강한 것으로 보여 본고에서의 이후 논의는 집합 한국어 교육 중심으로 진행하고자 한다.

이상 소지자를 우선으로 하지만 한국어 교원 양성과정을 마치고 정부기관이나 시민단체 등에서 이민자 대상 한국어 교육 경력 500시간 이상 경력자나 초등학교 정교사(2급)로서 초등학교 교사 2년 이상의 경력 소지로서 한국어 교원 양성과정을 이수한 자로 규정하고 있다. 방문 교육 강사의 경우에는 위의 요건 중 강의 시수가 120시간으로 상대적으로 낮고 초등학교 교사에게는 기회를 부여하지 않는다는 차이가 있다.

이렇게 실시되는 다문화가족지원센터의 한국어 교육 프로그램에 참여한 이주민의 수는 2011년에 200개 센터에서 실 인원을 기준으로 하여 1단계 1만 2578명, 2단계 1만 464명, 3단계 7856명, 4단계 5472명과 특별반 6990명 등 모두 4만 3360명이나 1인이 2개 등급 이상을 이수한 경우를 감안하여 집계한 순수 참여 인원은 2만 9378명으로 집계되고 있다.[12] 이에 비하여 방문 교육에 참여한 이주민은 결혼이민자가 830명, 다문화가족 자녀가 783명, 중도입국자녀가 251명으로 모두 1864명이나 참여자 변인이 다양한 특징을 보이고 있다.

다문화가족지원센터의 한국어 교육은 시간이 지나면서 프로그램 발전을 위한 다양한 노력을 기울이는데 몇몇 사례를 제시하면 다음과 같다.

우선 제도적인 측면에서 법무부와 한국어 교육 효율화를 위한 부처 간 MOU 체결을 통하여 다문화가족지원센터의 한국어 교육 프로그램을 사회통합프로그램과 연계 운영하고자 하였다. 이는 2010년 5월 국무총리실 산하의 다문화가족위원회가 수립한 다문화가족지원기본 계획(2010~2012)에 포함된 내용으로 여성가족부와 법무부가 부서 간 협의를 진행하여 마침내 2012년 6월에 양 부서 사이에 MOU를 체결하고 다문화가족지원센터의 집합 한국어 교육 프로그램 참여자도 사회통합프로그램 참여자와 같이 일정 수준 한국어 능력을 인정받을 경우 체류 자격 변화 등에 있어 사회통합프로그램 참여자와 동등한 혜택을 누릴 수 있도록 하였다. 이후 적지 않은 다문화가족지원센터가 사회통합프로그

---

12) 2012년 여성가족부 산하의 건강가정진흥원 내부 자료에 근거함.

램 운영기관으로 참여하여 실제로 혜택을 누리는 것으로 나타났다.[13]

한편 교육성과를 높이기 위한 노력으로 국립국어원에 위탁하여 수준별 교재 개발을 적극 추진하였는데 여기에는 한국어 교육계의 전문가가 참여하였으며 2012년 말까지 교재와 교사용지도서 완간을 목표로 한 것으로 알려지고 있다. 이와 함께 다양한 교육 방식의 개발도 적극 추진하였는데 국립국어원, 교육방송 등과 협력하여 결혼이주민을 위한 방송을 통한 한국어 교육 프로그램을 개발하여 실시하고 있다. 다문화가족지원센터의 한국어 교육 발전 노력은 여기에 그치지 않고 교사의 교육 능력을 높이기 위하여 다양한 노력을 기울이고 있는데 국립국어원과 협력하여 온라인-오프라인 방문교사 교육 연수 프로그램을 운영하고 있다. 그러나 이러한 노력에도 불구하고 다문화가족지원센터의 한국어 교육은 다문화가족지원센터 기본 운영비의 11% 수준에 불과하고 전체 결혼이민자의 13.1%만이 프로그램에 참여하는 등 참여율 제고 문제가 과제로 제기되고 있다.[14]

## 4.2. 사회통합프로그램 한국어 교육

사회통합프로그램 한국어 교육은 출입국관리법 제39조 및 제40조(2012년 1월 26일 공포, 2012년 12월 27일 시행), 재한외국인처우기본법 제11조 및 제21조, 국적법 시행 규칙 제4조, 이민자 사회통합프로그램 및 그 운영 등에 관한 규정(법무부 훈령) 등에 근거를 두고 법무부 출입국·외국인정책본부가 주관하는 이주민 대상의 한국어 교육·한국문화교육 프로그램으로서 2009년에 최초로 실시되었다. 참여 대상은 결

---

13) 사실 여기에서 많은 다문화가족지원센터가 참여하였다고 기술하고 있으나 실상은 204곳 중 60여 곳으로 참여하지 않은 다문화가족지원센터가 훨씬 더 많다. 그뿐만 아니라 다문화가족지원센터의 사회통합프로그램 운영 참여에 대하여는 법무부와 여성가족부 사이에 아직도 이견이 많은 것으로 알려져 있다.

14) 여성가족부(2011), 다문화가족지원 사업 안내를 참조함.

혼인이민자, 동포, 유학생, 외국인 노동자, 난민, 외국인 전문인력 등 대한민국에 체류하는 모든 이민자를 대상으로 한다.

사회통합프로그램의 도입 취지 및 실시 목적은 시간이 지나면서 확대되고 구체화되는데 이는 정책 대상자에 대한 정책 실시 효과를 기대한 것으로부터 국가 차원의 사회통합 정책의 실현으로 특징지어진다. 사회통합프로그램 실시 초기의 취지는 사회통합프로그램 관련 공식 홈페이지(www.kiip.kr)에 제시된 것이 대표적인데 여기에서는 사회통합프로그램의 실시 취지를 이민자가 우리말과 우리 문화를 빨리 익히도록 함에 따라 국민과의 원활한 의사소통으로 지역 사회에 쉽게 융화될 수 있도록 지원하기 위한 것이라고 규정하고 있다. 그러나 사회통합프로그램을 주관하고 있는 법무부 출입국·외국인정책본부의 이민통합과가 작성한 사회통합프로그램(KIIP) 개요(2012년 9월 21일 작성)에 따르면 사회통합프로그램 도입 취지를 이민 정책 추진, 사회적 갈등 최소화, 이민자 사이의 차별 없는 사회통합 정책 마련, 이민자 본인 및 그 2세의 조기 적응 유도 등을 내세우고 있다. 이는 사회통합프로그램이 초기의 정책 대상자에 대한 지원 정책의 성격에서 정부의 이민 정책의 일환인 사회통합 정책의 구체적인 실천 정책으로 성격이 확대된 것을 의미한다.

이러한 성격을 갖는 사회통합프로그램은 한국어 교육과 한국 문화교육(과정명: 한국 사회의 이해)으로 구성되는데 한국어 교육은 한글자모를 모른 참여자를 위한 기초단계(0단계) 15시간을 제외한다면 한국어 과정은 아래와 같이 4개 단계 각 100시간씩 400시간과 한국 사회의 이해 50시간 등 모두 450시간으로 구성된다.

**표 3 사회통합프로그램의 교육과정 개요**

| 구분 \ 단계 | 0단계 | 1단계 | 2단계 | 3단계 | 4단계 | 5단계 |
|---|---|---|---|---|---|---|
| 과정 | 한국어 | | | | | 한국 사회 이해 |
| | 기초 | 초급1 | 초급2 | 중급1 | 중급2 | |
| 이수시간 | 15시간 | 100시간 | 100시간 | 100시간 | 100시간 | 50시간 |

사회통합프로그램의 교육과정은 2012년에 전면 개편되었는데 한국어 교육과정의 경우 단계별로(0단계의 경우 예외) 총괄목표, 주제, 기능과 과제, 언어 지식(어휘, 문법, 발음, 텍스트), 언어 기술(말하기, 듣기, 읽기, 쓰기), 문화, 부록(문법 목록 등)으로 구성되어 있으며 추상적 기술과 구체적 기술을 병행하여 제시하고 있다. 이중에서 총괄 목표의 핵심 기술을 중심으로 사회통합프로그램의 한국어 교육과정의 내용을 정리하면 다음과 같다.

**표 4** 한국어 교육과정 등급별 총괄 목표

| 단계 | 총괄 목표 |
|---|---|
| 0 | 한글의 구성을 이해하고 자음, 모음의 발음 방법과 필순을 익혀 한글 자모를 읽고 쓸 수 있다. |
| 1 | 이주민으로서 한국생활을 하면서 접하는 사적인 영역에서 기초적인 의사소통이 가능하다. |
| 2 | 일상생활에서 그다지 어려움을 느끼지 않고 의사소통할 수 있으며, 우체국, 은행 등의 공공장소에서 일어나는 상황에서 과제를 해결할 수 있다. |
| 3 | 다양한 공공시설을 이용할 수 있으며, 주위 사람뿐만 아니라 조금 낯선 사람과의 사회적인 관계를 유지하고 필요한 업무를 처리할 수 있다. |
| 4 | 다양한 사람들과 사회적 관계를 적절하게 유지할 수 있으며, 경제적 이익 추구 활동 등과 같은 전문 영역에서 최소한의 활동이 가능하다. |

사회통합프로그램의 이러한 목표는 〈표 3〉과 같이 교육과정 또는 평가의 대표적인 사례인 한국어능력시험(TOPIK) 등급기준 및 국제통용 한국어표준교육모형과 유사하며 등급 기술의 원리와 내용 역시 이들과 크게 다르지 않다.[15]

---

15) 사회통합프로그램 한국어 교육과정의 개편원리와 내용에 대하여는 이미혜(2012b) 참조.

표 5 사회통합프로그램 한국어 등급 체계와 타 교육과정의 등급 체계 비교

| 한국어능력시험 (TOPIK) | 초급 | | 중급 | | 고급 | |
|---|---|---|---|---|---|---|
| | 1급 | 2급 | 3급 | 4급 | 5급 | 6급 |
| 국제통용 한국어 교육 표준모형 | 초급 | | 중급 | | 고급 | 최상급 |
| | 1급 | 2급 | 3급 | 4급 | 5급 | 6급 | 7급 |
| 사회통합프로그램 한국어 | 초급 | | 중급 | | | |
| | 1단계 | 2단계 | 3단계 | 4단계 | | |

　다만 사회통합프로그램 한국어 교육과정은 단계별 이수 시간 등이 차이가 나는 만큼 교육의 최종 도달점의 설정을 상대적으로 낮추고 주제 등 세부 내용 선정 및 배열에 있어 이주민의 한국 내 생활환경과 언어 사용 환경을 고려한 것이 특징이다. 사회통합프로그램의 5단계인 한국 사회의 이해의 경우에도 2012년에 교육과정의 전면 개편이 진행되어 종래의 12개 주제 영역에서 8개의 주제 영역으로 변경되었고 하위 영역과 내용에 대한 구체적인 기술이 이루어졌다.[16]

　사회통합프로그램에서 사용하는 교재는 초기에는 시중 교재를 사용하였으나 이후에는 한국어 교육 전문 교육기관에 의뢰하여 고유 교재를 개발하여 사용해 오고 있으며[17] 2013년에는 개편된 교육과정에 따른 교재 개발을 예정하고 있는 것으로 알려진다. 교사는 한국어 교육의 경우 국어기본법에서 정하고 있는 한국어 교원　자격증 소지자를 우선으로 하되 현실적으로 충원의 어려움이 있어 한국어 교원　양성과정을 이수한 최소한의 전문 인력이 현장에서 500시간 이상의 강의 경력이 있으면

---

16) 한국 사회의 이해 과정의 내용 개발 및 교재화 작업은 사회통합프로그램 중앙거점기관인 한국이민재단이 주관이 되어 외부 전문가에게 의뢰하여 개발하였고 2013년도 상반기에 교재가 출판되는 것으로 알려진다.

17) 고유 교재를 개발하였다고는 하나 사회통합프로그램의 실시 초기부터 2012년의 교육과정 개편안 마련 이전까지는 교육과정의 체계성이 부족한 상태에서 개발한 것으로 교재의 내용이 실제적으로 교육과정을 역으로 설정해 준 결과를 가져왔다.

교육을 담당할 수 있도록 하고 있다. 한국 사회의 이해의 경우에는 법무부가 자체적으로 육성하는 시스템을 통하여 전문 강사(다문화 강사)에게 교육을 맡기고 있다.

법무부 출입국·외국인정책본부는 이를 위하여 2008년 3월에 관련 법령을 정비하고 2008년 9월에는 전국의 20개 대학을 선도대학(ABT 대학: Active Brain Tower 대학)으로 지정하여 사회통합프로그램 내 한국문화 교육과정인 한국 사회의 이해 과정을 담당할 다문화 강사를 육성하는 것을 시작으로 하여 사회통합프로그램 실시를 위한 기반을 구축하기 시작하였다. 이후 법무부 출입국·외국인정책본부는 2009년도에 ABT 대학 20곳에서 사회통합프로그램 시범 교육을 실시하고 2010년부터 본격 운영하기 시작하여 2011년에는 29곳의 거점 운영기관을 포함하여 전국의 150개 운영기관에서 프로그램을 실시하였으며 2012년도에는 여성가족부 산하의 다문화가족지원센터 중 참여를 희망하는 곳을 사회통합프로그램 운영기관으로 지정함으로써 운영기관의 수도 크게 늘었다.

이렇게 출범과 발전 과정을 거친 사회통합프로그램은 정부의 적극적인 이주민 지원 정책의 실시와 같은 정책 환경의 변화를 바탕으로 하고 자체 추진 역량을 강화하면서 지속적인 확대 과정을 거쳐 오늘에 이르고 있다. 이에 따라 참가자와 이수자의 수는 아래의 표에서 보는 바와 같이 해를 거듭할수록 크게 늘었다.

**표 6** 사회통합프로그램 참여자 현황[18]

(단위 : 명)

| 연도별 | 2009년 | 2010년 | 2011년 | 2012년 9월 |
|---|---|---|---|---|
| 교육 등록자 | 2,089 | 4,779 | 6,405 | 12,049 |
| 이수자 (5단계 완료) | 797 | 1,063 | 1,699 | 1,016 |

사회통합프로그램 운영 기관 역시 시간이 지나면서 크게 늘어 최초 20

---

18) 법무부 출입국·외국인정책본부 내부 자료를 바탕으로 정리함.

개소에서 2012년 현재 중앙운영기관 1곳, 거점운영기관 47곳, 일반운영 기관 224곳에서 사회통합프로그램을 운영하고 있다.

　사회통합프로그램의 실시 성과를 논의함에 있어 앞에서 언급한 바와 같은 거시지표 못지않게 중요한 것은 정책 실시 주체인 법무부 출입국·외국인정책본부가 교육 체계를 지속적으로 구축함과 동시에 교육 전문성 향상을 위해 노력한 점이다. 특히 한국어 교육과 한국 사회의 이해 교육의 전문성을 인식하면서 한국어 교육 전문가 집단과 적극 협력해 오고 있다. 이는 교육 현장의 3대 요소라 일컬어지는 교재, 교사, 교수법의 측면에서 괄목할 만한 발전을 이루어 왔고 최근에는 평가 체계를 구축함으로써 교육 프로그램으로서의 기반을 확고히 하고 있다.[19] 이는 제1차 외국인 정책 기본 계획의 성과이기도 하고 제2기 외국인 정책 기본 계획의 세부 과제에도 고루 포함되어 있어 더욱 큰 발전을 기대하게 한다.

## 4.3. 외국인력지원센터의 한국어 교육

　외국인력지원센터는 외국인 근로자의 고용 등에 관한 법률(2003년 8월 16일 제정)에 근거하여 외국인 근로자의 인권신장과 복지 증진을 위한 한국 정부의 노력의 일환으로 설치된 종합 지원 기관으로서 이 기관의 주요 활동 중에 외국인 근로자에 대한 한국어 교육실시가 포함되어 있다. 외국인력지원센터는 2004년 12월에 최초로 한국외국인력지원센터(서울 구로구 소재)가 설립된 이래 2007년에는 관할기관이 노동부에서 노동부 산하의 한국산업인력공단으로 이관되었고 안산외국인력지원센터와 의정부외국인력지원센터가 설립됨으로써 3개소가 되었다. 2010

---

19) 사회통합프로그램이 교육 전문성을 확보하기 위하여 지난 3년 추진해 온 내용은 본문에서 기술한 바와 같은 교육과정의 개편과 평가체계의 구축을 대표적인 예로 들 수 있다. 평가체계의 개편은 종래의 사전평가와 종합평가에서 사전평가, 단계평가, 중간평가, 종합평가 등으로 세분화하면서 각각의 평가의 기능을 살리고자 노력하였다는 점을 들 수 있다.

년에는 기존의 한 개소(안산외국인력지원센터)가 외국인콜센터로 변경되고 대구, 인천, 김해, 창원에 외국인력지원센터가 설립됨으로써 2012년 현재 전국에서 모두 7곳이 운영되고 있다.

외국인력지원센터는 기본적으로 외국인 근로자들이 언어와 문화의 차이로 발생하는 여러 가지 문제를 해결하기 위하여 상담, 교육, 문화행사, 정보제공 등의 분야에서 체계적이고 종합적인 지원 사업을 펼치는 것으로 되어 있다.[20] 외국인력지원센터를 관할하는 한국산업인력공단은 외국인력지원센터 운영규정을 두어 이들 기관의 조직, 예산, 사업 등을 지원, 관리하고 있는데 한국어 교육은 교육문화팀의 주요 사업으로 설정되어 있다.[21] 한국산업인력공단과 각 기관 사이에 체결하는 위탁경영약정서에 따르면 일반적으로 교육 사업은 사업비의 25% 정도로서 사업비의 50%를 차지하는 상담 사업 다음으로 비중이 크다.

외국인력지원센터의 한국어 교육은 특별한 경우를 제외하고는 모든 기관이 일요일에 2시간씩 운영하는 프로그램 성격으로 운영하고 있다. 기관에 따라 일요일에 2시간씩 운영하는 프로그램을 오전과 오후에 각 1회 운영하는가 하면 시간대별로 개설하여 일요일에 4회 운영하기도 한다. 1년 2회 2학기제로 운영을 하는 한국어 교육프로그램에 등록하는 외국인 근로자는 기관에 따라 차이가 있어 적게는 100여 명으로부터 많게는 500여 명으로 나타난다. 그리고 기관에 따라 한국어능력시험 대비반을 운영하기도 한다.

대체로 외국인력지원센터의 한국어 프로그램은 참가자 1인당 1주 1회 2시간의 교육 기회를 갖는 것으로 한국어 능력을 강화하기에는 충분하지 않은 프로그램이다. 그러나 외국인 근로자가 일상생활에서 한국어에 노출되어 있는 상황에서 기관에서 체계적인 교육 기회를 갖는다는 점을

---

20) 한국 외국인력지원센터 사업현황(2012)의 내용을 참조함.
21) 외국인력지원센터에 공통적으로 설치되어 있는 교육문화팀의 사업은 기관에 따라 약간의 차이를 한국어 교육과 컴퓨터 교육을 공통 기본 사업으로 설정하고 있다.

고려한다면 언어 능력 강화를 기대할 수 있는 프로그램이다. 외국인력지원센터의 한국어 프로그램이 이와 같은 한계가 있기 때문인지 대부분의 외국인력지원센터의 한국어 프로그램은 초급, 중급으로 개설될 뿐 초급과 중급의 하위 등급화는 적극적으로 시도되지 않는 듯하다.

외국인력지원센터에서 사용하는 한국어 교재는 노동부가 국립국어원에 위탁하여 개발한 외국인 근로자용 한국어 교재를 주로 사용하고 있으며 기관에 따라 시중 교재를 보조적으로 사용하기도 한다.

외국인력지원센터의 한국어 강사는 국어기본법에서 정하고 있는 한국어 교원 자격증 소지자 또는 초·중등 국어 교사 자격증 소지자를 제1원칙으로 하되 한국어 강사 양성과정을 수료하고 외국인 대상 한국어 교육 경험이 100시간 이상인 자도 강의를 맡을 수 있다.

외국인력지원센터의 한국어 교육은 기본적으로 공간, 시설, 예산을 확보한 상태에서 수요를 차출하는 형식으로 전개되어 왔다. 이는 기존에 교육 수요가 존재하는 상황에서 공급 체계를 갖추는 기존의 한국어 교육 발전 양상과 다른 것으로 현시점 한국 내 외국인 노동자 근로 상황 등을 고려한 것으로 보인다. 그리고 시간이 지나면서 강사 요건을 강화하고 전문 교재를 개발하는 등 발전의 양상을 보이고 한다. 그러나 엄밀하게 볼 때 외국인력지원센터의 한국어 교육은 1주 1회 2시간으로 운영되는 프로그램으로서 교육 효과를 내기에는 근본적인 한계를 안고 있다.


## 5. 이주민 대상 한국어 교육 실시 체계의 성과와 한계

### 5.1. 이주민 대상 한국어 교육 실시 체계의 성과

이상에서 현시점 이주민 대상의 한국어 교육 실시 체계를 현장 교육

기관 중심으로 살펴보았다. 결혼이주민과 다문화 가정 자녀를 주 대상으로 하는 다문화가족지원센터, 이주민 전체를 대상으로 하는 사회통합프로그램, 외국인 노동자를 대상으로 하는 외국인력지원센터는 국내 체류 외국인의 집단별 분류에서 최대 집단으로 분류되는 외국인 노동자 집단, 두 번째 집단인 결혼이주민과 다문화 가정 자녀를 대상으로 한다는 점에서 1차적인 의미를 갖는다. 그러나 이들 기관이 더 큰 의미를 갖는 것은 이들 기관의 한국어 교육 실시의 대상으로 설정한 집단이 한국에 정주하고자 하는 집단임에도 불구하고 한국어 능력을 갖출 기회를 거의 갖지 못한 이주민이 대부분이고 현실적으로 한국어 교육 기회를 갖기 어려운 집단이라는 점에서 교육 공급자로서 갖는 의미가 크다. 그뿐만 아니라 시간이 지나면서 이들 기관에서 한국어를 배우는 이주민의 수가 급증하는 것은 설립의 취지와 목표를 실현하는 일로서 역시 큰 의미를 갖는다. 그러나 이들 한국어 교육 실시 기관의 한국어 교육 체계를 살펴보면 개선해야 할 점도 적지 않다. 이러한 맥락에서 앞에서 살펴본 이주민 대상 한국어 교육 실시 기관의 한국어 교육 실시 체계에 대한 평가를 내리면 다음과 같다.

우선 긍정적인 평가로서 이주민 대상 한국어 교육기관이 설립 이후 지속적으로 한국어 교육 공급 확대 노력을 기울여 온 점을 들 수 있다. 다문화가족지원센터의 참여자 수도 시간이 지나면서 크게 늘었고 사회통합프로그램 참여자 수도 큰 폭으로 증가해 왔다. 외국인력지원센터의 경우 내부 자료에 근거할 때 증가의 폭이 그리 크지는 않으나 지속적으로 참가자 규모를 확대해 오는 것으로 나타난다.[22]

이와 함께 이주민 대상 한국어 교육 실시 체계는 지속적으로 제도화

---

22) 사실 외국인력지원센터의 한국어 교육 참여자 늘었다는 사실을 계량적으로 제시해야 마땅하나 이에 대한 통계가 공식 발표되지 않아 포함하지 않았다. 그럼에도 여기에서 이러한 논리를 전개하는 것은 본 연구자가 2년에 걸쳐 전체 외국인력지원센터와 관련한 활동을 하면서 접하게 된 자료와 관련자 면담의 내용 중에서 공개가 가능한 범위에서 활용하였음을 뒤늦게나마 밝히고자 한다.

의 과정을 거쳐 왔다. 교사 자격에 있어서도 결과적으로 국어기본법에서 정하고 있는 한국어 교원 자격증 소지를 기본 요건으로 내세우는 경우가 대체적인 경향이며 이들 한국어 강사에 대한 보상의 수준(강사료)도 지속적으로 증가하고 있다. 이와 함께 참가자들이 이들 교육기관에서 한국어를 성공적으로 공부한 경우에 얻게 되는 보상의 내용도 지속적으로 확충해 가는데 대표적인 예로 국적 취득이나 체류자격 변경 시의 수혜 대상자가 점진적으로 확대되어 온 점이다. 이와 함께 교육 실시 초기 특수한 상황으로 유예되었던 부분이 시간이 지나면서 보완이 되는데 대표적인 예로 사회통합프로그램 한국어 과정 3, 4단계에 대한 결혼이주여성의 참여 유예가 사라지고 의무 참여로 변경된 점을 들 수 있다.[23]

긍정적인 평가로 다음으로 들 수 있는 것은 이들 교육기관이 정부 내 한국어 교육과 관련하여 전문적인 활동을 하는 부서인 국립국어원과 협력하거나 한국어 교육계 전문가와 협력하면서 지속적으로 한국어 교육 실시 기반을 구축하고 구체적인 교수 학습 수준을 높여 왔다는 점이다. 국립국어원과의 협력의 주된 내용은 교재 개발과 강사 연수로 교육 현장의 핵심적인 쟁점이다. 또한 한국어 교육계와의 협력 역시 활발해졌는데 교재 개발이나 평가체계의 구축 등이 중심이다. 그리고 한국어 교육계와의 협력의 방식 역시 개별 교육기관, 교육기관의 협의체, 개별 전문가 등 다양한 방식으로 추진해 온 점도 긍정적으로 평가할 수 있다. 다만 앞에서도 지적한 바와 같이 기존의 한국어 교육계가 대학 내의 전문 한국어 교육 중심으로 발전해 오고, 2000년대 초까지는 개별 연구자 역시 이주민 대상 한국어 교육에 거의 관심을 갖지 않았던 것으로 나타난 만큼 한국어 교육계와의 협력을 통하여 얻은 성과는 그리 크지 않았던 것으로 보인다.[24]

---

23) 조항록(2012)에서는 사회통합프로그램의 실시 초기부터 최근에 이르기까지 제도의 변화를 살펴보고 있는데 이주민의 한국어 과정 3, 4단계 의무 이수의 필요성을 강조하고 있다.

24) 이러한 평가가 주관적일 수도 있으나 실제로 한국어 교육계가 이주민 대상 한국어 교육에 참여하면서 초기에는 그동안 축적된 경험과 역량이 그대로 전이되지 않는 상황에서 어려움을 느끼는 경우도 적지 않았음을 본 연구자는 목격하였다.

긍정적인 평가로서 마지막으로 들 수 있는 것은 정부의 정책 영역에서 이주민 대상 한국어 교육 관련 정책 실시의 수준이 높아지고 있다는 점이다. 여기에서 논하는 현장 교육기관의 역할과는 좀 거리가 있으나 현장 교육기관의 역할을 뒷받침할 수 있는 제도가 지속적으로 확충되고 관련 예산도 지속적으로 늘었다는 점은 의미가 크다. 앞의 세 유형의 교육기관의 태동은 각각 해당하는 여러 법령에 근거하고 있지만 외국인정책위원회, 외국인력정책위원회, 다문화가족정책위원회 등 관련 협의체도 운영하고 법무부와 여성가족부 등 관련 부처 사이의 협의도 진행된 사례가 있다. 비록 유기적인 협조 관계는 아니지만 이주민 대상 한국어 교육 실시를 위한 부서 내 연계 내지는 협력의 의지를 엿볼 수 있다.

## 5.2. 이주민 대상 한국어 교육의 한계와 개선방안

이러한 긍정적인 평가와 함께 개선해야 할 점도 많이 나타나는데 이를 정리해 보면 다음과 같다.

우선 들 수 있는 것은 이주민 대상의 한국어 교육을 효율적으로 실시하기 위한 정부 내 역량 결집이 제도화되지 않았다는 점이다. 이주민 대상의 다양한 협의 조정 기구가 있고 외국인정책위원회에서 5년 단위의 중장기 외국인 정책도 수립하고 있으며 이주민의 한국어 능력 향상이 중요한 안건으로 설정되는 경우가 많지만 이를 실현하기 위한 실무 협의체는 존재하지 않는다. 이주민이라는 동일 집단을 대상으로 하고 정부 예산으로 한국어 교육이라는 동일 사업을 실시하는 과정에서 중앙에 종합조정기구나 협의체(일종의 컨트롤 타워)가 존재하지 않는 것은 정책의 효율성을 떨어뜨린다. 여타 실무협의체와 비슷하게 중앙부서의 과장급이나 사무관급, 산하기관의 중간 관리자급을 구성원으로 하는 실무협의회의 구성이 필요하다. 여기에서 이주민을 대상으로 하는 한국어 교육의 효율적 추진을 위한 다양한 협의를 진행할 수 있을 것이다. 이러한 협의체가 구성이 된다면 이주민 대상 한국어 교육의 효율적 추진을 위한 중장기 계획의 수립이나 한국어 교육을 위한 투입 자원의 효율적 배분이 가능할 것이고 현장 교육 문제에 대한 공동 대처가 가능할 것이다. 한국 사회가 급속하게 다문화 사회로 진전되면 정부 내 여러 부서가 경쟁적으로 참여한 감도 지울 수 없다. 이를 입증하는 것으로 국회 입법조사처의 2010년의 사료(자료명: 다문화 정책의 추진실태와 개선방향. 정책보고서 Vol.2.)는 예산 심의를 앞두고 각 부서가 다문화 관련 사업 예산을 중복하여 신청한 사례가 많음을 지적하고 있다.

다음으로 들 수 있는 것은 프로그램의 다양화이다. 다문화가족지원센터의 집합 한국어 교육프로그램과 사회통합프로그램의 한국어 과정이 대동소이한 것으로 나타난다. 2012년에 다문화가족지원센터가 교육과정을 개편하면서 사회통합프로그램의 교육과정과 유사하게 조정하였기 때문이다. 이는 물론 2012년 2월에 여성가족부와 법무부가 이주민 대상 한국어 교육의 표준화를 협의했기 때문이라고 하지만 실제에 있어서는 한국어 과정 수료자에 대한 혜택에 차별을 두지 않고자 한 것이 핵심이었다. 이는 곧 다문화가족지원센터의 한국어 과정이 결혼이민자의 국적 취득을 돕는 프로그램으로 인식하기 쉽고 다문화가족의 다양한 요구를 수용할 여지를 없애 버리는 결과를 낳는다. 다문화가족지원센터를 지자체 산하에 둔 것은 지역 내에 거주하는 다문화가족을 인근에서 지원하기 위함이다. 다문화가족은 각자가 처한 상황이 다 다를 수 있고 한국어 학습 수요도 다양할 수 있으며 한국어 학습에 참여할 수 있는 여건도 다 다를 수 있다. 좀 더 유연하고 다양하게 한국어 교육과정을 개발히여 운영헤야 할 것이다.

법무부의 사회통합프로그램도 프로그램의 다양화를 모색할 필요가 있다. 기본적으로 한국 국적 취득 등 한국 내 거주민의 법적 지위 등을 관장하는 부서에서 이주민의 비자 자격 변경이나 국적 취득 등과 관련하여 한국어 능력을 부과하는 것은 세계 주요 국가의 예를 볼 때에도 자연스러운 노력이다. 그렇지만 사회통합이 자칫 결혼이주민을 포함한 이주민의 국적 취득 프로그램으로 동일시할 수 있는 우려가 있다. 이주민 집단 전체를 대상으로 하여 사회통합을 추구하는 만큼 이주민 변인을 고려한 다양한 프로그램의 개발을 고려할 필요가 있다.

프로그램의 다양화는 외국인력지원센터의 경우도 마찬가지로 1주 1일 참여자 1인당 2시간의 교육 기회는 매우 제한적이다. 외국인 노동자의 특성상 월요일부터 토요일까지 직장을 떠나 외국인력지원센터에 나오는 일이 힘들기 때문이라고 하지만 실상은 그렇지 않을 수도 있다. 외국인력지원센터의 다른 업무는 평일에도 활발하게 진행된다. 외국인력지원센터 내 공간과 시설을 적절히 활용하고 인근 대학의 인적 자원 등을 효율적으로 활용한다면 한국어 교육 프로그램을 상설화할 수도 있을 것이다. 이것이 집합교육프로그램의 형식이 될 수도 있고 개인 지도의 형식이 될 수도 있으며, 연중 운영 체제를 갖춘다면 수요를 유발하여 교육 실시 효과를 더욱 키울 것이다. 여기에 덧붙여서 찾아가는 한국어 교실 등 수요자의 편의를 고려한 한국어 교육 프로그램의 개발도 고려할 필요가 있다. 이 경우 사업장별로 고용주의 도움을 끌어낸다면 찾아가는 한국어 교실은 의외로 큰 성과를 가져올 수도 있을 것이다.

세 번째로 들 수 있는 것은 교육과정의 개발 등과 같은 교육 전문성 제고이다. 앞에서 논의한 이주민 대상 한국어 교육 실시 체계 중에서 사회통합프로그램은 전문가와 협력하여 교육과정을 개발하여 공표하였다. 그리고 2013년에는 2012년에 개편한 교육과정에 맞춘 교재를 개발할 계획인 것으로 알려진다. 교육 실시에 있어 시작이자 기틀이 되는 교육과정의 개발이 무엇보다 중요하나 다문화가족지원센터와 외국인력지원센터는 이러한 교육과정 개발이 공표되지 않고 있다. 다만 다문화가족지원센터의 경우 2011년과 2012년에 정부 부서 내 전문 기관, 한국어 교육 전문가와 협력하여 교재를 개발하고 교육 연수를 실시한 것은 고무적이나 이에 앞서 교육과정 개발이 진행되지 않은 것은 아쉬운 일이다. 이후에 사회통합프로그램에 맞춘 교육과정 개편을 진행했지만 교육 전문성의 측면에서 교육과정 개편의 원리와 절차가 보고되지 않았다. 한편 외국인력지원센터는 그 어느 곳에도 교육과정에 대한 세부 내용 기술이 없다. 그런 상황에서 국립국어원에 위탁하여 외국인 근로자용 한국어 교재를 개발하여 활용하고 있으나 실제 운영을 고려한다면 이 교재가 외국인력지원센터의 한국어 교육과정을 담고 있다고 보기 어렵다. 이렇게 볼 때 이주민 대상 한국어 교육 실시 체계에서 교육과정의 개발 등 교육 전문성을 확보하는 일이 급선무가 된다.

마지막으로 이주민 대상 한국어 교육 클러스터의 구축과 교육 기회의 확대를 들 수 있다. 전국의 200개소가 넘는 다문화가족지원센터 260여 개소의 사회통합프로그램 운영기관, 7곳의 외국인력지원센터와 그 산하의 소규모 외국인력지원센터 등 이주민을 대상으로 한국어 교육을 실시하는 현장 기관의 규모는 작지 않다. 여기에 투입되는 예산 또한 3개 부서를 합한다면 적지 않은 수준이다. 그러나 이들 기관의 전국적 분포와 교육 실시 성과 등을 면밀히 분석해 본다면 한국어 교육 기회가 중복적으로 제공되는 곳이 있는가 하면 한국어 학습 기회가 전혀 주어지지 않는 곳도 존재할 수 있다. 대표적인 예로 외국인력지원센터의 경우 전체 7곳 중 수도권 3개소, 충청 1개소, 대구 1개소, 경남 2개소로 수도권과 영남에 편중되어 있다. 다문화가족지원센터의 경우도 지방에 있는 다문화가족지원센터의 경우 두 개 시군을 관할해야 하는 경우도 적지 않게 있다. 정부가 예산을 투입하여 이주민을 위하여 실시하는 프로그램인 만큼 정부가 아니면 접근할 수 없는 오지까지 교육 기회를 제공하고자 노력할 필요가 있다. 이와 병행하여 수요자의 요구 분석을 실시하여 이주민이 어떤 프로그램을 어느 정도 참여할 수 있는지, 어떤 방식으로 운영되기를 위하는지 등 교육 프로그램과 관련한 전반적인 요구를 수렴하고 다문화가족지원센터와 사회통합프로그램, 외국인력지원센터는 클러스터 개념으로 이러한 요구에 대응해야 할 것이다.

# 6. 결론

이상에서 이주민을 대상으로 하는 한국어 교육 실시 체계를 다문화가족지원센터, 사회통합프로그램, 외국인력지원센터를 중심으로 살펴보았다. 한국 내 정주 이주민이 증가하고 이들의 한국어 학습 기회가 제한적인 상황에서 국가가 예산을 투입하여 한국어 교육 체계를 구축한 일은 매우 의미 있는 일이다. 한국어 교육의 실시 체계가 대학 내 한국어교육 등 정규교육 프로그램 성격으로 발전해 오고 이주민의 증가에 맞춘 효율적인 교육 기반이 구축되지 않은 채 민간단체 내지는 자원봉사자의 참여로 진행되어 오던 이주민 대상 한국어 교육은 이제 국가의 적극적인 참여로 전기를 맞고 있다. 특히 이주민 대상 한국어 교육 체계의 구축은 지금까지의 한국어 교육이 수요가 공급을 유발하는 양상이었던 것에 비하여 공급이 수요를 유발하는 유형으로서 향후 한국어 교육의 발전 모델 수립에도 시사하는 바가 크다.

이렇게 큰 의미를 갖는 이주민 대상 한국어 교육은 아직도 해결해야 할 과제를 많이 안고 있음도 부인할 수 없다. 교육 전문성을 높이는 일도 급선무이지만 정부 내 부서의 이주민 한국어 교육 체계의 구축 및 정책 조율 등의 노력이 필요하다. 그리고 현장 교육기관 차원에서는 상호 연계를 통한 교육 클러스터의 구축이 필요하고 이를 위하여 수요자 요구조사가 선행되어야 할 것이다.

# 참고문헌

김도연(2012) 다문화 가정의 한국어 교육 욕구분석 : 예산다문화가족지원센터 중심으로, 강남대학교 교육대학원 석사학위논문.

구민숙(2001) 외국인 노동자를 위한 한국어 교육 방안 연구 : 교재구성을 중심으로, 경희대학교 교육대학원 석사학위논문.

김선정(2011) 이중 언어학회 창립 30주년 기념 기획 논문 : 다문화 사회와 한국어 교육, 〈이중 언어학〉 제47호, 이중 언어학회, 659-686쪽.

김이선 외(2007) 다민족 다문화 사회로의 이행을 위한 정책 패러다임 구축(Ⅰ) : 한국 사회의 수용 현실과 정책과제, 한국여성정책연구원.

김정은(2006) 이주노동자의 한국어 교육 현황과 교육자료 분석, 〈이중 언어학〉 제30호, 이중 언어학회, 77—112쪽.

박주영(2011) 한국어 교육관련 다문화가족지원사업의 문제점과 개선방안, 〈한국어 교육〉 제22권 2호, 국제한국어 교육학회, 161-86쪽.

방성원(2008) 국제결혼 이주 여성을 위한 한국어 교재 개발 방안 연구, 〈한국어 교육〉 제19권 3호, 국제한국어 교육학회, 265-294쪽.

법무부(2012) 제2차 외국인 정책 기본 계획 수립을 위한 공청회(2012년 11월 9일) 자료집.

법무부 이민통합과(2012) 사회통합프로그램 개요.

송미심(2012) 다문화가족지원센터를 활용한 효율적인 한국어 교육 방안 -서산시다문화가족지원센터를 중심으로-, 상명대학교 교육대학원, 석사학위논문.

이관식(2010) 광주광역시 다문화가족 지원 사업에서의 한국어 교육 정책 개선 방안, 〈인문사회과학연구〉 제27집, 호남대학교 인문사회과학연구소.

이미혜(2012a) 결혼이민자 대상의 한국어 교육에서 교육방송의 역할과 활용, 〈한국어 교육〉 제23권 3호, 국제한국어 교육학회, 231-258쪽.

이미혜(2012b) 사회통합프로그램 한국어 교육과정 개편 원리와 내용, 사회통합프로그램 교육과정 개편을 위한 전문가 간담회 자료집, 법무부 출입국 · 외국인정책본부.

안설희(2003) 이주노동자 대상 한국어 교육과정 개발을 위한 학습자 요구 분석, 연세대학교 교육대학원 석사학위논문.

여성가족부(2012) 다문화가족 지원 사업 안내.

정상우(2009) 다문화가족지원에 관한 법체계 개선방안연구, 〈법학논총〉 제26집 제1호, 한양대학교 법학연구소, 483-510쪽.

조선경(2006) 이주노동자 대상 한국어 교재 개발 방향, 〈한국어 교육〉 제17권 3호, 국제한국어 교육학회, 255-280쪽.

조항록(2008) 이주노동자 대상 한국어 교육의 실제와 과제 - 한국어 교육 정책의 관점에서, 사회언어학 제16권, 한국 사회언어학회, 299-316쪽.

조항록(2010) 한국어 교육정책론, 한국 문화사.

조항록(2011a) 다문화가족 관련 법령 · 제도의 검토와 개선방안, 〈나라사랑〉 제120호. 외솔회.

조항록(2011b) 이민자 사회통합 정책의 실제와 과제. 〈다문화와 평화〉 제5집 2호, 성결대학교 다문화평화연구소, 5-31쪽.

조항록(2012) 사회통합프로그램 한국어 교육의 확대 실시 방안 연구, 〈이중 언어학〉 제50호, 이중 언어학회, 235-267쪽.

조항록 · 이미혜 외(2011) 사회통합프로그램 발전방안 연구, 법무부 출입국 · 외국인정책본부 연구 보고서.

조항록 · 이미혜 · 조현용(2012) 한국 정부의 귀화시험의 실제와 과제, 한국어 교육 제23권 4호, 국제한국어 교육학회, 343-369쪽.

최용기(2010) 다문화 사회의 한국어 교육정책 현황과 과제, 〈다문화와 평화〉 제5집 1호, 성결대학교 다문화평화연구소, 1-24쪽.

차용호(2008) 이민자 사회통합을 위한 정책 방향, 한국이민학회 2008년 후기 학술대회 발표 논문.

한국외국인력지원센터(2012) 외국인력지원센터 사업현황

황범주(2008), 다문화 가정 자녀를 위한 교육정책 분석, 안양대학교 대학원 박사학위논문.

# ③ 이주노동자 대상 한국어 교육의 실제와 과제*

## 1. 들어가는 말

이주노동자에 대한 한국어 교육이 한국어 교육계에 하나의 과제로 대두된 지 10년이 넘었지만 아직도 효율적인 대안의 모색이 이루어지지 않고 있다. 이주노동자의 수는 시간이 지날수록 증가하지만 이들을 위한 효율적인 한국어 교육 체계의 구축은 답보 상태이다. 이들을 대상으로 하는 한국어 교육이 갖는 여러 의미와 기능을 고려할 때 관련 정부 부서, 유관기관, 민간 진원단체, 한국어 교육계가 협력하는 총체적인 대안의 모색이 요구되는 시점이다.

1980년대 중반 일부 기업의 외국 인력 활용으로부터 시작된 국내 외국인 노동 인력은 1993년 산업연수생 제도를 전면 도입하면서 급속도로 늘기 시작하였고 이후 2004년 외국인고용허가제의 실시로 이어지면서 꾸준히 증가 추세를 이어가고 있다. 2007년 9월 30일 현재 법무부의 자료에 따르면 외국 노동 인력은 아래의 표에서 보는 바와 같이 불법 체류자 6만 7168명을 포함하여 총 40만 8915명으로 국내 임금 노동자 약 1600만 명의 2%를 넘는 수준이다.

---

\* 이 글은 한국사회언어학회의 사회언어학 제16권 제1호(2008년)에 게재되었음을 밝힌다.

**표 1** 국내 체류 외국 인력 현황[1]

(2007. 9. 30. 단위 : 명)

| 구 분 | | | 총 체류자 | 합법 체류자 | 불법 체류자 | |
| --- | --- | --- | --- | --- | --- | --- |
| | | | | | (16~60세) | (전체) |
| 총계[2] | | | 408,915 | 341,747 | 65,399 | 67,168 |
| 전문 인력 | | | 28,836 | 27,867 | 934 | 969 |
| 예체능 인력 | 예술흥행(E-6) | | 4,520 | 3,085 | 1,433 | 1,435 |
| | 소 계 | | 375,559 | 310,795 | 63,032 | 64,764 |
| | | 소 계 | 161,851 | 118,510 | 41,617 | 43,341 |
| 단순 기능 인력 | 비전문 취업 | 합법화 (E-9-1) | 36,989 | 66 | 35,286 | 36,923 |
| | | 고용허가 (E-9-2~7) | 111,792 | 107,200 | 4,591 | 4,592 |
| | | 고용특례 (E-9-A~K) | 13,070 | 11,244 | 1,740 | 1,826 |
| | 연수취업(E-8) | | 50,070 | 28,849 | 21,221 | 21,221 |
| | 선원취업(E-10) | | 1,958 | 1,922 | 36 | 36 |
| | 방문취업(H-2) | | 161,680 | 161,514 | 158 | 166 |
| 산업연수(D-3) | | | 34,940 | 14,311 | 20,605 | 20,629 |
| 취업관리(F14) | | | 23,908 | 20,926 | 2,487 | 2,982 |

　　단순 숫자의 측면이나, 국내 임금 노동자 대비 비율의 측면이나, 지속적인 증가 추이 등에 비추어 볼 때 이주노동자는 우리 사회의 중요한 구성 인자로서 자리를 잡았다. 그러나 이들의 불안정한 법적 지위, 열악한 생활 여건, 불충분한 언어 능력 등 여러 특성으로 볼 때 보편적인 사회 구성원으로서의 기본 요건을 충분히 갖추지 못한 것으로 보인다. 여기에 우리 사회 역시 아직은 단일성, 순혈성을 중시하는 만큼 다민족 사회, 다문화 사회로서의 기반도 덜 구축이 된 상태이다.

　　여기에서 논하고자 하는 이들의 한국어 능력은 인도적 차원, 국가 사회적 책임의 차원, 노동 생산성 향상의 차원이라는 실용적 차원에서 의

---

1) 법무부 자료를 바탕으로 재작성함.
2) 총계 : D-3, F-1-4는 제외된 숫자임.

미를 갖는다. 즉 이주노동자의 한국어 능력 향상은 이들에게 생존에 필요한 기본적인 능력을 제공하게 되고 더 나아가 한국 사회 구성원으로서의 평균적인 삶을 영위할 수 있는 필수 요건을 제공하게 될 것이다. 이와 관련하여 좀 더 의미를 부여하자면 국제화 시대에 요구되는 세계 시민적 자질을 갖추는 계기가 될 수도 있다. 다음으로 국가 사회적 책임의 측면에서 볼 때 이들에 대한 한국어 교육은 우리 사회 구성원으로서의 보편적인 생활이 가능하도록 해 준다. 이들이 우리 사회의 일원으로서 존재하면서 저출산.고령화 사회의 노동력 부족을 메워 주며 한국인 노동자가 기피하는 3D 업종에 주로 종사한다고 볼 때 국가는 이들이 사회 구성원으로서의 보편적인 생활을 영위하도록 해 줄 의무를 갖기 때문이다. 여기에 이들의 한국어 능력 향상은 당연히 노동 현장에서 직장 동료와의 의사소통을 가능하게 하고 제반 법규 및 노동 관련 지침 그등을 쉽게 숙지하도록 함으로써 노동 생산성의 향상이라는 실용적 기능을 수행하게 된다. 뿐만 아니라 한국인 동료와의 차별성을 줄임으로써 사회 구성원으로서의 정체성을 갖추는 데에도 기여하게 될 것이다.

그러나 이들의 한국어 능력은 작업 수행에 필요한 최소한의 능력을 갖춘 경우가 대부분인 것으로 알려지고 있다. 이들이 체계적인 한국어 학습 기회를 접할 기회가 거의 없다는 것이 주된 이유가 될 것이다. 이들이 자연스럽게 습득하는 한국어 역시 특수한 근무 여건에 비추어 볼 때 직장에서의 업무 수행과 관련한 영역으로 국한될 수밖에 없는 형편이다. 비록 최근에 이들을 대상으로 하는 한국어 교육이 다양한 형태로 이루어지고 있다고는 하나 근무 여건이나 교육 체계의 미흡으로 기대만큼의 효과가 나타나지 않는 것으로 보고되고 있다.

이제 관점을 바꾸어 한국어 교육계의 입장에서 볼 때 이들에 대한 한국어 교육은 기존 한국어 교육계에 하나의 도전으로 인식되고 있다. 이들에 대한 한국어 교육은 대상 집단이 거대하다는 점과 한국어 교육의 국가 사회적 기능의 측면에서 큰 의미를 갖지만 기존에 한국어 교육계가 구축해 놓은 성과만으로는 쉽게 해결할 수 없는 특성을 지니고 있기 때문이다. 여기에서는 이주노동자의 증가가 한국어 교육계에 하나의 거대한 도전을 제공한다는 전제 하에서 이들에 대한 한국어 교육이 갖는 의의와 특성, 교육 발전 방안 등을 중심으로 살펴보고자 한다.


## 2. 이주노동자에 대한 한국어 교육 실태[3]

법적 신분이나 유입의 배경으로 볼 때 이주노동자는 크게 두 부류로 나뉜다. 하나는 산업연수생으로 들어와 1년의 연수 기간을 거친 후 연수 취업자격을 획득하여 2년 동안 노동자로 체류하는 경우이고 다른 하나는 2004년 8월에 발효된 외국인고용허가제에 따라 한국에 들어와 체류하는 경우이다. 물론 여기에 속하지 않는 여러 유형이 있기는 하나 대체로 위의 두 가지가 대표적이다.[4] 산업연수생으로 들어왔든 고용허가제로 들어왔든 이주노동자는 세 번의 한국어 교육 기회를 갖게 된다. 첫 번째는 현지 한국어 교육으로서 산업연수생의 경우 연수 자격을 획득한 후 현지에서 취업 전 연수 과정을 통해 한국어를 접하게 되고, 외국인고용허가제로 들어오는 경우에는 외국인 고용허가제 한국어능력시험(EPS-KLT)[5]을 반드시 통과해야 하기 때문에 이를 대비한 한국어 학습 과정과 사전 취업 교육에서 한국어 교육을 접한다. 두 번째는 이들이 어떤 자격으로 들어왔든 국내 적응 교육의 과정에서 한국어를 배우게 된다. 그리고 세 번째로는 국내에 체류하면서 인근에 개설되어 있는 한국

---

3) 이 내용 중 일부는 조항록(2007)에서 제시한 내용을 바탕으로 하여 구성함.

4) 이 두 유형에 속하지 않는 대표적인 유형으로는 외국투자기업 종사자 초청연수가 있으나 일반적인 이주노동자의 개념과는 거리가 있다.

5) 2005년 8월 17일 이후 시행된 제도로서 1차 년도의 경우 총 6개국(필리핀, 태국, 스리랑카, 베트남, 몽골, 인도네시아)이 대상 국가이었으며 국내의 두 단체(세계한국말인증시험위원회, 한국어세계화재단)가 이를 주관함. 시험 영역은 듣기, 읽기이며 평균 60점 이상이며 영역별 최저 점수가 40점 이상일 때 합격 판정을 받으며 절대 평가임.

어 학습장에서의 한국어 학습 기회이다. 뒤에서 다시 논하겠지만 주로 시민단체, 지방자치단체 산하 기관, 종교단체 등에서 운영하는 학습 현장이다. 이중 첫 번째와 두 번째의 한국어 학습 기회를 간략히 정리하면 다음과 같다.

**표 2** 입국 전·후 한국어 교육

| 구분 | 산업연수생 | 외국인고용허가제에 따른 노동자 |
|---|---|---|
| 입국 전<br>현지 한국어 교육 | 총 150시간의 사전 취업 교육 중 한국어 교육 시간은 총 80시간.<br>주요 내용은 한글입문(10시간), 일상생활 관련(60시간), 인사와 자기소개(10시간)로 구성됨. | 1) 고용허가제 한국어능력시험 대비 과정에서 수강하게 되나 정해진 교육과정은 존재하지 않음. 대부분 사설 교육기관 또는 대학 부설 교육기관에 등록하여 한국어를 학습함.<br>2) 사전 취업 교육에서는 약 15시간의 한국어 교육이 포함되어 있음. |
| 입국 후<br>취업 교육 | 2박 3일의 국내 취업 교육과정 중 대략 3~4시간 정도가 한국어 교육에 배정됨. | 산업연수생과 유사함. |

다음으로 이주노동자는 국내의 노동 현장에 종사하면서 한국어 교육 기회를 접하게 되는데 위에서 언급한 바와 같이 민간 지원단체가 개설하는 한국어 교실이 주를 이룬다. 2006년도를 기준으로 하여 한국어 교육이 실시되고 있는 대표적인 교육 현장 몇 곳을 소개하면 다음과 같다.

· 한국어세계화재단
· 성동외국인 근로자센터
· 외국인선교회
· 김포외국인 근로자의 집
· 외국인 노동자샬롬의 집
· 부천외국인 노동자의 집
· 성남외국인 노동자의 집

· 천주교 수원교구 이주노동사목 엠마우스
· 안산외국인 노동자센터
· 장충교회
· 외정부외국인 근로자선교센터
· 광주외국인 노동자상담소
· 대전외국인 노동자종합지원센터
· 부산외국인 노동자인권을 위한 모임
· 숭의교회 외국인 근로자선교회
· 진천외국인형제의 집
· 유락사회복지관
· 푸른시민연대

이상에서 볼 수 있듯이 이주노동자에 대한 한국어 교육은 지방자치단체, 종교단체, 자원봉사단체 등이 주를 이루고 있다. 이들에 대한 한국어 교육은 이들의 근로 여건상 주로 일요일 오후에 실시되는데 1회 3~4시간이 주를 이루고 있다. 이들 교육의 실상을 알 수 있는 대표적인 예로 한국어세계화재단과 성동외국인 근로자센터의 한국어 교육 프로그램을 소개하면 다음과 같다.

표 3 한국어세계화재단 이주민을 위한 한국어 교육 프로그램 개요[6]

| 사업목적 | 그동안 인권단체와 종교단체에서 법률과 의료 등의 복지 분야를 우선시한 것과 달리 언어지원을 특화하여 사업주와 근로자 모두에게 편익을 제공하기 위함. 외국인 근로자들에게 한국어와 한국 문화를 배우게 함으로써 한국 생활에서 의사소통적인 문제로 겪는 어려움을 덜어 주는 데 그 목적을 둠. |
|---|---|
| 2005년도 사업 기간 | 1차 - 16주 12반 운영 (초급 1~3, 중급 1~3) 2차 - 16주 12반 운영 (초급 1~3, 중급 1~3) |

---

6)  2005년 한국어세계화재단 홈페이지에 나와 있는 자료를 바탕으로 구성함.

| 교육<br>지역 | 서울 | 희년 선교<br>필리핀 공동체 사무소<br>베트남 제자 교회<br>이슬람 사원<br>상명대학교 한국언어문화센터 |
| --- | --- | --- |
| | 경기 | 천마교회<br>경기공업대학<br>의정부 신촌 교회 |
| | 인천 | 중국인 교회<br>미얀마불교선원 |

**표 4** 성동외국인 근로자센터 한국어 교육 프로그램[7]

| | | |
| --- | --- | --- |
| **교육 시작 시기** | | 2002년 1월 |
| **교육 목적 및 목표** | | 한국어 능력 향상을 통해 일상생활에서의 의사소통이 '어느 정도<br>가능한 수준'에 이르게 한다. |
| **교사** | **인원** | 30명 |
| | **선발 기준** | 한국어 교육과정 이수자, 한국어 교육 석사 이상 |
| | **남녀 비율** | 여교사 : 남교사 = 9 : 1 |
| | **직업** | 직장인, 대학원생 |
| | **표준어구사여부** | 전체 교사 중 90%가 표준어 구사 |
| **학습자** | **인원** | 2005년 1학기 현재 : 평균 121명 |
| | **진급/선발<br>기준, 방법** | 진급/유급 - 매 학기말 반별 레벨 테스트 실시<br>신입생 선발 - 접수와 함께 레벨 테스트 실시하여 반 배정 |
| | **국적** | 베트남/태국/인도네시아/몽골/미얀마/중국/방글라데시/스리랑<br>카/파키스탄/캄보디아/이란 등 총 15개국 |
| | **특성** | 말하기나 듣기에 비해 읽기, 쓰기 능력이 떨어짐.<br>7 : 3으로 남학생의 비율이 높음. |

---

7) 정혜란(2005)에 제시한 내용으로 연구자는 성동외국인 근로자센터의 김혜원 교육문화팀
   장(한국어 교육 담당자)과의 심층 면담을 통해 이 자료를 작성하였다고 한다.

| 교육<br>환경 및<br>교육<br>과정 | 교실 수 | 5개 |
| --- | --- | --- |
| | 교구 | 화이트보드, 책상, 의자, 카세트플레이어 등 |
| | 교육 자료 | 한국어 교재 및 테이프(각 대학 및 출판사 출간), 한국어 사전, 한글 카드, 비디오테이프(한국영화 및 우리말 더빙 만화 · 외국 영화) 등 |
| | 교재 | 이화여자대학교 『말이 트이는 한국어 Ⅰ, Ⅱ』 |
| | 교육 기간 | 각 학기 5개월(총 22주) |
| | 반별<br>담당교사 수 | 2명(담임 1명, 부담임 1명) |
| | 반 구성<br>개설반수 | 기초(6), 초급1(4), 초급2(3), 중급(2)  총 15개 반 |
| | 수업 시간 | 일주일에 2시간, 3교시로 수업이 진행됨. |
| 교사<br>교육 | 기본 교육 | 매학기 시작 전에 전체 교사 교육 실시(1회 3시간)<br>내용—외국인 근로자 · 센터 및 한국어교실의 전반적 이해, 레벨별 및 전체 토의 등 |
| | 재교육 | · 2004년 2학기 국립국어원의 "찾아가는 국어문화학교"를 통해 교사 교육 4회 실시(교사의 개별 신청)<br>· 한국국제노동재단에서 실시한 워크숍 참가 |
| 문제점 | | 센터의 수용가능 인원(최대 250명)에 비해 수강을 희망하는 학생이 많으며, 신입생의 경우 일상생활 속에서 의사소통에 상당한 불편을 겪는 기초~초급 1반 수준이 90% 이상 |

이와 같은 지방자치단체 산하 또는 민간단체의 한국어 교육은 개설의 배경이나 참여자의 열정과 노력 등으로 이주노동자에게 많은 도움을 주고 있음은 분명하다. 그러나 전체적으로 대상자 규모에 비하여 턱없이 모자라는 교육 공급 규모, 열악한 시설, 교육 관련 전문성의 측면과 수업 참가 노동자의 근로 여건 등으로 집중적인 한국어 교육 실시가 불가능하여 여러 가지 현실적인 제약을 노출하고 있다. 특히 지방자치단체 산하 기관과는 달리 조건이 더 열악한 것으로 알려진 민간 진원단체의 한국어 교육은 현실적인 제약을 많이 노출하고 있는데, 이주노동자 한국어 교육을 지원하는 기관 중의 하나인 한국국제노동재단의 박인상 이사장은 아래와 같이 정리하고 있다.[8]

---

8) 박인상(2006; 15쪽)의 내용을 전재함.

첫째, 열악한 학습 환경을 들 수 있다. 민간 지원단체들의 대부분이 외국인 노동자들이 학습할 만한 전용 교육장이 거의 없어 식당, 다용도실 등에서 교육이 진행되고 있는 형편이다.

둘째, 외국인 노동자가 쉽게 이해하고 학습할 수 있는 전용 교재도 몇 권 없어 이들의 눈높이에 맞춘 전용 교재의 개발과 보급이 시급한 실정이다.

셋째, 한국어 교육을 담당하는 교사들의 대부분이 자원봉사로 이루어진 비전문 인력으로 구성되어 있어 체계적인 언어학습을 위한 교육이 어렵다.

넷째, 보다 근본적인 문제로 외국인 노동자들의 학습 시간의 부족을 들 수 있다. 일주일 중 유일한 휴일인 주말(일요일)을 이용한 2~3시간의 학습으로는 기대한 만큼의 학습 효과를 얻어내기 어려운 실정이다.


## 3. 한국어 교육의 관점에서 본 이주노동자 대상 한국어 교육의 의의

이주노동자 대상의 한국어 교육은 기존 한국어 교육계에 하나의 도전으로 다가오고 있다. 한국어 교육계가 내적 역량을 결집하고 국가기관, 민간 지원단체 등과 협력하여 이를 극복하고 효율적인 대안을 모색한다면 기존 한국어 교육의 패러다임이 크게 바뀔 것으로 예상된다.

### 3.1. 기존 한국어 교육계에 제기하는 도전

이주노동자를 대상으로 한국어 교육은 기존의 한국어 교육계에 몇 가지 도전을 제기하고 있는데 이를 요약하면 다음과 같다.

첫째, 규모의 측면이다. 이주노동자 집단 중 중국 국적 우리 동포 일부를 제외한 대다수의 이주노동자가 한국어 교육의 대상이 된다고 할 때 그 수는 재외동포 후세 못지않은 거대 집단이다. 특히 국내 한국어 교육 현장에서 동질성을 갖는 이러한 단일 집단은 유례가 없는 일이다. 2007년 9월 30일 현재 외국인 유학생 4만 2000여 명, 외국인 어학 연수생 1만 7000여 명을 합친 숫자의 6배가 넘는 숫자로 그 규모의 거대함을 새삼 느끼게 한다. 비록 이들이 집중적인 한국어 교육의 대상이 되지 못한다 해도 한국어 교육 실시 대상이라는 사회적 공감대가 형성되어 온 만큼 한국어 교육계로서는 학습 대상 집단으로 설정하는 것이 바람직할 것이다.[9]

둘째, 지금까지 국내 한국어 교육의 발달 과정에서 성취한 결과물이 갖는 한계이다. 즉 지난 50년 동안 국내 한국어 교육이 체계화의 과정을 거쳐 오며 많은 성과를 내었으나 이주노동자 한국어 교육에서 원용하기에 한계가 있다는 점이다.[10] 지금까지 약 50년의 국내 한국어 교육의 역사는 주로 대학 부설 한국어 전문 연수 기관의 역사이고 이들 교육기관은 대체로 1주 20시간의 일반 목적 한국어 집중 과정을 중심으로 운영하여 왔고 여기에서 공부하는 외국인의 대다수가 학생 또는 전문 직업인이다. 이 과정에서 교육과정, 교재, 교사, 평가 등은 이러한 특수성을 바탕으로 발전되어 왔다. 이는 이주노동자가 처한 특수 상황(학습 가능 시간이 매우 제한되어 있다는 점)과 한국어 학습 목표(작업장 한국어와 일반 목적 한국어 교육의 통합적 적용)를 볼 때 바로 원용하는 데에 한계가 있는 것이다. 결국 이주노동자 대상의 한국어 교육은 기존의 한국

---

9) 이주노동자에 대한 한국어 교육은 고용주의 입장도 매우 중요하다. 대체로 고용허가제 실시 이전에는 고용주는 이주노동자가 한국어 학습을 통해 한국어 능력이 향상될 경우 한국 관련 정보의 획득이 용이하여 작업장 이탈을 수월하게 만들 것이라는 점에서 반대 입장을 취한 것으로 보고되었다. 감독관청 역시 고용주들의 입장을 대변하였던 것으로 보인다.(이는 본인이 1999년 대통령 자문 새천년준비위원회 회의 참석 시 접한 내용임) 그러나 고용허가제 실시 이후 관련 당사자들의 입장이 크게 바뀌고 있는 것으로 알려지고 있다.
10) 국내 한국어 교육의 발달 과정과 특징에 대하여는 조항록(2005) 참조.

어 교육계로 하여금 지금까지의 성취물을 바탕으로 하되 이주노동자 한국어 교육의 특성에 맞춘 교육과정, 교육 자료. 교수 방법 등을 개발하도록 하는 새로운 도전을 요구하고 있다.

셋째, 국가와 국내 한국어 교육기관의 인식 문제이다. 국내의 한국어 교육은 초기 태동부터 도약에 이르기까지 대학 부설의 전문 교육기관이 중심을 이루어 왔다. 한국어 교육이 빠른 도약을 보이던 1980년대 후반까지 국가나 사회의 참여를 입증할 만한 자료를 찾기 어렵다. 이 과정에서 교육과정의 개발, 교육 자료의 개발, 교수 방법의 개발, 교사의 양성 등 교육과 관련한 핵심 영역은 한국어 교육 전문기관과 대학이 주도하였으며 이 역시 대학의 연합이나 전문 교육기관들 사이의 협력의 양상보다는 개별 대학 내지는 교육기관 차원에서 발전 모델을 구축하여 왔다. 1985년에 학술단체(국제한국어 교육학회)가 결성되고 1990년에 문화부가 신설되고 그 안에 어문과가 설치되면서 한국어 교육에 대한 당사자 간 협력, 국가의 참여가 비로소 나타났다고 볼 수 있다. 그러나 당사자 간 협력은 주로 연구의 차원이었고 초기 국가의 참여는 국외 보급에 초점이 있었던 만큼 국내 한국어 교육의 현안에 대한 쟁점 해결 능력을 결집하는 데에 한계가 있었다. 한국어 교육이 빠르게 도약한 이후에도 국가는 국내의 한국어 교육보다는 한국어의 국외 보급을 중시하여 왔고 기존의 한국어 전문 교육기관은 학교의 재정적 수익 내지는 외국인 유학생 대학 수학 지원의 성격으로, 명시적이든 비명시적이든 소속 학교의 이익을 실현하고 있다는 점에서 이주노동자를 대상으로 하는 한국어 교육에 그리 기여하지 못하였다. 비록 일부 대학의 한국어 교육기관이 현장 교육 프로그램 실시, 교사 연수 프로그램 실시를 통해 이주노동자 대상 한국어 교육에 참여하였다고는 하나 프로젝트성 참여가 대부분이고 중장기적 계획에 따른 체계적인 참여로 보기에는 어려움이 있다. 한국어 교육이 갖는 국가 사회적 기능을 고려한다면 국가든 대학이든 이주노동자 한국어 교육에 대한 인식의 전환이 요구된다.

넷째, 기존 한국어 교육계 구성원과 이주노동자 대상의 한국어 교육계 구성원 사이의 공감대 부족이다. 이주노동자 대상의 한국어 교육이 활성화되는 시점에는 이주노동자 대상의 교육 자료 개발 워크숍 등에 기존 한국어 교육계 전문가가 참여하여 논의를 하기도 하였으나 최근에는 이러한 예를 찾기가 쉽지 않다. 또한 기존 한국어 교육계가 주최하는 학술 모임에 이주노동자 대상 한국어 교육 현장 종사자의 참여도 그리 활발하지 않다.[11] 양자 사이의 거리감이 점점 확대되어 가고 있음을 느끼게 하는 대목이다. 이의 원인은 여러 가지가 있겠지만 시간이 더 지나기 전에 한국어 교육계 내부에서 진지하게 고민해야 할 부분으로 인식되고 있다.

## 3.2. 이주노동자 대상 한국어 교육과 한국어 교육 패러다임의 변화

이러한 배경과 함께 이주노동자 한국어 교육이 한국어 교육계의 전면에 등장하면서 나타나는 실제 현상은 이미 한국어 교육의 패러다임을 변화시키고 있다. 이의 몇 가지 예를 들면 다음과 같다.

첫째, 이주노동자에 대한 한국어 교육의 필요성에 국가적 사회적 공감대가 형성되고 있다는 전제하에서 한국어 교육에 대한 정부의 관심과 참여를 더욱 강요하는 요인으로 작용하고 있다. 규모, (잠재적) 학습자 집단의 분포 양상, (잠재적) 학습자 집단의 변인이 민간의 역할 만으로는 감당할 수 있는 수준을 넘고 있다. 즉 종래의 민간 중심의 한국어 교육 발전 양상에서 정부의 참여와 역할의 중요성을 제기하는 요인이 되고 있다.[12]

---

11) 한국어 교육 관련 대표적인 학술 단체인 국제한국어 교육학회가 주최하는 연 3회의 학술 대회(춘계, 추계, 국제학술대회)가 이주노동자 대상의 한국어 교육을 주제로 하지 않았지만 교육의 주요 쟁점을 다루고 있으나 이주노동자 대상 한국어 교육계 종사자의 참여율이 매우 낮은 것으로 나타나고 있다.

12) 이러한 기술은 국내 한국어 교육의 역사를 전반적으로 살펴볼 때 최근 10여 년을 제외한 전 기간 동안 국가의 참여가 극히 적었다는 점을 바탕으로 한 것으로 최근 한국어 교육에 국가의 참여가 문화관광부, 국립국어원, 외교통상부, 한국국제교류재단, 교육인적자원부 등을 중심으로 적극 이루어지고 있음을 밝힌다.

둘째, 과거 한국어 교육 수요가 한국어 교육 공급을 이끌어 냈던 양상에서 한국어 교육 공급이 한국어 교육 수요를 창출하는 새로운 방식을 채택하도록 요구하고 있다. 잠재적이라고 표현하듯 이주노동자는 아직은 적극적인 학습자 집단이라고 간주하기 어려운 측면이 많다. 이들에게 효율적이고 체계적인 한국어 학습이 이루어지도록 공급 시스템의 구축이 요구된다. 이는 과거 수요가 공급을 유발한 양상과는 다른 방식으로의 접근을 의미한다. 다시 말해 국가가 중심이 되든, 대학 교육기관이 중심이 되든, 민간 지원단체가 중심이 되든 한국어 교육 체계를 갖추어 놓고 수요자를 끌어 들이는 양상으로 한국어 교육이 발전할 가능성을 의미하는 것으로 종래의 수요가 공급을 유발한 발전 모델 일변도에서 발전 모델의 다양화를 촉진할 것으로 예상된다.

셋째, '정규 교육'과 '비정규 교육'의 양립, '일반 목적 한국어 교육'과 '특수 목적 한국어 교육'의 양립이라는 한국어 교육의 다원화를 촉진하고 있다. 기존의 국내 한국어 교육은 앞에서 언급하였듯이 대학 부속 교육기관, 대학 교양 교육이 중심을 이루어 왔고 이러한 교육은 체계적인 교육과정, 전문적인 교사, 효율적인 교재와 교수 방법론의 채택을 추구해 왔으면서 시간이 지나면서 체계를 갖추어 왔다. 한편 이러한 교육은 교육 목적상의 분류에서도 일반목적 한국어 교육이 주를 이루어 왔다.[13] 그러나 이주노동자 대상의 한국어 교육은 교수−학습 환경, 학습자 변인의 특성으로 인해 교육 체계를 만족스럽게 갖추지 못한 비정규 교육으로 볼 수 있다. 또한 기본적으로 작업장 한국어를 초기부터 포함한 상태에서 일반 목적 한국어 능력을 향상시켜야 한다는 점에서 부분적으로나마 특수 목적 한국어 교육의 성격도 갖게 된다. 이렇게 볼 때 이주노동자 대상의 한국어 교육은 국내 한국어 교육계의 다원화를 촉진하는 주요 요인으로 작용하고 있다고 본다.

---

13) 대학의 외국인 유학생을 대상으로 하는 한국어 교육은 교육 목적상 특수 목적의 한국어 교육, 그중에서도 학문 목적의 한국어 교육을 전제로 하여 개설하나 대부분의 교육이 실제에 있어서는 일반 목적 한국어 교육과 크게 다르지 않게 진행되고 있는 것으로 알려지고 있다.

## 4. 이주노동자 대상의 한국어 교육 발전을 위한 과제

지금까지 이주노동자의 언어 문제를 해결하기 위한 한국어 교육계의 노력은 엄연한 한계를 가져왔다. 기성 한국어 교육계, 특히 '정규 교육' 영역의 여러 행위자(개인, 대학, 단체, 국가기관 등) 중 최근에 국립국어원, 한국어세계화재단, 한국산업인력공단, 국제노동재단, 일부 대학과 학술단체가 참여하고 있다. 그러나 그 참여의 폭이 매우 제한적인 만큼 결국 이주노동자 한국어 교육 실제는 민간 지원단체의 몫으로 돌아가 있는 경우가 대부분이다. 좀 더 구체적으로 이주노동자 한국어 교육을 위한 국가 차원의 총체적인 계획이나 기관 간 협력을 통한 참여 사례는 찾아보기 어려운 상황에서 교육과정, 교육 자료의 개발, 교수 방법의 논의, 실제 교육의 담당 등은 대부분이 민간 지원단체가 맡고 있다. 결국 이주노동자 한국어 교육의 발전을 위해서는 기존 한국어 교육계의 여러 행위자와 민간 지원단체의 협력이 무엇보다 요구된다. 간단하게 요약하자면 기존 한국어 교육계는 민간 지원단체가 해내지 못하는 총체적인 발전 계획을 수립, 시행하고 이 과정에서 요구되는 인적 물적 자원을 조달하여야 할 것이다. 그리고 민간 지원단체는 기존에 견지하고 있는 열정과 봉사 정신은 물론이고 기존 한국어 교육계로부터 적극적인 협조를 이끌어 내 전문성을 높여야 할 것이다. 이러한 전제하에서 이주노동자 한국어 교육의 발전을 위한 대안을 제시하면 다음과 같다.

### 4.1. 한국어 교육에 대한 공감대 형성과 범정부 차원의 어젠다로의 정립 및 마스터플랜의 수립

앞에서 논의한 바와 같이 한국 내 외국인 이주노동자는 규모 면이나 그들의 사회적 기능 면에서 우리 사회의 주요 구성 인자로 자리 잡고 있으며, 이들에 대한 한국어 교육은 이주노동자를 우리 사회의 보편적인 구성 인자로서 자리매김하는 데에 결정적인 기능을 수행할 것이다. 그리고 이주노동자에 대한 정책 관련 중앙부서는 법무부(법적 지위 및 사회 통합), 외교 통상부(송출국과의 관계), 노동부와 산업자원부(노동 행위와 고용 현장), 문화관광부와 교육인적자원부(한국어와 한국 문화 이해), 여성가족부(여성 노동자와 관련 업무), 행정자치부(거주 활동) 등 등 그 수가 많으며 실제적인 업무 수행에 있어 산하기관 또는 관련단체(국립국어원, 한국산업인력공단, 국제노동재단, 중소기업협동조합중앙회, 한국어세계화재단, 지역 별 외국인 근로자센터 등)의 활동 역시 다양하다. 이렇게 볼 때 이주노동자를 대상으로 하는 한국어 교육 정책을 체계화하고자 한다면 어느 부서 내지는 기관/단체만으로는 총체적인 대안을 모색할 수 없다. 위에 열거한 중앙부서 또는 산하기관/관련 단체가 이주노동자 한국어 교육에 관심을 가져왔음에도 불구하고 이 문제의 해결에 큰 진전이 없음은 부서 간 협력을 통한 총체적인 대안의 모색이 부족하였기 때문이다. 이주노동자에 대한 한국어 교육의 중요성을 공감한다면 한시적으로나마 관련 부서와 기관/단체, 민간 전문가를 포함한 협의체의 구성이 요구된다. 그리고 여기에서 범정부 차원의 총체적인 대안을 모색하여야 하며 아래와 같은 내용이 주된 쟁점으로 논의되어야 할 것이다.

- 이주노동자의 한국어 사용 실태 조사
- 이주노동자의 한국 문화 이해 수준 조사
- 이주노동자 한국어 교육 실태 조사
- 이주노동자 한국어 교육 마스터플랜 수립(교육의 목표, 교육의 내용, 예산의 조달 방안, 추진 전략, 추진 체계 구성 등)
- 이주노동자 한국어 교육 지원 체계 구축 및 운영 방안

이주노동자의 한국어 교육을 위한 이러한 노력은 지금까지 우리 정부가 주요 현안에 대하여 한시적으로 범정부 차원에서 정책을 개발한 사례

를 볼 때 매우 자연스러운 일이다. 정부는 재외동포 문제가 현안으로 대두되었을 때 재외동포정책위원회를 운영하였으며 그 결과로 재외동포재단이 출범했고 외국 인력 문제를 해결하기 위하여 외국인력정책위원회를 운영하였으며 최근에는 한류와 관련한 테스크포스 팀을 운영하고 있다. 또한 차원은 다르지만 한국어국외보급기관협의회를 실무자 차원에서 운영하고 있으며 이주여성 문제를 논의하는 협의체를 운영하고 있다. 문제는 이주노동자에 대한 한국어 교육의 중요성에 대한 공감대 형성을 어떻게 이끌어 낼 것인가가 관건이 된다. 좀 더 실현 가능성을 높이자면 이주노동자의 제반 문제를 다루기 위한 범정부 차원의 논의를 이끌어 내고 하위 쟁점으로서의 한국어 교육을 논할 수 있을 것이며, 최근 우리 사회의 화두가 된 다문화 사회와 관련하여 이주노동자 한국어 교육 문제를 쟁점화시킬 수 있을 것이다. 다만 여기에서 강조해야 할 것 중의 하나는 아직 정부 내에 한국어 교육 관련 전문가가 거의 없다는 전제하에서 민간 전문가 집단의 참여가 적극적으로 모색되어야 한다는 점이다.

## 4.2. 기존 한국어 교육계와의 협력을 통한 이주노동자 한국어 교육 현장의 전문성 제고 방안의 모색

이주노동자의 한국어 문제를 해결하기 위해서는 한국어 교육계의 전문성이 중요한 역할을 해야 한다. 이주노동자의 언어 문제는 '교육'을 통해 가장 효과적으로 해결할 수 있기 때문이다. 지금까지 이주노동자 한국어 교육 현장의 중심을 이룬 민간 지원단체의 열정과 봉사 정신, 그리고 교육 전문성을 높이기 위한 부단한 노력을 인정하지 않을 수 없다. 그러나 국내의 한국어 교육 전문 인력 양성 시스템이 최근에서야 활발하게 구축되고 있어 한국어 교육자로서의 기본 요건과 자질을 갖춘 자들이 우리 사회에 그리 많지 않은 것도 엄연한 현실이다. 이런 상황에서 민간 지원단체에서도 한국어 교육 전문 인력을 확보하는 데에 어려움을 겪고 있다. 이렇게 볼 때 이주노동자 대상의 한국어 교육 현장에 기존 한국어 교육계가 적극적으로 참여하여야 한다.

하지만 기존 한국어 교육계의 참여에도 여러 문제가 있다. 앞에서 논의하였듯이 기존 한국어 교육계의 업적은 정규 교육 중심으로 축적된 만큼 이주노동자 한국어 교육 현장에 그대로 적용되기에는 한계가 있다. 결국 기존 한국어 교육계와 이주노동자 한국어 교육계의 협력이 절대적으로 요구된다. 이를 통하여 이주노동자 한국어 교육을 위한 현장의 주요 쟁점, 이를테면 교육과정, 교육 자료, 교수 방법, 교사의 전문성 제고 등을 해결해 나가야 할 것이다. 문제는 지금까지 이주노동자 한국어 교육 현장에 적극 참여하지 않은 기존 한국어 교육계를 어떻게 끌어 들이느냐 하는 점이며 민간 진원단체는 기존에 구축한 영역을 어떻게 활용할 것인가 하는 점이다. 이를 위한 구체적 방안 몇 가지를 제시하면 다음과 같다.

첫 번째의 모델로 고려할 수 있는 것은 '교육기관의 자발적 참여를 통한 위탁 교육'이다.

이미 한국어 교육의 전문성을 갖춘 교육기관, 개인이 실제 이주노동자 한국어 교육을 담당하는 것으로 다양한 형태가 가능하다. 문제는 이들 교육기관, 개인의 참여를 유발할 수 있는 요인의 존재이다. 교육기관, 개인의 사회 공익적 마인드의 구축과 실제적인 기여가 가장 소망스러운 일이나 한국어 교육기관의 특성상 이를 기대하기는 그리 쉽지 않다. 현실적으로 가능한 대안으로 컨소시엄을 고려할 수 있다. 공간의 제공(지자체, 종교 시설, 산업 현장의 복지 시설 등)—경비 지원(관장 부서/산하기관)—교육 지원(교육기관)을 따로따로 분담하면서 제반 경비(교육기관의 입장에서는 수익 공여가 될 수도 있음)를 각자가 분담하는 방식이다. 즉, 교육기관 측면에서 본다면 교육 수입을 기대하지 않고 교육을 제공하는 형태이다. 이러한 형태는 '교육기관의 자발적 참여를 통한 위탁교육'이라 명명할 수 있다. 이 경우 정부는 대학종합평가 등에 있어 교육기관의 자발적 참여에 대한 고과 반영 등을 통해 적절한 보상이 이루어지도록 한다면 훨씬 효율성을 높일 것이다. 그리고 실제 교육 실시 과정에서 교육의 담당은 상당 부분 민간 지원단체와 공유한다면 기존 이주노동자 교육계와의 원만한 협조도 가능하리라 본다.

두 번째의 모델로 고려할 수 있는 것은 '교육기관 위탁교육'이다. 지금까지 한국어 교육기관, 전문 교사의 자발적 참여가 폭넓게 이루어지지 못하는 현실과 앞으로도 위와 같은 협력의 가능성이 크지 않다고 보는 경우 실제 교육 경비를 정부 예산 또는 기업의 사회 공헌 기금 내지는 노동 현장의 기업들로부터 충당하는 것이다. 이 경우는 공간의 제공(지자체, 종교 시설, 고용 현장의 복지 시설)—경비 지원(관장 부서/산하 기관, 기업의 사회 공헌 기금, 노동 현장의 지원금)—교육 실시(교육기관)의 형태를 고려할 수 있다. 이 때 교육을 담당하는 교육기관과 경비에 대한 협의가 있어야 할 것이다. 물론 여기에서도 실제 교육의 담당은 민간 지원단체 인력과 공유하여야 할 것이다.

세 번째의 모델은 '한국어 교육 전문가 채용 및 활용'이다. 기존의 자원봉사자 중심의 교육 현장에서 일정 규모 이상의 학습자를 확보한 교육 현장에서는 한국어 교육 전문 인력이 교육의 전반적인 책임을 맡도록 하여 전문성이 점차 확보되도록 한다. 자원봉사자 중에 전문성을 갖춘 자도 있으나 이들의 참여가 자원봉사 차원으로 책임과 권한의 한계를 갖고 있는 상태에서 교육 수준을 향상시키는 데 한계가 있다. 예산 투입을 통한 전문인 채용을 고려할 수 있다. 이러한 형태를 '한국어 교육 전문가 채용'이라 명명할 수 있다. 이들은 실제 교육을 이끌어 가면서 동시에 이주노동자 한국어 교육의 체계적 발전을 위한 실증적 데이터의 수집과 분석, 현장 주요 쟁점에 대한 해결 방안의 제시 등 전문가 영역에서의 업무를 동시에 수행하여 이주노동자 대상 한국어 교육의 질적 향상을 위한 근본적인 대안 마련에 기여하여야 할 것이다.

네 번째는 이주노동자 대상의 한국어 교육의 자생력 확보를 위한 노력이다. 제반 여건은 이주노동자 한국어 교육을 관장하거나 지원하는 부서/기관/단체에 의하여 구축된다고 해도 교육 실제에 대하여는 민간 자원봉사자가 주를 이루는 상황에서 이들에게 지금까지와는 다른 동기 부여를 통하여 자생력을 확보하도록 지원하여야 한다. 이를테면 학술단체와의 협력을 통한 주요 쟁점에 대한 논의, 한국어 교육 전문가의 채용. 초빙을 통한 전문성 제고, 공동 프로젝트의 수행을 통한 전문성 제고 등을 고려할 수 있다. 또한 이주노동자 교육에 참여하는 자원봉사자에 대하여 인턴십 인정, 수당의 현실화 등을 추진하고 과제를 강화하고 책임과 권한을 강화하는 방안이다. 이에 소요되는 예산은 관련 부서/지자체에서 확보하거나 기업의 사회 공헌 기여금, 고용 현장의 기업들로부터 지원을 받도록 노력하는 것이 요구된다.

이상의 노력은 동시에 추진될 수도 있고 순차적으로 추진될 수도 있다. 그러나 이 과정에서 중요한 것은 현실 문제에 대한 즉각적인 대증요법의 차원에서, 또는 지엽적인 차원에서 논의되기보다는 어떠한 대안이 채택되더라도 중장기적인 관점에서 검토되어야 하고 궁극적으로는 이주노동자 한국어 교육계의 자생력 확보 방안과 연관되어야 할 것이다.

## 4.3. 이주노동자의 한국어 학습 접근성 증대 방안의 모색

이주노동자 한국어 문제를 해결하기 위한 방안의 하나로 이주노동자의 한국어 교육 접근성을 높이는 방안을 진지하게 고려할 필요가 있다. 학습 수요자인 이주노동자의 입장에서 볼 때 이들이 처한 특수한 근무 여건, 고용주의 인식 등으로 이주노동자의 한국어 학습 기회는 제약을 안고 있다. 적극적인 학습 요구를 가진 이주노동자의 경우에는 경제적 비용의 측면에서도 제약을 안고 있을 수 있다. 이를 해결하기 위한 방안으로는 기존의 집체 교육 방식 일변도에서 작업장에서의 원격 교육, 인터넷을 통한 교육, 공중파를 통한 교육 등을 적극 모색할 필요가 있다. 비록 한국어 교육계가 이를 위한 역량을 충분히 축적하지 못한 한계는 있으나 대안으로 모색될 경우 적극 참여가 예상된다. 이러한 교육 방식이 도입될 경우 이주노동자의 교육 기회는 크게 확충될 수 있으며 인터넷을 통한 교육 실시의 경우 커뮤니티 활동 등 부수적인 효과도 기대할 수 있다. 다만 앞에서 언급하였듯이 가상공간으로의 확대가 가져올 파급 영향에 대한 고용주의 인식 변화가 선결 과제 중의 하나가 되고 개발 및 운영비용 확보 방안이 또 하나의 과제가 될 것이다.


## 5. 맺음말

이주노동자 대상의 한국어 교육은 그 중요성에 대하여 국가 자원의 투입이나 한국어 교육계의 자발적 참여가 매우 적었다는 근본적인 문제를 안고 있다. 여기에 한국어 교육계의 입장에서 볼 때 적극적인 참여를 모색한다 해도 규모가 방대하고 기존 한국어 교육계의 업적이 그대로 적용될 수 없다는 한계도 있어 하나의 도전으로 인식되고 있다. 이러한 상황에서 현행 한국어 교육은 상당 부분 민간 지원단체에 의하여 운영되고 자원봉사자가 중심이 되어 교육이 실시되고 있다. 이들의 열정과 봉사 정신, 그리고 전문성 제고를 위한 자체 노력을 높이 평가할 수 있으나 이주노동자 한국어 교육의 규모와 특성을 고려할 때 현행 한국어 교육만으로는 소기의 성과를 거둘 수 없다는 엄연한 한계를 노출하고 있다. 이주노동자의 수가 40만을 넘고 앞으로도 지속적으로 증가할 것으로 예상되는 상황에서 이주노동자에 대한 한국어 교육은 관련 당사자 모두의 적극적인 관심과 참여를 요구하고 있다.

이주노동자 한국어 교육과 관련이 있는 정부 부서, 지방자치단체, 기관/단체, 교육기관, 학술단체, 민간 지원단체 등은 모두가 진지하고 열린 자세로 문제를 직시하고 대안을 모색하는 것이 필요하다. 규모와 본질의 중요성을 고려한다면 국가적 차원의 어젠다로 정립이 되어야 할 것이고 총체적인 대안 모색을 위한 마스터플랜의 수립이 급선무가 된다.

그러나 이의 실현에 많은 시간이 요구되는 만큼 현행 한국어 교육의 전문성 제고를 위한 다양한 방안과 이주노동자의 한국어 학습 접근성 증대 방안도 동시에 모색되어야 할 것이다. 이 과정에서 한국어 교육계도 지금까지의 참여에 대한 냉정한 성찰이 요구되고 한국어 교육의 국가 사회적 기능에 대한 재인식을 다듬어야 할 것이다.

# 참고문헌

김하수(2005) 노동력의 문제인가? 아니면 문화의 문제인가? 외국인 노동자를 위한 한국어 문화 교육 방안 연구, 한국 내 이주외국인의 이중 언어 교육, 이중 언어학회 제18차 전국학술대회 발표 논문집.

박인상(2006) 이주노동자의 한국어 교육의 과제와 해결 방안, 2006 한국어세계화재단 주최 국내 이주민 대상 한국어 교육 정책 수립을 위한 심포지엄 기조발표문.

박영순(2006) 이주 여성과 자녀의 제2언어 교육의 방향, 2006 한국어세계화재단 주최 국내 이주민 대상 한국어 교육 정책 수립을 위한 심포지엄 기조발표문.

설동훈(2006) 이주민의 한국어 교육을 둘러싸고 선결해야 할 조건, 2006 한국어세계화재단 주최 국내 이주민 대상 한국어 교육 정책 수립을 위한 심포지엄 발표문.

윤인진(2006) 사회통합을 위한 한국어 교육 정책, 이화여자대학교 한국어문학연구소 외 주최 한국어의 미래를 위한 제1차 토론회 기조발표문.

정혜란(2005) 외국인 노동자를 대상으로 하는 한국 문화 항목 선정에 관한 논문, 상명대학교 교육대학원 석사학위논문.

조항록(2005) 외국어로서의 한국어 교육 발달의 역사적 고찰 1, 한국어 교육 제16권 1호, 국제한국어 교육학회.

조항록(2006) 이주민 대상 한국어 교육의 현황과 문제점, 2006 한국어세계화재단 주최 국내 이주민 대상 한국어 교육 정책 수립을 위한 심포지엄 주제토론문.

조항록(2007) 한국어 교육 실시, 국립국어원 편, 국어연감 2006.

황재웅(2005) 외국인 노동자를 위한 한국어 문화 교육 방안 연구, 한국 내 이주외국인의 이중 언어 교육, 이중 언어학회 제18차 전국학술대회 발표 논문집.

www.immigration.go.kr 법무부 출입국 · 외국인정책본부 홈페이지

www.glokorean.org 한국어세계화재단 홈페이지

# 4 사회통합프로그램 한국어 교육의 확대 실시 방안*

## 1. 서론

최근 한국 사회에 이주민이 급속하게 늘면서 한국 정부의 이주민 정책도 다양해지고 있다. 한국 정부의 이주민 정책은 법 제정, 제도 도입, 정책 개발 등 다양한 차원으로 진행되고 있는데 이 과정에서 한국어 교육 관련 제도, 정책도 적지 않게 대두되고 있다. 본고에서 논하고자 하는 사회통합프로그램은 이러한 일련의 정부 정책 중의 하나로 2009년에 도입된 이주민 대상 한국어와 한국 문화 교육 프로그램이다.[1]

---

\* 이 글은 이중언어학회의 이중언어학 제50호(2012년)에 게재되었음을 밝힌다.

1) 사회통합프로그램은 법무부가 이주민을 대상으로 하는 한국어와 한국 사회 이해 교육 프로그램으로서 교육 체계는 아래의 표와 같이 구성되어 있다.

| 구분\단계 | 0단계 | 1단계 | 2단계 | 3단계 | 4단계 | 5단계 |
|---|---|---|---|---|---|---|
| 과정 | 한국어 | | | | | 한국 사회 이해 |
| | 기초 | 초급1 | 초급2 | 중급1 | 중급2 | 이해 |
| 이수 시간 | 15시간 | 100시간 | 100시간 | 100시간 | 100시간 | 50시간 |
| 사전 평가 결혼 이민자 | 0~10점 | 11~29점 | 30~49점 | 면제 | | 50~100점 |
| 사전 평가 일반 이민자 | 0~10점 | 11~29점 | 30~49점 | 50~69점 | 70~89점 | 90~100점 |

프로그램 참가자는 위의 표에 제시된 바와 같은 사전평가 점수에 따라 학습 단계를 배정받게 되고 한국어 과정을 완료하거나 면제된 자에 한하여 한국 사회 이해 과정을 밟게 된다. 한글자모를 모르는 학습자라면 전체 과정을 이수하는 데에 모두 465시간이 걸리게 된다. 사회통합프로그램의 개요에 대하여는 법무부 출입국·외국인정책본부의 사회통합프로그램 홈페이지(www.kiip.kr)를 참조하기 바람.

사회통합프로그램은 2009년 실시 이후 해를 거듭할수록 참가자 수가 늘고 프로그램 운영도 체계화되어 간 것으로 평가받고 있다. 그러나 사회통합프로그램은 시행 초기에 시행 목적 및 취지 등에 대한 이견이 크게 대두되기도 하고 주무 부서 내의 추진 역량에도 제약이 있어 전면 실시라고 보기에는 미흡한 여러 한계를 안고 출범하였다. 예를 들어 결혼이민자에게는 전체 한국어 교육과정 중 일부 교육과정을 유예한다든가, 한국어 교육 이후의 평가 체계가 충분히 확보되지 않았다든가, 한국어 교육 담당 교사의 자격에 대한 객관적인 인증 절차를 거치지 않았다든가 하는 점들을 들 수 있다. 이는 사회통합프로그램이 한국 정부의 정책적 의지, 즉 '이주민에 대한 적절한 교육프로그램 실시 → 이주민의 한국어 능력과 한국 사회 이해 능력 제고 → 사회 구성원으로서의 자질과 역량 구축 → 사회의 이질화 요인 배제를 통한 통합 추구'를 충분히 실현시키지 못하는 요인이 되기도 한다. 그동안 사회통합프로그램의 운영 주체인 법무부는 시행 이후 다양한 노력을 기울여 교육적 측면에서의 성과 제고를 위한 조치, 참가자 확대 및 수료자의 이익 실현 방안을 모색하는 등 다방면으로 제도를 보완하면서 오늘에 이르렀다. 이러한 과정에서 이제 법무부는 사회통합프로그램의 중심이 되는 한국어 교육을 좀 더 폭넓고, 체계적으로 실시하기 위한 대안을 모색하는 것으로 보인다.

　본고는 이러한 맥락에서 사회통합프로그램 한국어 교육의 확대 실시를 위한 방안의 모색을 한국어 교육 정책의 관점에서 살펴보고자 한다. 이를 위해 우선 사회통합의 개념이 무엇인지 되짚어보고 사회통합프로그램 실시의 의의를 제시한다. 그리고 본격적인 논의를 위하여 사회통합프로그램 한국어 교육의 실시 성과를 분석하고 지금까지의 실시 과정에서 나타난 한계와 문제점, 특히 사회통합프로그램이 시행 초기 일부 유보했던 영역에 대한 재검토와 참가자 편중 등이 갖는 문제점을 짚어보고 이를 보완할 수 있는 사회통합프로그램 한국어 교육의 확대 실시 방안을 제시해 보고자 한다. 이는 사회통합프로그램이 원래의 취지와는 다르게 제한적인 운영으로 소기의 성과를 충분히 달성하지 못하고 있다는 현실 인식에 바탕을 둔 것이다.

## 2. 선행 연구 고찰

사회통합프로그램은 한국 정부의 이민자 사회통합 정책의 일환으로 추진되는 교육 프로그램이다. 사회통합프로그램의 실시를 명문화하고 있는 법무부 훈령 제612호 '이민자 사회통합프로그램 및 그 운영에 관한 규정'에서는 사회통합프로그램이 재한외국인처우기본법의 목적을 구현하기 위하여 실시함을 명시하고 있고 재한외국인처우기본법은 동법 제1조 목적에서 재한외국인의 처우 등에 관한 기본 사항을 정함으로써 사회통합에 이바지함을 목적으로 한다고 정하고 있다.[2] 즉 사회통합프로그램은 한국 정부의 이주민 사회통합 정책의 구체적인 대안인 만큼 여기에서는 사회통합의 개념, 사회통합 정책과 사회통합프로그램에 대한 선행 연구를 살펴본다. 특히 사회통합프로그램에 관한 선행 연구 고찰에서는 프로그램의 중심을 이루는 한국어 교육에 대한 논의를 중심으로 살펴본다.

우선 사회통합의 개념과 관련한 논의는 매우 빈약한 것으로 나타난다. 이는 한국 사회에서 이주민의 유입과 관련한 사회통합 담론이 형성되기

---

2) 법무부 훈령 제612호 '이민자 사회통합프로그램 및 그 운영에 관한 규정'과 재한외국인처우기본법은 각각 제1조(목적)에서 아래와 같이 규정하고 있다.
『재한외국인 처우 기본법』의 목적을 구현하기 위하여 재한외국인 및 귀화자와 그 자녀, 대한민국 국민 등에 대한 사회통합프로그램을 표준화하여 시행하고 그 운영기관을 지정·관리하기 위한 기본적인 사항을 정함을 목적으로 한다.'(이민자 사회통합프로그램 및 그 운영에 관한 규정 제1조)
'이 법은 재한외국인에 대한 처우 등에 관한 기본적인 사항을 정함으로써 재한외국인이 대한민국 사회에 적응하여 개인의 능력을 충분히 발휘할 수 있도록 하고, 대한민국 국민과 재한외국인이 서로를 이해하고 존중하는 사회 환경을 만들어 대한민국의 발전과 사회통합에 이바지함을 목적으로 한다.'(재한외국인처우기본법 제1조)

전에 이미 우리 사회에서는 사회통합 정책을 실시하게 된 데에도 일단의 원인이 있다. 즉 개념 및 원리에 대한 논의가 선행되지 않은 상태에서 실체가 존재하게 됨으로써 담론 형성의 기회를 충분히 갖지 못한 것이다. 우선 차용호(2008)에서는 한국에서의 사회통합 논의와 사회통합 정책의 실제를 논하면서, 사회통합과 관련한 합의된 법적 개념이 없음으로 인해 정부 내에서 구체적인 정책 추진에 혼선이 발생할 우려가 있음을 지적한다. 아울러 사회학, 교육학, 문화인류학 등 여러 학문 분야에서도 외국인의 사회통합을 지향하고 있으나 사회통합의 대상이 되는 외국인 그룹, 사회통합의 정도 및 내용, 범위 등에 관한 기준을 제시하지 못하고 있음을 지적하고 있다.

김혜순(2010)은 이러한 논의를 뒷받침한다. 김혜순(2010)에서는 2010년 1월 기준으로 KISS(한국학술정보), DBia(누리미디어), E-article(학술교육원), 뉴논문(학지사), NDSL(한국과학기술정보연구원) 학술지, 교보문고스콜라(교보문고) 등 6개 DB 대상으로 '사회통합'을 검색어로 검색한 결과 500여 건이 나오지만 대부분 유럽통합과 남북관계, 일반 사회갈등과 통합 관련이고 이민다문화 사회 관련은 20건 미만, 사회통합 정책은 6건 미만으로 나타났다고 한다. 이민자 사회통합의 개념화 논의의 부족은 이러한 절대 빈약한 수준의 논의의 양도 문제이지만 사회통합 정책을 논한 연구에서조차 사회통합의 개념화를 시도한 연구가 극히 적다는 것을 보여 준다.

기존 연구 중에서 사회통합의 개념화를 시도한 대표적인 것으로는 차용호(2008), 김해성(2009), 김태원(2010), 이성순(2010)을 들 수 있다. 차용호(2008)는 사회통합의 법적 개념화를 시도한 것으로 기존 한국 정부 내의 사회통합 정책의 법적 근거와 정책 내용 등을 바탕으로 하여 사회통합의 세부 내용 영역을 제시하였다.[3] 그리고 사회통합의 수준을 논

---

3) 차용호(2008)에서는 법적인 이민자 사회통합의 내용과 범위를 기본 소양 교육, 지식 교육, 정보 제공, 상담, 보육 등 사회서비스 등 다섯 가지 범주로 설정하고 세부 내용을 기술하였다.

하면서 사회통합의 기본 개념을 비차별의 기본원칙과 인권보호 및 사회 적응이라고 제시하고 있다. 이러한 사회통합의 기본 개념은 재한외국 인처우기본법에 반영되었으며 향후 사회통합의 수준과 정도를 판단하기 위하여 언어적 통합, 교육적 통합, 경제적 통합, 주거적 통합, 가족적 통합, 정치적 통합, 기타(사회 안정적 통합, 문화적 통합, 건강 등) 등에 관한 사회통합지수를 산출할 수 있다고 하였다.[4] 김해성(2009)은 서구의 이론을 인용하면서 다양성과 통합, 다문화주의와 사회통합이라는 이분법적 논의를 전개하고, 기본적으로 사회통합은 다양성 내지는 다문화주의와 양립하기 힘든 개념이었음을 지적한다. 즉 기존에는 통합을 동화와 동일시하는 개념으로 봄으로써 다문화주의와의 양립이 힘든 것으로 인식되었으나 킴리카(W. Kymlicka)의 다문화주의 3단계를 바탕으로 하여[5] 다문화주의에서 통합의 가능성을 제시하고 있다. 즉 다문화주의 3단계인 국민 만들기(nation-building)에서 통합 조건을 적절히 확보한 가운데 이주민을 주류 사회에 통합하여 국민으로 만들 수 있음을 제시한다.(Kymlicka, 2002; 499-502, 김해성, 2009; 38)

이주민의 사회통합의 개념과 관련하여 좀 더 진행된 논의는 김태원(2010)에서 찾을 수 있다. 김태원(2010)에서는 통합에 대한 기본적인 정의를 개별 요소들이 하나의 단위를 형성해 가는 것 또는 근본적으로 공통의 가치와 규범들에 기반한 요소들의 결속 유지나 구성원들이 하나의 통합된 전체로 결합해 가는 과정으로 본다. 그리고 통합이 진행되는 과정을 Bundesministerium für Familie, Senioren, Frauen und Jugend(2000)의 논의 내용을 바탕으로 하여 적응(accommodation), 문

---

4) 실제로 사회통합지수는 제1차 외국인 정책의 주요 추진 정책의 하나로 설정되어 있고 2010년에 사회통합지수 개발 정책 연구가 수행된 것으로 알려진다.

5) 킴리카의 다문화주의 3단계는 첫 번째는 자유주의의 한계를 극복하고자 하는 공동체주의 로서의 다문화주의, 두 번째는 자유주의 틀 속에서의 다문화주의, 세 번째는 국민 만들기 로서의 다문화주의이다(김해성, 2009; 37). 이는 결국 각각 동화주의, 다문화주의, 사회통 합주의의 개념을 갖는 것이라고 본다.

화화(acculturation), 동화(assimilation), 편입(incorporation) 등 네 가지 유형으로 나누어 제시한다. 이중에서 동화는 이주 국가 중심의 통합으로서 흔히 용광로 정책이라고 볼 수 있는 것이고 편입은 흔히 모자이크 내지는 샐러드 볼로 볼 수 있는데 당위론적으로 이주민이 개별적인 속성을 그대로 유지하면서 상호 조화를 이루는 샐러드 볼 사회가 바람직한 것으로 보고 있다.

이성순(2010)은 사회통합의 개념 정의와 관련하여 사전적 정의와 함께 프랑스에서의 통합의 개념을 소개하고 있다. 특히 프랑스에서의 통합의 개념은 원래는 동화(assimilation)와 대립되는 개념으로 이민자의 고유문화를 단순히 지속시키는 것이기 때문에 오랜 기간 정부 정책으로 채택되지 않은 것으로 보고 있다. 그러나 시간이 지나면서 프랑스에서도 이주민 정책으로 통합의 개념이 채택이 되어 결국에는 공화주의 동화 모형이 탄생한 것으로 본다. 이와 함께 독일의 사회통합 모형을 살펴보는데 여기에서는 국적 모형의 동화주의를 통한 사회통합을 추구하는 것으로 보며 미국의 경우에는 용광로 모형의 동화주의를 표방하는 것으로 본다. 그리고 이러한 논의와 함께 한국 정부의 사회통합 정책의 실제를 일별하면서 한국은 미국의 용광로 모형과 독일의 국적 모형을 동시에 채택한 것으로 보고 있다.

이상의 논의에서 살펴보았듯이 사회통합에 대한 개념화와 담론의 형성은 아직은 충분하지 않고 일반화가 쉽지 않은 상황이다. 더욱이 한국적 상황에 대한 충분한 논의가 존재하지 않는 것으로 볼 수 있다. 여기에 사회통합 정책과 다문화 정책 사이의 관계 모형 논의 역시 충분히 진행되지 않은 것으로 보인다.[6]

사회통합 정책에 대한 논의 역시 앞에서 제시한 김혜순(2010)에서 보

---

6) 본 연구에서는 다루지 않고 있으나 사회통합 정책에 대한 논의가 다문화 정책에 대한 논의와 상당 부분 중첩되고 있음을 밝힌다. 이 과정에서 사회통합 정책과 다문화 정책은 양립할 수 없는 대립 개념으로부터 본질적으로 동일 개념으로 볼 수 있다는 주장까지 다양한 관점이 존재하고 있음을 느낄 수 있었으나 본 연구에서는 논의의 밖에 두기로 한다.

이는 바와 같이 국내에서 충분히 논의되지 않았다. 그동안 사회통합 정책에 대한 논의는 한국 내 이주민 사회의 특성이나 이주민의 사회 적응 문제를 중점적으로 다룬 것으로 나타난다. 전자의 예로서 한국 사회학회(2007)[7]를 들 수 있고 후자의 예로서 김이선 외(2007)를 들 수 있다. 한국 사회학회(2007)에서는 한국 내 다문화 사회의 형성 과정과 특징을 도출하면서 한국 정부의 이주민에 대한 정책 방향을 제시하였고 김이선 외(2007)에서는 이주민을 한국 정부의 정책 대상으로 보면서 다양한 영역에서의 지원 정책을 주로 논의하였다. 한편 정상우(2009)에서는 다문화 사회와 관련한 법령의 제정 취지와 법적 적실성 등을 다루면서 기존의 법령이 다문화 사회의 미래 방향을 제시하지 못하고 있다는 한계를 지적하고 있다. 조항록(2011b)에서는 한국 정부의 사회통합 정책과 관련한 법과 제도, 정책 영역과 예산, 정책 사례로서 사회통합프로그램 등을 살펴보면서 사회통합과 관련한 장기적이고 종합적인 정책이 마련되지 않았음을 지적하고 있다.

이주민의 사회통합 정책과 관련한 가장 적극적인 논의는 차용호(2008)와 법무부의 내부 자료(자료명: 다문화 사회통합프로그램 이수제 개관, 2008)를 들 수 있다. 이들 자료에서 나타나고 있는 사회통합 정책의 개념은 이민자가 자신의 능력을 충분히 발휘하고 출생 국가에서 습득한 문화, 가치와 한국의 문화, 가치를 접목하여 보다 발전적인 문화, 가치를 창출할 수 있도록 정부가 정책적으로 지원하는 것이라고 한다. 그리고 이러한 정책은 다문화주의(이민자의 다양성과 다양한 문화, 가치를 포용함)와 동화주의(한국의 전통문화, 가치와 결합)를 조화롭게 절충함으로써 세계 일류의 문화와 가치를 창출하는 것이라고 적시하고 있다. 이는 결국 한국 정부의 사회통합 정책이 이민 정책과의 결합의 성격을 갖는 것으로 동화주의와 다문화주의의 장점을 포괄하고자 하는 것으로 볼 수 있다. 실제에 있어 양립하기가 힘든 다문화주의와 동화주의의

---

7)  동북아시대위원회 용역과제의 결과보고서로서 보고서의 제목은 한국적 '다문화 사회의 이론화'이고 주로 사회학의 관점에서 다문화 사회를 다루고 있다.

절충은 향후 사회통합 정책의 추진에 있어 정책적 방향 및 정책적 효율성의 확보의 측면에서 좀 더 수준 높은 국가 역량을 요구하는 것이다.

마지막으로 사회통합프로그램을 다룬 연구로는 이성순(2010)과 조항록(2011b), 그리고 조항록 외(2011)를 들 수 있다. 이성순(2010)은 사회통합프로그램의 내용과 실제를 살펴본 후 실제 프로그램 운영 기관의 사례를 바탕으로 발전 방향을 제시하고 있다. 조항록(2011b)은 사회통합 정책과 관련한 법, 제도, 정책 등을 살펴본 후 정책 사례로서 사회통합프로그램을 분석하였고 조항록 외(2011)는 법무부 출입국·외국인정책본부의 정책연구용역 보고서로서 사회통합프로그램의 도입 취지로부터 실시 성과와 문제점, 발전 방안 등을 광범위하게 다루고 있다. 특히 사회통합프로그램의 본질인 한국어 교육과 한국 사회의 이해 교육에 초점을 맞추어 프로그램 참가자, 운영 기관, 교육 담당 강사를 대상으로 만족도와 요구를 조사하여 정책 대안 제시에 활용하였다. 이 연구에서는 현행 사회통합프로그램은 초기 단계 정착에는 성공을 하였으나 안정된 실시를 위해서 초기 단계의 미흡한 부분에 대한 보완과 함께 미래 비전을 제시하고 이를 실현할 수 있는 정책적 대안을 제시하고 있다. 특히 교육과정의 개편과 효율적인 교재 개발, 평가 체계의 구축 등 한국어 교육 인프라와 전문성 향상을 강조하고 있다.

이상에서 살펴본 바와 같이 한국에서의 사회통합의 개념, 사회통합 정책의 개념과 기존 정책의 평가, 사회통합프로그램에 대한 논의는 학계 차원에서 충분히 논의되지 않았음을 알 수 있다. 한경구 외(2007)와 조항록(2011b)에서 지적하듯이 한국 사회에서 이주민 관련 담론은 1980년대부터 일기 시작한 이주민의 유입 이후 이들에 대한 차별적 시선을 쟁점화하는 데에는 성공하였지만 사회적 담론화의 시도는 최근에 이르러서야 나타났다. 결국 사회적 담론화의 시도는 2000년대 이후 결혼이민자가 급증하면서 나타나기 시작한 것으로 사회통합프로그램의 실시 이전에는 담론화의 역사가 길지 않다. 특히 이주민 문제가 사회적 담론화가 시도되기 이전에 이미 사회적 실체로 존재하면서, 이주민에 대한 담론은 정책 대안이나 실행 정책에 대한 평가에 치우침으로써 상대적으로 이론적 논의는 빈약한 모습을 보이고 있다.


## 3. 사회통합프로그램 한국어 교육 실시의 성과와 한계

올해로 사회통합프로그램은 실시 4년째를 맞고 있다. 2009년 9월 최초의 프로그램 실시 이후 해를 거듭할수록 운영기관의 수와 참가자 수 등 거시지표가 괄목할 만하게 확대되었고 프로그램 운영 체계 및 교육 전문성도 향상된 것으로 평가되고 있다. 우선 추진 과정을 보면 사회통합프로그램은 정부의 정책적 추진 의지가 대두된 이후에 관련 정책연구와 자료 수집을 거쳐 프로그램 실시의 선결 요건인 다문화 강사를 육성하고 시작 단계의 교육을 담당할 ABT(Active Brain Tower) 대학을 선정하였으며, 곧 이어 초기 운영 단계에 진입하였다. 이후 참가자 확보 노력을 가속화하고 교육기관의 확충, 교육 전문성의 제고 등을 추구하며 프로그램 확대를 지속적으로 이루어오고 있다.

사회통합프로그램은 이주민의 지속적 증가, 정부의 적극적인 이주민 지원 정책의 실시와 같은 정책 환경의 변화를 바탕으로 하고 자체 추진 역량을 강화하면서 지속적인 확대 과정을 거쳐 오늘에 이르고 있다. 이에 따라 참가자와 이수자의 수는 아래의 표에서 보는 바와 같이 해를 거듭할수록 크게 늘었다.

**표 1** 사회통합프로그램 참여자 현황[8]

(단위 : 명)

| 구분＼연도 | 2009년 | 2010년 | 2011년 | 2012년 9월 |
|---|---|---|---|---|
| 교육 등록자 | 2,089 | 4,779 | 6,405 | 12,049 |
| 이수자(5단계 완료) | 797 | 1,063 | 1,699 | 1,016 |

---

8)  법무부 출입국 · 외국인정책본부 내부 자료를 바탕으로 정리함.

사회통합프로그램 운영 기관 역시 시간이 지나면서 크게 늘어 최초 20 개소에서 2012년 중앙운영기관 1곳[9], 거점운영기관 47곳, 일반운영기관 224곳에서 사회통합프로그램을 운영하고 있다.

사회통합프로그램의 실시 성과를 논의함에 있어 앞에서 언급한 바와 같은 거시지표 못지않게 중요한 것은 정책 실시 주체인 법무부 출입국 · 외국인정책본부가 교육 체계를 지속적으로 구축함과 동시에 교육 전문성 향상을 위해 노력한 점이다. 특히 한국어 교육과 한국 사회의 이해 교육의 전문성을 인식하면서 한국어 교육 전문가 집단과 적극 협력해 오고 있다.

교육 현장의 3대 요소로 일컬어지는 교사, 교재, 교수법의 측면에서 볼 때 교사의 전문성 향상과 교재의 지속적 개발이 두드러진다. 교사의 경우 시간이 지나면서 한국 정부의 한국어 교원 자격제도에 따른 자격 취득자 또는 그에 준하는 경력 소지자로 자격을 제한하는가 하면 2012 년부터는 국립국어원과 협정을 맺고 교사 재교육 프로그램을 실시하였다. 교재의 경우 초기에는 시중의 일반 한국어 교재, 한국 사회의 이해 교재를 채택하여 사용하였으나 시간이 지나면서 사회통합프로그램용 한국어 교재와 한국 사회의 이해 교재를 개발하여 사용하고 있다.

이와 함께 교육 전문성의 측면에서 또 하나 의미 있는 진전을 나타내는 것이 평가 체계의 구축이다. 프로그램 실시 초기 사전평가와 종합평가만이 있었으나 여러 요인과 현장 요구를 수렴하여 기존의 평가 체계를 전면 개편하여 평가의 유형을 확대하고 방식도 개선하였다.[10]

이와 같이 사회통합프로그램이 지속적으로 발전해 왔다고 하나 실시

---

9) 법무부 출입국 · 외국인정책본부는 한국이민재단을 사회통합프로그램 중앙거점운영기관 으로 지정하여 강사 연수, 구술면접관 교육 등과 교육을 주관하도록 하고 관련 연구의 수행, 화상 교육 실시, 운영기관 네트워크 구축 등을 담당하도록 하고 있다.

10) 사회통합프로그램 실시 초기에는 사전평가와 종합평가만을 실시하였으나 지금은 사전평가, 단계평가, 중간평가, 종합평가 등으로 목적별 평가체계를 갖추었고 평가방식도 학생의 성취 수준이나 선수학습 수준을 좀 더 정확하게 끌어낼 수 있도록 구술시험 시행 방식을 바꾸고 문항유형도 대폭 바꾼 것으로 알려져 있다.

과정에서 드러난 문제점 및 한계도 적지 않다. 위에서 제시한 성과의 이면에 있는 문제점 또는 발전 과정상의 한계를 몇 가지 제시하면 다음과 같다.

첫째, 사회통합프로그램은 참가자 확보의 측면에서 결혼이민자가 절대 다수를 차지함으로써 프로그램에 대한 대중적 인지도 확보가 부족하였다. 결혼이민자가 갖는 차별적 특징과 의의를 인정한다 해도 사회통합프로그램이 자칫 결혼이민자를 대상으로 하는 프로그램으로 인식될 수 있다. 이는 사회통합프로그램이 사회통합 정책의 일환으로 추진되고 궁극적으로 우리 사회의 이주민 모두를 대상으로 하는 점을 고려한다면 사회통합 정책의 실천 정책으로서의 한계를 의미하는 것이기도 하다.

둘째, 교육 체계의 구축과 교육 전문성 향상의 측면에서 볼 때 교육과정이 체계적으로 개발되지 않았다. 프로그램 운영을 앞두고 요구 조사와 같은 교육과정 개발을 위한 선행 단계가 없었고, 시행 이후의 교육과정 개편 과정에서는 전문성 유입과 현장 데이터의 활용이 제한적이었다. 결국 아직 사회통합프로그램은 교육과정을 체계적으로 정립하지 못하였고 이는 교육의 성과를 내는 데에 제약으로 작용할 것이다.[11]

셋째, 결혼이민자 대상 교육이라는 측면에서는 정부 내 유관 부서와의 정책적 조율이 순조롭지 않다. 사회통합프로그램이 고유의 목적을 가지고 분명한 정책적 방향을 정하고 나아간다 하지만 결혼이민자 집단이 여성가족부의 정책 대상자 집단이고 여성가족부 내에서도 유사한 프로그램을 운영하는 상황에서 양 부서 사이의 조율이 쉽게 이루어지지 않고 있다.[12]

---

11) 이러한 상황에서 2012년에 사회통합프로그램 한국어 교육과정과 한국 사회의 이해 교육과정의 개편 노력이 진행되고 있는데 뒤늦은 감이 있지만 매우 의미 있는 일이다.

12) 이주민을 대상으로 하는 정부 정책의 중복 및 혼선은 국회입법조사처의 2010년도 보고서인 다문화 정책의 추진 실태와 개선 방향에 잘 나타나 있다. 여기에서는 정부 내 많은 부서가 이주민을 대상으로 하는 여러 정책을 추진하고 있는데 정책의 성격이 유사한 것이 많고 예산 사용에 중복성이 나타나고 있음을 지적하고 있다.

마지막으로 결혼이민자 집단에 대해서는 사회통합프로그램의 한국어 교육과정 중 일부 과정 참여를 유예한 점이다. 결혼이민자에 한하여 한국어 교육과정 3, 4단계를 면제해 주고 있는데 이것이 과연 최선의 대안인지에 대하여 심도 있게 논의해야 할 필요가 있다.

　　이상에서 살펴본 바와 같이 사회통합프로그램은 실시 이후 시행착오도 없지 않았으나 시간이 지나면서 외형적으로 빠르게 확대, 발전하였고 제도적 보완과 전문성 향상 노력을 병행하면서 이제는 이주민의 한국어 능력 및 한국 사회 이해 능력을 키우는 중요한 프로그램으로 안착되어 가고 있다. 그러나 아직도 해결해야 할 과제가 적지 않은데 그 중의 첫 번째가 한국어 교육 프로그램의 전면 실시 및 참가 대상자의 다양화를 주 내용으로 하는 한국어 교육 확대 방안이 될 것이다.


## 4. 사회통합프로그램 한국어 교육 확대 실시 논의의 전제: 확대의 개념과 현행 제한적 운영의 요인 분석

### 4.1. 사회통합프로그램 한국어 교육 확대 실시의 개념 정의

　　일반적으로 교육 프로그램의 확대를 논한다면 몇 가지 차원에서 논의할 수 있을 것이다. 하나는 교육기관의 수를 늘리고 참가자 수를 확대하는 일이고, 또 하나는 교육 프로그램의 교육과정을 확대하여 동일 참가자라 하더라도 교육의 양을 더 경험하게 하고 더불어 교육 효과를 더욱 크게 만드는 일이 된다. 여기에 특수한 상황을 전제하는 것이기는 하지만 제한적 운영의 요인을 제거하여 전면 실시를 시도하는 것도 확대 운영의 한 사례가 될 것이다. 그리고 마지막으로 선행 프로그램 또는 후속 프로그램을 동시에 운영하여 프로그램의 계열화를 추구하는 것도 프로그램 확대의 유형에 속한다.

  그렇다면 본고에서 논하는 사회통합프로그램 한국어 교육의 확대 실시란 무엇인가? 위에서 언급한 확대 운영의 유형을 모두 대입할 수 있을 것이다. 즉 교육 대상자 대비 참가자의 비율을 높이는 방안을 생각할 수 있고, 현재 1주 6~8시간, 매 단계 100시간이 기본인 한국어 교육과정의 단계별 이수 시간 수를 늘리는 방안도 생각할 수 있다. 그리고 결혼이민자 집단에게 한국어 교육의 3, 4단계를 면제해 주는 현행 운영 제도를 폐지하고 결혼이민자 집단도 다른 참가자와 동일하게 한국어 교육과정의 모든 단계를 이수하도록 하는 일이 포함된다. 또한 여기에 머무르지 않고 한국에 입국하기 전 외국 현지에서 사회통합프로그램을 운영하거나 현행 사회통합프로그램 이수자를 대상으로 하여 심화 프로그램을 개설하여 운영하는 것도 프로그램 확대의 한 예이다.

  그러나 현시점 사회통합프로그램 한국어 교육 확대 운영과 관련하여 쟁점으로 떠오른 것은 (1) 참가 대상자 집단의 다양화 실현, (2) 결혼이민자 집단에 대하여 유예한 한국어 교육 3, 4단계 이수 적용이다. 현시점 교육 시수의 확대나 사전/사후 프로그램의 개발에 대하여는 본격적인 논의가 대두하지 않은 상황이다.

  그런데 참가자 집단의 확대 실시와 결혼이민자에 대한 3, 4단계 이수 논의는 서로 연관되어 있다. 만약에 이 두 가지 확대 실시 노력이 실현이 안 된다면 사회통합프로그램은 본래의 정책 입안 취지를 충분히 구현하지 못하는 결과를 가져올 뿐만 아니라 종국적으로는 프로그램 유지의 기반을 잃게 될 수도 있다는 점에서 적극적인 관심을 요한다. 좀 더 구체적으로 사회통합프로그램이 결혼이민자 집단을 대상으로 하는 한국어 교육과 한국 사회의 이해 교육 프로그램으로 축소되어 운영되고 있는 현 상황에서 결혼이민자가 4단계로 구성된 한국어 교육과정 중 절반에 해당하는 상위 두 단계를 계속해서 면제받을 경우 교육 효과를 크게 기대할 수 없다. 이는 곧 참가자 대다수의 교육 효과를 기대할 수 없음을 의미한다. 결국 사회통합프로그램의 존립 근거를 소멸시키는 것으로 프로그램 유지를 위하여 파행적 운영을 선택하거나(결혼이민자에 대하여 평가 방식과 평가 결과 적용의 예외 인정 등) 프로그램을 폐지해야 하는 극단적인 선택을 하는 상황이 올 수도 있다.

## 4.2. 현행 제한적 운영의 실상과 요인 분석

그렇다면 사회통합프로그램 한국어 교육의 제한적 운영의 실상은 어떠하고 그 원인은 무엇인가? 이는 결국 참가자 집단의 편중과 결혼이민자에 대한 일부 한국어 교육과정 적용 유예 등과 관련이 있다.

〈참가자 집단의 편중〉

지금까지 참가자의 체류 자격별 분포를 보면 결혼이민자의 비율이 다른 집단에 비하여 압도적으로 높다. 사회통합프로그램이 본격적으로 실시된 2010년 이후 전체 등록자 중 결혼이민자의 비율은 적게는 61.1%(2010년)에서 많게는 79.6%(2011년)로 절대 다수를 차지한다. 등록 이후 사전평가에 응시한 자 중 결혼이민자의 비율은 더욱 높아 아래와 같이 매해 70% 이상을 차지한다.

**표 2** 사회통합프로그램 참가자의 체류자격별 분포[13]

(단위 : 명)

| 연도 | 계 | 구분 | 소계 | F21 | F52 | F11 | F19 | H21 | H29 | D81 | E91 | 기타 |
|------|------|------|------|------|-----|-----|-----|-----|-----|-----|-----|------|
| 2009 | 1,920 | 신규 | 1,906 | 1,356 | 23 | 115 | 194 | 48 | 54 | 11 | 9 | 96 |
| | | 재등록 | 14 | 13 | 0 | 0 | 0 | 0 | 0 | 0 | 0 | 1 |
| | | 우선 | 0 | 0 | 0 | 0 | 0 | 0 | 0 | 0 | 0 | 0 |
| | | 소계 | 1,920 | 1,369 | 23 | 115 | 194 | 48 | 54 | 11 | 9 | 97 |
| 2010 | 4,056 | 신규 | 3,676 | 2,761 | 90 | 153 | 188 | 59 | 22 | 68 | 41 | 294 |
| | | 재등록 | 240 | 183 | 3 | 17 | 21 | 8 | 0 | 0 | 0 | 8 |
| | | 우선 | 140 | 43 | 3 | 21 | 44 | 12 | 10 | 1 | 1 | 8 |
| | | 소계 | 4,056 | 2,987 | 93 | 191 | 253 | 79 | 32 | 69 | 42 | 310 |

13) 법무부 출입국·외국인정책본부 내부 자료를 바탕으로 정리한 조항록 외(2011)에서 가져옴.

| 2011. 3월 | 3,160 | 신규 | 1,917 | 1,507 | 60 | 49 | 58 | 6 | 0 | 17 | 34 | 186 |
| | | 재등록 | 289 | 245 | 3 | 5 | 12 | 5 | 2 | 3 | 8 | 6 |
| | | 우선 | 954 | 656 | 7 | 54 | 59 | 17 | 10 | 47 | 16 | 88 |
| | | 소계 | 3,160 | 2,408 | 70 | 108 | 129 | 28 | 12 | 67 | 58 | 280 |

그러나 등록 이후 실제로 프로그램에 참여한 후에 한국어 교육과 한국 사회의 이해의 모든 과정을 마치고 응시하는 종합시험의 응시자 분포에서는 아래의 〈표 3〉에서 보는 바와 같이 결혼이민자의 비율은 더욱 높아져 전체 응시자의 80% 이상을 차지한다. 여기에 결혼이민자와 같은 범주에서 논할 수 있는 F1까지 포함하면 90% 안팎이 된다. 이는 결국 현행 사회통합프로그램이 결혼이민자를 중심으로 운영되고 있음을 반증하는 것으로 사회통합프로그램 실시의 원래 취지를 충분히 구현하는 일이 되지 못한다.

**표 3** 사회통합프로그램 종합평가 응시자의 체류자격별 분포[14]

| 체류자격 | 2010년 종합평가(종합) | 2009년 종합평가(종합) |
| --- | --- | --- |
| D-2(유학) | 0.6% | 0.2% |
| D-6(종교) | – | 0.1% |
| D-8(투자기업) | 0.1% | 0.3% |
| E-1(교수) | 0.2% | – |
| E-2(회화지도) | 0.3% | – |
| E-3(연구) | – | 0.1% |
| E-7(특정활동) | 0.6% | – |
| E-9(비전문 취업) | 0.2% | – |
| F-1(방문동거) | 6.5% | 5.4% |
| F-2-1(국민배우자) | 82.6% | 88.5% |
| F-3(동반) | 0.2% | 0.1% |
| F-4(일반동포) | – | 0.1% |
| F-5(영주권자) | 5.0% | 1.0% |

---

14) 법무부 출입국 · 외국인정책본부의 내부 자료를 바탕으로 한 조항록 외(2011)에서 가져옴.

| G-1(기타) | 0.1% | 0.4% |
|---|---|---|
| H-2(방문취업) | 2.5% | 3.1% |
| 국민 | 1.1% | 0.5% |

그런데 더욱 의미 있는 해석이 가능한 것은 아래의 표에서 보는 것과 같이 사전평가에 응시한 유학(D-2, D-4), 비전문 취업(E-9), 투자기업(D-8) 자격 소지자가 프로그램 참가 이후에 중도 포기하는 비율이 꽤 높다는 것이다. 사회통합프로그램이 이주민 모두에게 개방되어 있으나 결과적으로 결혼이민자 중심의 프로그램으로 운영되고 있음을 반증하는 것이다.

**표 4** 사회통합프로그램 사전평가 응시자의 체류자격별 분포[15]

| 체류자격 | 2010년 종합평가(종합) | 2009년 종합평가(종합) |
|---|---|---|
| C-3(단기종합) | 0.1% | - |
| D-2(유학) | 2.9% | 0.33% |
| D-4(한국어연수) | 0.5% | 0.03% |
| D-6(종교) | 0.2% | 0.03% |
| D-8(투자기업) | 1.8% | 0.4% |
| E-2(회화지도) | 0.3% | - |
| E-7(특정활동) | 0.5% | 0.1% |
| E-9(비전문취업) | 1.3% | 0.6% |
| F-1(방문동거) | 10.0% | 2.7% |
| F-2-1(국민배우자) | 73.9% | 69.0% |
| F-2-4(난민) | 0.1% | 0.03% |
| F-3(동반) | 0.2% | 0.2% |
| F-4(일반동포) | 0.1% | 0.03% |
| F-5(영주권자) | 2.5% | 0.8% |
| G-1(기타) | 0.1% | 0.6% |
| H-2(방문취업) | 4.0% | 8.5% |
| 국민 | 0.8% | 0.5% |

15) 법무부 출입국 · 외국인정책본부의 내부 자료를 바탕으로 한 조항록 외(1011)에서 가져옴.

그렇다면 그 이유는 무엇일까? 이와 관련한 실증적인 자료를 확보하지 않았지만 충분히 예측할 수 있는 것으로 참가 동기의 차이를 들 수 있을 것이다. 유학생이나 비전문 취업자 등은 특별한 혜택을 기대하기보다는 단순히 한국어 능력을 높이기 위해서 여건이 허락하는 선에서 참여하나 결혼이민자의 경우에는 이수 시 주어지는 혜택이 크기 때문에[16] 참여 비율도 높고 이수율도 높은 것으로 추측할 수 있다. 여기에 한국어 교육 과정의 3, 4단계를 면제해 주는 만큼 부담해야 하는 시간의 양이 상대적으로 적은 것도 영향을 줄 것이다. 결국 참가 동기와 이수 이후의 인센티브가 참가자 변인 비율 분포의 주요 요인이 되는 것으로 볼 수 있다. 이러한 상황에서 참가자 변인의 확대를 도모한다면 각각의 참가자 변인에 맞춘 혜택의 제공, 참가자의 다양한 참가 목적의 실현 등이 대안이 될 것이다. 그러나 현실적으로 참가자 변인에 맞춘 혜택의 제공은 가능하지도 않을 뿐만 아니라 프로그램의 성격 및 기능으로 볼 때 바람직한 선택이 될 수 없다. 왜냐하면 사회통합프로그램 참가자 중 결혼이민자에게 특별히 주어지는 혜택은 그들이 한국 사회의 기초 단위인 가족 구성원으로 이미 자리 잡았고 체류 자격 역시 이에 맞춰 국민배우자 자격이며 일정 기간과 요건을 갖추면 국민으로 편입될 것이기 때문에 주어지는 것이다. 또한 사회통합프로그램이 한국어 교육과 한국 사회의 이해 교육으로 구성이 되고, 기본적으로 이주민의 한국 사회 적응 및 구성원으로서의 자질 향상을 기본 목적으로 하는 만큼 혜택 중심의 운영은 정책 실시의 근본 목적을 구현하는 것은 아닐 것이다. 프로그램의 기능상 운영의 체계화, 효율화, 내실화와 같은 자체 혁신을 통하는 것이 바람직할 것이다. 이렇게 본다면 혜택의 화대보다는 다양한 참가자 집단의 참가 동기를 조사하고 이에 맞춘 프로그램 운영 방안을 모색하는 것이 요구된다.

---

16) 결혼이민자가 사회통합프로그램을 이수할 경우에는 국적 취득을 위한 귀화시험에서 필기 시험이 면제되고 국적 취득 심사 대기 시간도 대폭 줄어드는 혜택을 받는다.

⟨결혼이민자에 대한 일부 한국어 교육과정 적용 유예⟩

결혼이민자는 여타 참가자와는 다르게 한국어 교육과정의 3, 4단계를 면제받는다. 이는 결국 결혼이민자의 한국어 능력을 목표에 다다르지 못하도록 하는 제도적 결함 요인이 된다. 사회통합프로그램의 전체 교육과정은 한글 자모를 모르는 참가자를 위한 기초단계(0단계)가 있고 본 학습단계로서 한국어 교육 1, 2, 3, 4단계가 있으며 이를 이수한 자에 한하여 한국 사회의 이해 과정(5단계)에 참가하도록 되어 있다. 그리고 이를 모두 포함하는 종합시험에 응시하여 통과할 경우 이수하게 된다.[17] 이러한 실상을 자세히 살펴본다면 사회통합프로그램이 실제로 결혼이민자의 한국어 능력을 충분히 높일 수 있는 프로그램인가에 대한 의문을 갖게 한다. 일반적으로 언어 교육과정은 계열화, 위계화를 기본 전제로 한다. 다시 말해 선행 학습이 이루어지지 않을 경우 후행 학습은 현실적으로 불가능하게 된다. 다른 학문 영역에서는 지식이 전체 체계를 이루되 부분 부분으로 분리되어 존재하는 경우에는 특정 부분 지식의 습득이 독립적으로 가능하나 언어 교육의 다르다. 결국 한국어 교육과정 3, 4단계의 이수 없이 5단계의 학습이 수월치 않을 것이며 종합시험에서 높은 점수를 받기는 더욱 어려울 것이다. 아래의 2012년도 1차 종합시험 합격률을 본다면 이를 확인할 수 있다.

**표 5** 2012년 사회통합프로그램 참가자의 1차 중간평가 결과[18]

(단위 : 명)

| 구분 | 응시자 | 합격자 | 불합격자 | 합격률 |
|------|--------|--------|----------|--------|
| 결혼이민자 | 286 | 8 | 278 | 2.8% |
| 일반이민자 | 129 | 78 | 51 | 60.5% |
| 계 | 415 | 86 | 329 | 20.7% |

---

17) 실제에 있어 종합시험에 통과하지 못한 경우에는 다시 한번 5단계를 듣는 것으로 이수 요건을 충족하는 것으로 되어 있다. 결국 현행대로라면 종합시험은 요식적 절차에 머무를 수도 있다.

18) 법무부 출입국·외국인정책본부의 내부 자료를 바탕으로 정리함.

**표 6** 2012년 사회통합프로그램 참가자의 1차 종합평가 결과[19]

(단위 : 명)

| 구분 | 응시자 | 합격자 | 불합격자 | 합격률 |
|---|---|---|---|---|
| 결혼이민자 | 625 | 237 | 388 | 37.9% |
| 일반이민자 | 129 | 80 | 49 | 62.0% |
| 계 | 754 | 317 | 437 | 42.0% |

한국어 교육과정의 모든 과정을 마치고 응시하는 종합시험에서 3, 4단계를 면제받은 결혼이민자는 합격률이 2.8%로 3, 4단계를 이수한 일반 이민자 60.5%에 비하여 턱없이 낮다. 이는 곧 프로그램 이수의 성과를 좀처럼 인정하기 어려운 상황을 의미한다. 정도의 차이는 있지만 종합시험도 일반이민자는 합격률이 62%이지만 결혼이민자는 37.9%에 그친다.[20] 결국 결혼이민자에게 한국어 교육과정 3, 4단계 면제라는 프로그램의 제한적 운영에 대하여는 재고의 여지가 크게 존재한다.

그렇다면 결혼이민자에게 한국어 교육과정의 3, 4단계를 왜 면제해 주어야 하는가? 그리고 이것이 타당한가에 대한 논의가 제기된다. 이와 관련해서는 프로그램 실시 초기 정책 환경에 대한 고찰이 필요하다.

사회통합프로그램이 실시될 무렵 국내의 여러 언론 매체에 보도된 일이지만 인권단체, 시민단체에서 결혼이민자에 대한 사회통합프로그램 참여 권고는 이민자에 대한 보편적 인권의 침해이고 열악한 환경에 있는 결혼이민자의 생존권을 존중하지 않는 처사라고 하며 거센 반대 의견이 대두되었다. 이주민의 한국 생활 적응 능력을 키우고 우리 사회의 구성원으로서 의연하게 활동할 수 있는 바탕을 마련해 준다는 사회통합프로그램의 정책적 정당성이 크게 호응을 받지 못하였던 이유는 무엇인

---

19) 법무부 출입국 · 외국인정책본부의 내부 자료를 바탕으로 정리함.

20) 결혼이민자의 종합시험 합격률이 중간시험에 비하여 높은 것은 사회통합프로그램 참가자 중 한국어 능력을 갖추고 있는 조선족 동포들이 사전평가에서 한국어 교육과정을 면제받고 바로 5단계인 한국 사회의 이해에 참여하게 되고 이후 종합시험에 응시하는 데에 기인하는 것으로 볼 수 있다.

가? 어떠한 경우에도 존중되어야 하는 보편적 인권을 중시한 시민단체의 입장에서 볼 때 결혼이민자의 사회통합프로그램 참여는 활동의 제약으로 인식되었다.[21]

이와 함께 당시 일각에서는 언어 능력의 획득에 대한 편견도 작용한 것으로 보이는데 한국어 능력은 생활 속에서 시간이 지나면서 자연적으로 습득될 수 있다는 논리였다. 결혼이민자가 한국인과 함께 살다 보면 자연적으로 한국어 능력을 갖추게 될 것이라는 낙관적인 인식도 시민단체의 주장을 뒷받침하는 논리로 작용한 것으로 알려진다.

그러나 무엇보다 중요한 것은 정책 당국이 당시의 상황을 어떻게 인식하고 판단하였는가이다. 이에 대하여는 당시 정책결정 과정에 대한 명시적인 자료가 없어 확인할 수 없지만 이주민 지원단체의 의견을 도외시할 수 없는 상황 요인도 존재하였던 것으로 추측된다.[22] 즉 이민자에 대한 정부의 정책이 확립되기 전에 이미 이민자 집단을 대상으로 다양한 지원 활동을 펼쳐 온 시민단체 등이 결혼이민자의 보편적 인권 등을 주장하면서 사회통합프로그램 참여에 대한 불편을 제기하였고 정부가 이를 고려했던 것으로 보인다.

그렇다면 결혼이민자에 대한 한국어 교육과정 3, 4단계 참여 유예의 결과는 어떻게 나타나는가? 위에서 살펴본 것처럼 중간시험, 종합시험의 합격률이 한 자리 수에 머무르도록 하고 있다. 사회통합프로그램이 결혼이민자의 한국어 능력을 키우는 프로그램인가에 대한 근본적인 회의감이 들게 한다.

현장의 의견 역시 결혼이민자의 한국어 교육 3, 4단계 이수를 찬성하

---

21) 시민단체의 이주민에 대한 인식의 본질에 대하여는 한경구 외(2007)에서 몇몇 논의를 들어 제시하고 있다. 요약하면 사회 구성원이 모두 참여하여 사회적 공동선이나 보편적 이익을 실현하기 이전에, 이주민은 사회적 약자 또는 소수자로 보호를 받아야 한다는 관점으로 볼 수 있다.

22) 이는 필자가 사회통합프로그램과 관련한 수차례의 토론회 등에 참석하면서 전해 듣게 내용을 바탕으로 하고 있다.

고 있다. 조항록 외(2011)에서 전국 116개 운영기관 참가자(학습자), 강사, 기관담당자 등 총 725명(참가자 589명, 강사 101명, 기관담당자 35명)을 대상으로 한 설문조사에서 참가자의 56.1%, 강사의 82.2%, 기관담당자의 72.2%가 결혼이민자에게도 한국어 교육과정 3, 4단계 참여가 필요하다(필요 또는 매우 필요)고 답하였다. 이는 곧 결혼이민자에 대한 일단의 교육 책임이 있는 절대 다수가 결혼이민자의 한국어 교육과정 3, 4단계의 참여에 찬성하는 것임은 물론 결혼이민자 본인도 한국어 교육과정 3, 4단계의 참여 필요성을 느끼고 있음을 실증적으로 보여 주는 예이다.

결국 결혼이민자의 한국어 교육과정 3, 4단계 참여 유예는 관점에 따라 찬반이 교차하고 있으나 실제적인 자료는 사회통합프로그램 실시의 정책적 가치와 효과를 존중하여 결혼이민자도 3, 4단계에 참여해야 한다는 것으로 귀결하는 것으로 볼 수 있다.


## 5. 사회통합프로그램 한국어 교육 확대 운영의 필요성

### 5.1. 이주민에 대한 한국어와 한국 문화 교육의 필요성과 이수 수준의 확대

현시점에서 사회통합프로그램의 확대 실시의 필요성은 다양한 관점에서 제기될 수 있다. 그러나 뭐니 뭐니 해도 현행 사회통합프로그램이 원래 정책 개발 취지 및 목적을 실현하고 있는가에 대한 냉정한 검토가 필요하다.

앞에서 언급한 바와 같이 사회통합프로그램은 재한 외국인의 처우 보장 차원을 넘어 진정한 의미에서의 사회통합을 목적으로 실시되고 있다.

여기에서 말하는 사회통합은 다양한 언어적 배경, 문화적 배경을 가진 이들이 한데 어울려 공동체를 구성하면서 서로 다른 요소들을 이해하고 존중하면서 공동의 목표를 향하여 나아가는 것이 될 것이다.[23] 이는 곧 한국 사회에 진입하는 이주민들이 왜 한국어를 배워야 하는지에 대한 해답을 간명하게 제시하는 것이다. 즉 이주민은 한국 사회에 편입되는 과정에서 한국어 능력을 갖춰야만 한국인을 이해하고 한국 문화를 이해하여 한국인과 함께 어울릴 수 있다. 한국 사회의 소외된 자로 남지 않고 자신의 역량을 발휘하여 개인의 행복을 추구함과 동시에 한국 사회의 발전에도 기여하게 된다. 그렇지 않을 경우 한국 사회에 편입이 되지만 한국인과의 소통이 되지 않음으로써 자신의 권리와 의무를 다하지 못한 채 주변의 도움에 의지하거나 자신들만의 공동체 속에서 격리된 삶을 영위하게 되는 경우가 발생할 것이다 경우에 따라서는 자신들만의 연결과 결속으로 한국 사회에서 외국인의 유리 현상도 나타날 수 있을 것이다.

그렇다면 이주민이 한국 사회에 적응하기 위해서 언어와 문화에 대한 학습이 필수적인가의 의문으로 자연스럽게 연결될 수 있다. 이에 대하여는 언어와 문화, 언어와 사고 등과 관련한 다양한 논의를 참고할 수 있다. 이미 오래 전에 훔볼트는 언어가 사고를 지배한다는 언어 결정론을 주창한 바 있다. 이후 언어가 사고에 영향을 주고 문화를 형성하는 근본이 된다는 사피어 워프(Sapir—Whorf) 가설도 등장한다. 즉 동일한 언어를 쓰는 사람들은 동일한 사고 체계와 문화적 정향을 갖게 된다는 것이다. 결국 언어와 문화의 학습은 공동체 내의 다른 구성원들과 사고를 공유하고 삶의 양식도 공유하게 만드는 중요한 기능을 하는 것이다.

다음으로 제기될 수 있는 것은 언어 능력의 발전과 문화 이해의 촉진이 새로운 사회에서 생활하는 데에 절대적으로 필요하다는 것에 동의한다 해도 언어 능력의 향상과 문화 이해의 촉진이 꼭 교육 프로그램을 통

---

23) 이렇게 볼 때 한국 사람들도 사회통합프로그램을 통하여 이주민의 언어와 문화를 배우도록 하는 것이 바람직하다고 생각하지만 현실적으로 실현 가능성이 크지 않은 상태로서 여기에서는 이러한 논의는 생략하기로 한다.

해서만 가능한가에 대한 논의가 제기된다. 즉 학습의 과정을 거치지 않아도 자연스럽게 새로운 사회의 언어를 사용하게 되고 문화의 이해도 가능하다는 기대를 가질 수도 있으나 실상은 그렇지 않다. 외국어 교육계에서 성인이 된 후에 이언어 사회에 접하게 될 경우 학습 과정이 수반되지 않는 습득만으로는 생활에 필요한 언어 능력을 충분히 갖추지 못한다는 것이 정설이 되어 있다. 이언어 사회에 노출되어 자연스럽게 습득하는 언어 능력은 대체로 모어 체계가 완전히 굳어지는 12~13세 이전에 가능한 것으로 이후에는 학습을 통한 언어 능력 획득이 필요함을 주장한다. 이미 타인과의 의사소통 장치가 모어로 굳어진 상태에서 이언어 사용자를 접할 때 소통의 어려움을 겪거나 소통을 피할 수밖에 없는 것이 엄연한 사실이다.

언어가 사회 구성원의 사고방식과 문화의 형성에 영향을 준다는 가설을 고려한다면 언이 능력의 획득이 없는 상태에서 문화 이해의 수준은 제한적일 수밖에 없다. 사회생활 속에서 매우 관행화된 행위 양식이나 피상적인 문화 현상 등은 이해할 수 있으나 사회 구성원으로서의 문화적 정향의 소지나 문화적 가치에 대한 판단은 구성원과의 소통이 원활치 않은 상태에서 충분하지 않을 것이다. 결국 언어 능력을 바탕으로 한 문화 능력의 향상이 바람직하며, 생존을 위한 최소한의 문화 학습은 이주 초기 단계에 이주민에게 부과되어야 할 것이다.

이렇게 언어와 문화 능력이 필요하다 할 때 다음에 제기되는 문제는 어느 정도의 언어 능력, 문화 능력이 필요한가에 대한 논의이다. 전통적으로 외국어 교육과정은 초급, 중급, 고급의 3단계로 체계화되어 왔다. 교육과정이 교육 내용의 규정 못지않게 교수 학습의 기본 틀이 되는 만큼 이를 어떻게 교육으로 실행할 것인가 대한 계획도 포함된다. 다시 말해 특정 교육과정을 어느 정도의 기간에 어느 정도의 시간으로 이수할 것인가를 정하게 된다. 이 과정에서 실제 교육 실시의 효율성과 체계성을 기하기 위해 초급, 중급, 고급은 다시 하위 단계로 세분화되어 오랜 기간 동안 초급1·2, 중급 1·2, 고급 1·2의 6단계 체제를 유지해 왔다. 그리고 각각의 단계에는 하위 영역을 설정하고 세부 내용을 기술하게 된다. 한국어 교육이든 외국어 교육이든 일반적으로 초급이라고 하면 사회에서 생존에 필요한 능력을 갖추는 데에 필요한 수준이며 중급이라고 하면 일상적인 생활 영위에 어려움이 없는 상태로 규정이 되고 고급은 사회의 다양한 영역에서 큰 어려움 없이 공적 업무를 수행할 수 있는 수준으로 논의된다.[24)]

문화 능력 역시 몇 단계로 위계화가 되는데 Acton and Felix(1995)의 논의가 주목할 만하다. 여기에서는 이문화 사회와 접촉했을 때 요구되는 문화 능력의 단계를 여행자 단계 - 생존 단계 - 이민자 단계 - 시민단계 등으로 위계화 하였다. 이러한 위계화는 문화 간 접촉에서 발생하는 문화변용의 4단계와 유사성을 갖는다. 간문화적 접근(Inter-cultural Approach)에서는 이문화 사회에 접촉했을 때 일어나는 현상을 문화적 신비감-문화충격-문화적 자각-문화변용 등의 네 단계를 거쳐 적응하게 되는데 Acton and Felix(1995) 논의의 4단계와 횡적인 비교가 가능하다.

그런데 이러한 언어와 문화 능력의 위계화 논의에서 중요한 것을 발견할 수 있는데 대부분의 교육과정이 교수학습 단계에서 문지방(threshold)을 설정한다는 것이다. 일반적으로 언어의 경우 초급과 중급 사이에, 문화의 경우에는 생존단계와 이민자 단계의 사이에 설정이 되는 것으로 알려져 있다.

이상의 논의를 바탕으로 할 때 사회통합프로그램 참가자에 대한 한국어와 한국 문화 교육의 목표를 어디까지 설정할 것인가에 대한 논의가 제기될 수 있다. 이와 관련한 논의는 이주민 정책 당국의 정책적 목표 등이 중요한 관건이 되지만 언어 능력에서는 중급 단계까지, 문화 능력에서는 이주민 단계까지를 교육과정에 포함하는 것이 좋을 것이다. 이의 근거를 몇 가지 제시하면 다음과 같다.

---

24) 이는 한국어능력시험(TOPIK)의 평가기준, 국제통용 한국어 표준 교육 모형의 등급 기준 등 대표적인 한국어 능력평가나 교육과정 논의에서 제시되어 있고 ACTFL이나 유럽공통 참조기준과 같은 외국어 능력평가의 등급별 기준에서도 확인할 수 있다.

첫째, 일반적으로 언어의 경우 초급 단계, 문화의 경우 생존자 단계는 체계적인 학습의 과정을 거치지 않아도 시간이 경과하면 도달할 수 있는 능력 수준이다. 사회통합프로그램이 이주민의 한국 사회 편입을 지원하기 위한 국가 차원의 프로그램이라 할 때 학습의 실질적인 성과를 기대할 수 있을 때 정책적 의미가 클 것이다. 이렇게 볼 때 중급 단계의 이수를 권장하여야 할 것이다.

둘째, 이주민 중에 한국 사회에 정착하기로 예정되어 있는 자라면 사회통합프로그램의 모든 과정을 이수하도록 하는 것이 필요하다. 왜냐하면 초급 단계는 생존에 필요한 수준의 언어 능력을 갖추는 것으로 한국에서 여행하거나 제한적인 목적으로 체류하는 경우라면 학습의 실용적 가치를 인정할 수 있으나, 정착하는 경우라면 학습 성과의 실용적 가치가 제한적이 된다. 게다가 위에서 논의한 것과 같이 초급과 중급 단계에 문지방이 존재하는 것이 보편적인 상황에서 정주 이주민에 대하여는 중급 단계까지 이수하도록 지원하여 성공적인 삶의 기반이 되도록 해야 할 것이다.

셋째, 시대 변화에 따른 외국어 교육과정의 개편 추세를 고려한다면 가능하다면 모든 참가자가 중급 단계까지 이수하도록 권장하는 것이 바람직하다. 위에서 외국어 교육이 초, 중, 고급에 각각의 하위 단계 설정으로 모두 6단계 체계임을 제시했지만 최근에는 교육과정의 확대가 급속히 나타나고 있다. 즉 고급 단계 위에 최상급 단계와 같이 더욱 수준 높은 언어 능력을 추가하고 있는데 이는 사회 변화를 반영한 결과이다. 사회가 분화되고 고도화되면서 인간이 다루고 처리해야 하는 의사소통의 과제가 더욱 복잡하고 전문화되어 가고 있기 때문이다. 이는 결국 기존의 초급 단계, 중급 단계의 수준이 전체 언어 능력 위계화에서 상대적으로 하향 조정되는 의미를 갖는다. 이러한 상황에서 초급 단계의 이수만으로는 사회 생활에 필요한 언어 능력의 극히 일부분만을 갖추는 의

미를 갖게 되기 때문이다.[25]

마지막으로 지금까지 사회통합프로그램을 실시하는 과정에서 축적된 데이터로서 앞에서 제시한 바와 같이 참가자, 강사, 운영기관 관계자 모두 결혼이민자의 한국어 교육 중급 단계 이수에 동의하고 있다. 이는 사회통합프로그램 한국어 교육의 성과에 초점을 맞춘 것으로 사회통합프로그램이 소기의 정책적 성과를 달성하기 위해서는 참가자 모두에게 중급 단계의 이수를 권장해야 할 것이다.

## 5.2. 참가자 집단의 다변화와 사회통합프로그램 한국어 교육의 사회적 활용 확대

사회통합프로그램이 실시될 당시의 외국인 정책 환경으로 조항록 외 (2011)에서는 아래와 같이 밝히고 있다.

첫째, 체류 외국인의 수가 우리 사회 거주자의 2% 남짓이라고 하지만 이들의 대다수가 불과 10여 년 사이에 우리 사회 구성원이 되었다.

둘째, 체류 외국인의 변인별 특성을 볼 때 정주 외국인의 수가 점점 늘고 있다.

셋째, 체류 외국인의 증가, 특히 정주 외국인의 수가 증가하는 것에 대하여 국가는 이를 수동적인 입장에서 대응을 하기보다는 현재의 상황을 국가 이익의 실현으로 전환시키는 전향적인 정책의 개발 과제를 제기한다.

---

25) 언어 능력의 수준이 사회생활에서 사용자의 이익 실현에 어떤 영향을 주는지의 예로 물건 사 기 관련 사례를 들 수 있다. 평균적으로 보아 1급 수준의 능력을 갖춘 경우라면 원하는 물건을 보여 달라 하고 물건 값을 묻는 수준이 될 것이다. 2급은 여러 물건 가운데 마음에 드는 물건을 고르는 행위가 가능한 수준이 되고 3급이라면 산 물건이 마음에 안 들 때 교환하는 행위까지 가능할 것이다. 그리고 4급이라면 교환 요구가 받아들여지지 않을 경우에 어느 정도의 공적 대응이 가능한 수준, 심지어 분쟁이 발생하였을 때 대응하는 능력을 갖추게 될 것이다. 이와 같이 언어 능력은 단지 의사소통하는 도구로서만 기능하는 것에 머무르지 않고 개인의 경제적 이익, 사회적 이익을 실현하는 큰 의미를 갖는다.

마지막으로 체류 외국인이 국내에 영구 정착을 하든, 하지 않든 그들에 대하여 국가가 베풀어야 하는 책무가 있다.[26]

이와 함께 우리 정부의 제1차 외국인 정책에서는 질 높은 사회통합을 중점 추진 목표 주의 하나로 설정하고 있다. 이렇게 본다면 사회통합프로그램 한국어 교육을 이주민 집단 전체로 적극 확대하는 것은 국가의 이주민 정책 의지를 실현하는 일이 된다. 지금도 참가자 집단에 제한을 두고 있지 않다고 하지만 실제에 있어 참가자 확대를 위한 적극적인 노력을 얼마나 기울이고 있는지는 미지수이다. 어찌보면 사회통합프로그램 이수를 통한 인센티브의 향유를 기대하는 국적 취득 희망자(결혼이민자가 주를 이룸)가 주된 참여자 집단으로 설정되어 있는 듯하다. 그렇다 보니 실제 프로그램 홍보도 이 집단에 맞춰져 있고 운영의 지침이나 틀의 설정에서도 대체로 이 집단을 최우선적으로 고려하는 듯하다.

그러나 위에 제시한 바와 같이 정주 외국인이 늘고 있고 이들을 존중하면서 이들의 역량을 국가 발전에 동원할 수 있는 전향적인 정책이 필요하다. 사회통합프로그램은 최소한 정주 외국인 집단 전체를 대상으로 실시할 수 있는 방안을 모색할 필요가 있다. 이 경우 기존의 단선적인 한국어 교육과 한국 사회의 이해 교육 프로그램으로 한정할 것이 아니라 필요한 경우 변이형 프로그램의 개발을 고려할 수 있을 것이다. 그리할 경우 사회통합프로그램은 과거 차별배제 정책이나 동화 정책의 차원을 넘어 사회통합 정책을 추구하는 우리 정부의 외국인 정책을 현장에서 구현하는 대표적인 사례가 될 수 있을 것이다.[27]

---

26) 이와 관련하여 한국 정부는 시민적·정치적 권리에 관한 국제규약(1984년 비준), 아동권리협약(1991년 비준), 난민의 지위에 관한 협약(1992) 등에 가입함으로써 국가의 책무를 이행하고 있다. 그러나 2003년 7월에 발효된 이주노동자와 그 가족의 권리보호에 관한 국제규약에는 가입하지 않았다. 이는 국내에 외국인 노동자가 많은 상태에서 국가의 부담으로 작용한 것으로 짐작된다(박성혁 외, 2008: 15).

27) 몇몇 예로 비전문 취업(E-9)에서 특정 활동(준전문 취업, E-7)으로의 전환 시 가산점 부여, 영주권 신청 시 가산점 부여, 통번역 요원/다문화 교육 강사 풀 구축 및 활용 시의 참고자료 등으로 활용할 수 있을 것이다.

## 5.3. 사회통합프로그램 사전 프로그램 및 사후 프로그램 개설 방안 모색

유럽의 여러 나라에서는 사회통합프로그램을 이주민이 자국에 입국하기 전에 이주민 모국에서 받을 수 있는 사회통합프로그램 현지 프로그램을 운영하기도 한다. 비록 국내에서 실시하는 프로그램에 비하여 기간이 짧고 교육 시수가 적기는 하지만 이주민이 미리 이민 국가에서의 생활에 대비한다는 점에서 의미가 크다. 그뿐만 아니라 입국 이전에 학습 경험을 가짐으로써 입국 후의 사회통합프로그램에 익숙해질 수 있다.

한국의 경우 사회통합프로그램 참가자의 대다수가 결혼이민자이고 이들이 일정 요건만 갖추면 국민배우자 비자를 취득하여 입국할 수 있고 이는 곧 한국에서의 국적 취득으로 이어진다. 결혼이민자는 입국 직후부터 우리 사회의 가장 기초 단위인 가정에 편입된다. 이들이 좀 더 일찍 한국어 능력을 키우고 한국 사회를 이해할 수 있는 기회를 가진다면 질 높은 사회통합을 구현하는 일이기도 하다. 그뿐만 아니라 국민배우자 비자가 한국으로의 입국 및 한국 내 안정적 거주의 방편이 되기도 하여 간간이 비정상적인 행위가 나타나곤 한다. 입국 전 현지에서의 사회통합프로그램의 실시는 결혼이민자의 적응 능력을 키움과 동시에 비정상적인 입국 행위를 예방할 수 있는 길이기도 하다.

이와 함께 사회통합프로그램을 이수한 자를 대상으로 하여 심화 프로그램을 개발하여 실시한다면 사회통합프로그램 이수자의 신분 변동 및 사회 활동에 도움을 줄 수 있을 것이다. 사회통합프로그램이 일반적인 한국어 교육과정의 중급 단계까지 포함하기 때문에 한국어를 활용하여 대학이나 대학원에서 강의를 수강한다든지 사회의 전문 영역에서 활동을 할 때에는 충분치 않다. 또한 결혼이민자를 포함한 이수자 중에서 지속적인 학습을 원하는 경우도 있어 이러한 요구를 충족하는 길이 되기도 할 것이다.

# 6. 결론

이상에서 사회통합프로그램 한국어 교육의 확대 실시의 필요성 및 실시 방안을 유형별로 나누어 살펴보았다. 사회통합프로그램은 실시 4년이 지나면서 규모 확대, 교육 전문화, 운영 효율화 등이 지속적으로 이루어져 왔다고는 하지만 아직도 보완할 것이 많다. 특히 근본적인 문제로서 결혼이민자에 대한 한국어 교육과정 3, 4단계 적용 문제와 참가자 다변화 문제는 현시점 가장 큰 쟁점으로 인식된다. 사회통합프로그램의 실시 초기에 특수하게 존재하였던 정책 환경에서 비롯되기는 하였지만 이제 사회통합프로그램의 실시 목적, 실시 방법 등에 총체적인 점검이 필요하며, 이 과정에서 앞의 두 가지 쟁점은 심도 있게 논의되어야 할 것이다. 사회통합프로그램이 초기 교육 전문성을 제대로 확보하지 못한 상태에서 실시되었지만 시간이 지나면서 한국어 교육 전문성을 차차 확보해 온 것을 거울삼아 이제는 제도적 보완을 추진해 나가야 할 것이다.

그러나 제도적 보완을 이루는 과정에서 정책적 방향 못지않게 전문가 집단과의 협력, 교육 대상자 집단 및 유관 단체와의 소통 등을 적절하게 진행하여 제도 보완이 소기의 목적을 달성하도록 해야 할 것이다. 특히 본고에서 논한 사회통합프로그램 한국어 교육의 확대 실시와 관련해서는 다양한 인식이 존재할 수 있고 개인에 따라서는 이해관계가 있을 것이므로 사전에 준비 과정을 충분히 거쳐야 할 것이다.

전 세계적으로 이주민의 증가 추세는 가속화되고 있다. 나라마다 이주민에 대한 정책적 방향과 내용도 다양하게 나오고 있다. 사회통합프로그램은 이주국에서 정착하는 데에 가장 기본이 되는 언어와 문화 교육 프로그램인 만큼 사회통합 정책의 구체적 실현 대안 중의 하나이다. 이제 사회통합프로그램 한국어 교육은 초기 단계를 넘어 본격 실시 단계에 들어섰고, 근래에 들어 확대 실시의 필요성이 제기되는 만큼 사회통합프로그램 한국어 교육을 어떻게 참가자 모두에게 효율적으로 실시할 것인가에 대하여 중지를 모아야 할 시점이다.

# 참고문헌

김선정(2007) 결혼 이주 여성을 위한 한국어 교육, 이중 언어학 제33호, 이중 언어학회, 423-446쪽.

김이선 외(2007) 다민족 다문화 사회로의 이행을 위한 정책 패러다임 구축(1): 한국 사회의 수용 현실과 정책과제, 한국여성정책연구원.

김중섭 외(2011) 국제 통용 한국어 표준 교육 모형 개발에 관한 최종 보고서, 국립국어원.

김태원(2010) 다문화현상에 대한 사회통합관점에서의 비판적 고찰, 民族文化論叢, 第44輯, 389-423쪽.

김해성(2009) 다문화시대 사회통합의 기초와 의미에 관한 연구, 시민교육연구 제41권 4호, 31-49쪽.

김혜순(2010) 이민자 사회통합 정책 기초연구: 결혼이민자와 다문화가족을 중심으로, IOM MRTC Working Paper No. 20100-05. IOM 이민 정책 연구원.

박성혁 외(2008) 우리나라 다문화 교육정책 추진현황, 과제 및 성과분석 연구, 교육인적자원부 정책과제.

법무부 출입국 · 외국인정책본부(2008) 다문화 사회통합프로그램 구축 방안 마련을 위한 공청회 자료집.

법무부 출입국 · 외국인정책본부(2008) 다문화 사회통합프로그램 이수제 개관.

외국인정책위원회(2008) 외국인 정책 기본방향과 추진 체계, 제1회 외국인정책위원회 회의 자료.

이미혜(2012) 결혼이민자 대상의 한국어 교육에서 교육방송의 역할과 활용, 한국어 교육 제23권 3호, 국제한국어 교육학회, 231-258쪽.

이성순(2010) 이민자 사회통합 정책의 현황과 과제 : 사회통합 프로그램을 중심으로, 사회과학연구 제21권 4호, 충남대학교 사회과학연구소, 165-187쪽.

정상우(2009) 다문화가족지원에 관한 법체계 개선방안연구, 법학논총 제26집 제1호. 한양대학교 법학연구소, 483-510쪽.

조항록(2010) 한국어 교육정책론, 한국 문화사.

조항록(2011a) 다문화가족 관련 법령 · 제도의 검토와 개선방안, 나라사랑 제120호. 외솔회. 32-58쪽.

조항록(2011b) 이민자 사회통합 정책의 실제와 과제. 다문화와 평화 제5집 2호, 성결대학교 다문화평화연구소. 5-30쪽.

조항록 외(2010) 한국이민귀화적격시험(KINAT) 개발 연구, 법무부 출입국·외국인정책본부 연구 보고서.

조항록 외(2011) 사회통합프로그램 발전방안 연구, 법무부 출입국·외국인정책본부 연구 보고서.

차용호(2008) 이민자 사회통합을 위한 정책 방향, 한국이민학회 2008년 후기 학술대회 발표 논문.

한국 사회언어학회(2007) 한국적 "다문화주의"의 이론화. 한국 사회학회.

한경구 외(2007) 한국적 다문화 사회의 이상과 현실: 순혈주의와 문명론적 차별을 넘어, 한국 사회언어학회 한경구 외(2007) 한국적 "다문화주의"의 이론화. 한국 사회학회. 67-110쪽.

Acton, William R. and Felix, Judith Walker de.(1995) Acculturation and mind in Valdes, Joyce Merrill, ed. Culture Bound, Cambridge: Cambridge University Press.

# ⑤ 다문화 가정 자녀를 위한 한국어 교육 프로그램 운영 지원 방안*

## 1. 들어가는 말

한국 사회가 다문화 사회로 접어들면서 나타나는 현상 중의 하나가 새로운 쟁점의 지속적 대두와 쟁점의 심화이다. 여기에서 논하고자 하는 다문화 가정 자녀에 대한 한국어 교육 문제는 한국 사회의 다문화 사회화 과정에서 나타나는 최근의 문제이면서 동시에 해결 방안의 모색이 쉽지 않은 고난도 과제이다.[1]

1980년대 중반 국내외 일부 중소기업에서부터 시작된 외국인 근로자의 채용이 1993년에 외국인산업연수생제도로 제도화되면서 한국 사회는 다문화 사회의 길로 접어들었다고 볼 수 있다. 이후 탈북자의 유입으로 다문화 사회 구성원이 다변화되기 시작하였고 2004년의 외국인고용허가제, 2007년 방문취업제도의 실시로 한국의 다문화 사회화는 더욱 가속화되었다. 그러나 무엇보다도 한국 사회의 다문화성을 증폭시킨 것은 결혼이주여성의 증가에 따른 다문화 가정의 증가이다. 산업연수생 제도나 외국인고용허가제에 따른 이주 외국인과는 달리 결혼이주여성

---

\* 이 글은 이중언어학회의 이중언어학 제42호(2010년)에 게재되었음을 밝힌다.

1) 본고에서는 연구의 주된 대상을 다문화 가정 자녀로서 학령대에 진입하여 국내 정규 학교(제도권)에 재학 중인 자로 설정하고 있으며 주된 논점으로서 이들의 한국어 능력을 다루고 있다. 따라서 여기에서 말하는 한국어 교육이란 현재 정규 학교에서 실시하고 있는 통칭 '한국어 교육'을 의미하는 것으로 이의 성격 규정에 대한 논의는 본고의 뒷부분에서 다시 다룰 것이다.

과 다문화 가정 자녀는 법적 지위 활동의 범위, 국가 사회적 역할과 책임 등에서 국민과 동일하거나 향후 그리 될 거라는 점에서 정치, 경제, 사회, 문화 등 모든 영역에서 정책 대상으로서의 의미를 갖는다. 한국 정부에 있어 다문화 가정 자녀 문제는 일부 이주 외국인 사이에서 태어난 자녀를 예외로 한다고 할 때 국민에 대한 국가의 책임 차원에서 접근해야 하고 궁극적으로는 이들이 평균적인 국민으로서의 지위와 역할을 갖추도록 기회를 제공하고 지원을 해야 하는 정책 대상이다. 다문화 가정 자녀에 대한 국가의 책임은 이들이 사회화의 과정에 본격적으로 접어들게 되는 취학 시점부터 더욱 커질 것이다. 그러나 다문화 가정 자녀는 취학 이전에 가정 내의 특수 상황으로 인하여 일반 취학 아동에 미치지 못하는 한국어 능력을 갖춘 경우가 대부분으로 정규 학교에 다닌다 해도 진정한 의미의 교육 기회를 갖는 것으로 보기 어렵다. 다문화 가정 자녀의 한국어 능력 부족은 결국 평균적인 국민으로서의 총체적인 역량을 구축하고 사회화의 과정을 거치는 데 가장 큰 장애가 된다. 그럼에도 불구하고 기존의 교육 제도나 교육 현장은 이들에게 한국어 교육을 효율적으로 실시하기에는 여러 한계를 안고 있으며 가정, 지자체와 같은 주변 공동체 역시 이를 뒷받침할 수 있는 체제를 갖추지 못한 상태로 결국 다문화 가정 자녀에 대한 한국어 교육의 실시는 동원 가능한 모든 국가적 역량을 결집할 때 해결될 수 있는 난제이다. 다시 말해 기본적으로 이 문제의 해결에 참여해야 하는 정부나 지자체, 교육 당국, 가정 이외에도 교육 전문성을 갖춘 한국어 교육계와 교육 기회 확충을 위한 재원을 제공할 수 있는 경제계, 그리고 사회적 소수자를 지원하는 시민단체 등등 관련 당사자의 영역을 폭넓게 설정해야 할 것이다. 또한 교육 시설의 확충과 함께 교육과정의 개발, 교육 전문 인력의 육성 및 활용, 교육 자료 및 교수 방법의 개발과 같은 교육 내적인 주요 쟁점을 해결할 수 있는 방안을 모색해야 할 것이다.

이미 한국 정부의 관련 부서를 비롯하여 각 층위의 교육 당국과 교육 현장, 다양한 시민 단체, 일부 교육 전문가 등이 여기에 참여하고 있으나 아직은 그 성과를 공유하기보다는 다양한 시도에 대한 효율성을 논하는 가설 설정의 단계로 볼 수 있다. 본 연구에서는 다문화 가정 자녀에 대한 한국어 교육의 현황을 제도적 차원에서 살펴보고 한국어 교육과 관련을 갖는 다양한 행위자의 역할과 책임 상호간의 협력 방안을 논하고자 한다.

## 2. 다문화 가정 자녀 한국어 교육 프로그램 지원과 관련한 최근의 논의

한국 사회의 다문화 사회화가 급속하게 진전되면서 제기되는 쟁점 중 다문화 가정 자녀의 교육 문제는 상대적으로 뒤늦게 대두된 쟁점으로 보인다. 사실 이주 노동자가 급속하게 증가한 1990년대 중반에 이미 이주 노동자 가정 사이의 자녀 출생 내지는 본국으로부터의 자녀 유입이 가시화되었으나 이들에 대한 한국 정부의 관심은 찾아보기 힘들다. 곧 떠날 사람들로 인식한 만큼 정책 대상으로서의 비중이 크지 않았다. 그러나 2000년대 이후 한국 국민으로 정착하게 되는 결혼이주여성의 급속한 증가와 이들로 구성된 가정에서의 자녀 출생이 잇따르면서 결혼이주여성과 그 자녀의 문제는 국정의제로 채택되는 등 한국 사회의 주요 쟁점으로 자리 잡았다. 이와 함께 다문화 가정 자녀에 대한 언어 문제는 학계 및 정책 당국의 연구 및 정책의 대상으로 자리 잡게 되고 다양한 연구 성과물이 나오게 되었다. 이중에서 몇몇 예를 제시하면 다음과 같다.

2008년 이중 언어학회의 제22차 전국학술대회 춘계회(2008년 4월 5일, 영남대학교)는 다문화시대의 이중 언어 교육을 주제로 하였고 여기에서 다문화 가정 자녀의 한국어 교육, 한국 문화 교육이 비중 있게 다루어졌다. 같은 해 이중 언어학회의 제13차 국제학술대회는 서울교육대학교 다문화 교육연구원과 공동으로 세계화 시대의 다중언어다문화 교육을 학술대회 주제로 다루었는데 다문화 가정 및 다문화 가정 자녀의 한국어 교육에 대한 논의가 중심을 이루었다. 이와 함께 다문화 가정 자녀의 학교 교육 지원 방안과 관련한 학술적 논의와 정책 연구 가운데에서 한국어 교육 방안이 논의되었는데 대표적인 예가 한국교육과정평가원이 2009년도에 수행한 다문화 가정 자녀를 위한 한국어 교육 지원 방안 연구이다.[2] 이 연구 교육과학기술부로부터 위탁 받아 2007년도부터 수행하고 있는 다문화 교육 지원을 다루고 있다. 오은순(2009)에서는 이 연구의 내용을 요약하여 수록하고 있는데 다문화 가정 자녀를 대상으로 하는 한국어 교육을 위하여 학교 체계 내 환경(프로그램 운영 지원)과 대학/연구단체, 교육청. 정부, 민간단체/사회 등과의 폭넓은 협력을 포함한 개념적 모형을 제시하고 있다.

위에서 제시한 학술대회, 정책 연구를 포함하여 다문화 가정 자녀에 대한 한국어 교육을 논한 연구 중 본고와 관련하여 시사성이 있는 연구를 소개하면 다음과 같다.

최정순(2008)에서는 다문화 사회에서의 한국어 교육의 성격과 관련하여 논의를 제시하면서, 기존의 국내 한국어 교육이 외국어로서의 한국어 교육을 중심으로 논의되고 발전되어 온 것에 비하여 다문화 사회에서의 한국어 교육은 관점 및 성격을 달리해야 할 것을 주장하고 있다. 구체적으로 결혼이주여성에 대한 한국어 교육은 제2언어로서의 한국어 교육의 관점에서 접근해야 하며 교육과정, 교재, 교사의 문제를 다루고 있다.[3] 다문화 가정 자녀에 대한 언어 교육의 방향과 원리에 대한 본격적인 논

---

2)  이와 관련한 대표적인 예로 서울교육대학교 초등학교연구원이 주최한 초등학교 다문화교육의 현황과 과제를 주제로 한 2008학년도 초등학교 학술대회(2008년 6월 4일. 서울교육대학교)와 국회의원회목 의원실이 주최한 다문화 가정 자녀의 교육 실태와 향후 대책(2008년 11월 27일, 국회도서관 소회의실), 경기도다문화 교육센터가 주최한 학교에서의 다문화 교육 이론과 실제를 주제로 한 경기다문화 교육포럼을 들 수 있는데 이들 논의에서는 다문화 가정 자녀에 대한 한국어 교육이 독립적인 주제로 다루어지지 않았다.
3)  이 논문에서는 결혼이주여성과 그 자녀에 대한 논의를 포함하고자 한 듯하나 실제 내용에서는 결혼이주여성을 중심으로 논하고 있다.

의의 예는 성기철(2008), 박동호(2008), 원진숙(2009), 서혁(2009)에서 찾을 수 있다. 성기철(2008)은 다문화 사회의 다문화 교육과 다문화 언어 교육의 과제를 제시하면서 자칫 소외되기 쉬운 소수권 문화와 소수권 언어 교육의 정책적인 배려가 필요함을 언급하였다. 이를 바탕으로 유아 및 청소년들의 모어 교육과 다문화 가정 자녀를 위한 모어 유지 교육을 제안하였으며 정부와 지방단체의 역할 등 방안을 제시하였다. 박동호(2008)는 다문화 가정 자녀의 언어 교육에서 모국어가 반드시 필요하다고 주장하였는데 성공적인 이중 언어 교육을 위한 부모의 역할과 가족 간의 협조의 중요성을 논하였다. 또한 이중 언어의 습득이 언어에 대한 편견을 가지지 않게 한다는 점에서 다문화 교육의 기초를 제공하고, 다문화 가정 자녀들이 한국사회에서 인적 자원으로 공헌할 수 있다는 점을 언급하였다. 이와 함께 원진숙(2009)은 다문화 가정 자녀를 위한 언어 교육의 방향을 크게 이중 언어 교육과 제2언어로서의 한국어 교육으로 나누어 살펴보고 개별화된 이중 언어 지도 프로그램, 방과 후 양방향 이중 언어 교육 프로그램 등을 활용하는 방법 등을 제안하였다. 또한 다문화 가정 자녀의 배경을 고려한 '맞춤형 언어 교육 지원책'을 마련하여 적용하는 것이 중요하다고 제언하고 있다. 서혁(2009)은 다문화 가정 자녀의 한국어 교육의 목표를 구체적으로 제시하고 있는데, 여기에서는 단순한 의사소통능력의 신장에 머무르지 않고 영국의 자국어 교육과정의 핵심 개념인 언어 능력(Competence), 창의성(Creativity), 문화 이해(Cultural Understanding), 비판적 이해(Critical Understanding)를 키우는 이른바 '다문화 문식성의 신장'을 목표로 제시하고 있다. 이와 함께 서혁(2009)에서는 다문화 가정 자녀 교육에 대한 지원 방안도 논의하고 있는데 외국인을 포함한 전문 인력의 양성과 활용 교과 간 학제적 접근에 기반한 수업과 방과 후 활동, 웹을 활용한 문식성 교육 등을 들고 있다.

다음으로 본고의 중심 논의와 관련이 있는 다문화 가정 자녀에 대한 한국어 교육 지원 방안에 대한 논의로 위에서 이미 소개한 오은순(2008), 서혁(2009)과 함께 황범주(2008), 이철호(2008)를 들 수 있다.

황범주(2008)는 한국에서 현재 추진되고 있는 다문화 가정 자녀를 위한 교육 정책을 인권보호 및 사회통합, 교육소외 방지, 인적자원 개발의 세 가지 영역으로 나누어 분석, 검토하고 정책 개선 방향을 제시하였다. 이철호(2008)에서는 다문화 가정 자녀 대한 한국어 교육은 대상 학생(한국어가 능숙하지 않은)의 제1언어(대체로 어머니에게서 배운 언어)와 관련 문화를 잊지 않으면서 한국어와 한국 문화를 학습하도록 하는 데에 주안점을 두고 있는데 구체적으로 다문화 유아원 환충 프로그램, 다문화 교육 프로그램, 전담 부서의 설치 등을 주장하고 있다.

## 3. 다문화 가정 자녀 한국어 교육 프로그램 지원의 현황과 문제점

### 3.1. 제도 차원에서 본 교육 프로그램 현황

다문화 가정 자녀가 취학하는 학교는 국내 일반 정규 학교와 다문화 대안학교로 양분되나 대안학교의 수가 극히 적은 만큼 다문화 가정 자녀가 취학할 경우 정규 학교에 진학하는 경우가 대부분이다.[4] 다문화 가정 자녀가 정규 학교에 진학할 경우 일반 학급에서 국내 학생과 동등하게 교육을 받을 수도 있으나 많은 경우 협력 학급에서 국내 학생과 동등하게 특성 교과에 대한 교육을 받으면서 특별 학급에서 독립적으로 특정 교과에 대한 교육을 받게 되고 오후에는 방과 후 학교와 한국어 반(KSL: Korean as a Second Language)에 참여하기도 한다. 이 가운데 한국어 교육과 관련이 큰 것은 방과 후 학교와 한국어 반이다.

원래 방과 후 학교는 학교 정규수업 이후에 학교 교실에서 학생의 취

---

[4] 다문화 가정 자녀를 대상으로 하는 대안학교에 대하여는 이세연(2009) 참조

미·특기 및 교과 보충 수업을 실시하는 것을 의미하는 것이나 다문화 가정 자녀의 경우는 이러한 교육보다는 한국어 교육이 주 대상이다. 학급의 구성이나 교육 내용의 편성이 비교적 수월하기 때문에 다문화 가정 자녀가 재학하고 있는 학교에서 큰 어려움 없이 개설하는 것으로 알려지고 있다. 개설 후에도 학생과의 1 대 1 교습으로부터 다문화 가정 가족이 참여한 수업 형태까지 융통성 있게 수업을 운영하고 있다. 2007년 통계에 따르면 이들 프로그램은 전체 초등학교의 15%에 해당하는 755개교에서 운영되고 있으며 다문화 가정 자녀의 참여율은 아래에서 보는 바와 같이 2007학년도의 경우 다문화 가정 자녀 전체 1만 4,654명 중 약 40%인 5,924명이었다.

한국어 반은 원래 다문화 가정 자녀의 모국어를 존중하여 교과 교육을 운영하면서 동시에 한국어로의 교과 수학 능력도 키우기 위한 것으로 일종의 이중 언어 교실이다. 이는 기본적으로 다문화 가정 자녀로 하여금 언어교육을 통해 긍정적인 자아 정체감을 형성하고 어머니 나라의 언어나 자칫 잊어버리기 쉬운 모국어를 유지·신장시키는 데에 목적을 둔 것으로 보인다. 그러나 이러한 운영 목적과 관련하여 다문화 가정 자녀의 언어 적응을 위한 학습 환경을 조성하고, 이에 따른 교육 과정을 운영해야 한다는 주장(언어 중심 운영)과 아직 정체성을 구축해 가는 과정으로 볼 수 있으므로 개설의 성격이나 운영의 목표 등과 관련하여 다문화 교육 차원과 교과 교육 지원 성격이 좀 더 강화되어야 한다는 주장이 제기되고 있다. 전자의 경우는 교육목표가 단순히 한국 학교에서 '적응'의 차원인 한국어 의사소통능력 신장을 넘어 언어적 소수자인 다문화 가정 자녀 자신의 언어와 문화를 함께 유지할 수 있는 능력을 키우는 데까지 두어야 한다는 주장이며, 후자의 경우는 모든 다문화 가정 자녀를 대상으로 하기보다는 한국어 학습 능력이 현저히 떨어지는 학생만을 대상으로 하여 초·중등 각 교과와 연계된 내용의 어휘나 자료를 포함해야 한다는 주장이다.

## 3.2. 교육 프로그램 종사자와 한국어 교재 현황

다문화 가정 자녀를 대상으로 하는 한국어 교사와 한국어 교재의 문제는 원칙적으로는 최정순(2008)에서 논하고 있는 바와 같이 한국어 교육의 성격이 무엇이냐에 따라 근본적인 논의의 방향이 달라질 것이다. 그러나 아직은 다문화 가정 자녀에 대한 한국어 교육의 성격 본질에 대한 일반화가 이루어지지 않은 상황이고 실제로 정규 학교 내에서의 다문화 가정 자녀에 대한 한국어 교육이 매우 다양하게 나타나고 있어 여기에서는 교육 현장에서 대두되는 쟁점과 현황을 중심으로 논하고자 한다.

방과 후 학교와 한국어 반에서 한국어 교육을 담당하는 교사는 원칙적으로 해당 학교의 교사로 국한된다. 그런데 해당 학교는 초등교육법이나 중등교육법에 따라 자격을 취득하고 임용된 교사들이며 이들이 취득할 수 있는 교사 자격(초등교사, 중등학교) 교과에 한국어 교육이 없다는 것은 1차적으로 한국어 교사 자격증 소지자가 한국어 교육을 담당한다는 보장을 이끌어 내지 못한다. 다시 말해 기존 초·중등 학교의 교사가 한국어 교육을 담당하지만 이들이 별도의 노력을 통해 한국어 교육 능력을 키우고 해당 분야 교사 자격증을 취득해야 한다는 것을 의미한다. 그러나 문제는 기존의 한국어 교육과 관련한 국가 자격증인 문화체육관광부 장관 명의의 한국어 교원 자격증은 외국인과 재외동포를 대상으로 하여 발전되어 온 한국어 교육의 이론과 실제에 주로 바탕을 두고 있다는 점이다. 그뿐만 아니라 명시적으로 제시되지는 않았지만 교육 대상과 관련해서도 성인 학습자 중심의 한국어 교육이 배경에 깔려 있음을 부인하기 어렵다. 이렇게 본다면 다문화 가정 자녀를 대상으로 하는 한국어 교사의 육성, 자격 인증, 임용과 관련한 기존의 제도적 틀은 구비되어 있지 않다고 볼 수 있다.

이러한 특수 상황에서 정규 학교의 한국어 교육 담당자의 한국어 교육 능력을 높이기 위한 다양한 정책적 지원이 이루어지고 있는데 이는 크게 두 가지로 볼 수 있다.

하나는 정규 학교 교사를 대상으로 교사 직무 연수의 일환으로 다문화 전문가 양성 프로그램에 참여하도록 하여 다문화 교육 전문가적 자질을 갖추도록 하며 이 과정에서 한국어 교육 능력을 향상시키도록 하는 것이다.[5] 그러나 이들 프로그램은 본질적으로 다문화 교육 전문가 양성이 주 목표로서 한국어 교육 능력은 하위 세부 능력의 하나 정도로 간주됨으로써 진정한 의미의 한국어 교육 능력 향상 프로그램으로 보기 어렵다.

이러한 상황이 지속되면서 앞으로 다문화 가정 자녀에 대한 한국어 교육 프로그램을 담당할 전문 인력의 충원이 이루어질 것이라는 전망도 나오고 있다. 한 예로 2010년부터 다문화 가정 자녀들은 '전담교사'를 통해 맞춤형 교육을 받게 되고 '수준별 도우미 제도'가 도입되어 학습자 수준과 특성에 맞는 교육이 이루어질 전망이다. 2008년 11월 국무총리실과 교육과학기술부 등에 따르면 시·도교육청과 협의해 다문화 가정 자녀들이 많은 학교를 중심으로 2010년부터 수준별 도우미 제도를 도입하고, 전담교사를 두는 등 다문화 가정 자녀에 대한 지원을 강화한다. 이는 다문화 가정에 대한 지원 정책이 대부분 이주 1세대인 결혼이주여성의 기초 한국어 교육 등에 편중됐다는 총리실의 정책 평가에 따른 것으로 정부는 다문화 가정 자녀 전담교사 도입 등을 통해 다문화 가정 자녀들이 주류 사회 구성원으로 성장, 발전할 수 있도록 한다는 데 초점을 맞추고 있다.[6] 실제로 이러한 정책이 실시될 경우 한국어 교육 담당 교육 인력의 경우도 어떤 형식이든 교육 전문성을 갖춘 자에게 기회가 더 주어질 것으로 예상된다.

한편 다문화 가정 자녀의 한국어 교육을 위한 교재 역시 그 수가 점진적으로 늘고 있으나 아직은 한국어 교육 효과를 크게 기대할 정도의 전

---

5) 이러한 노력과 함께 한국어 교육 능력 향상을 위한 현장의 목소리도 높이지고 있다. 한 예로 2009년 4월 경상북도 안동시 의회의 시정 질문에서 다문화 가정 자녀 교육을 담당할 초등학교 전담교사와 한국어 교사 배치 문제가 강력하게 제기되었다. (매일신문 2009년 4월 9일)

6) 서울신문 2008년 11월 28일자 참조

문적 교재라고 보기 어려운 실정이다. 기존의 교재는 성인 외국인 학습자를 대상으로 하는 한국어 교재, 교육 현장 차체 개발 교재, 정부 관련 부서/기관에서 개발한 교재 등으로 나눌 수 있는데 현장 요구를 만족시키지 못하는 것으로 나타나고 있다.[7] 이는 교재 개발자의 한국어 교육 전문성의 문제와 교재 개발 과정에서의 체계성 부족(개발 기간 등) 등에 기인하는 것으로 볼 수 있다.

## 3.3. 법적 · 제도적 기반

다문화 가정 자녀 한국어 교육과 관련한 법적 · 제도적 논의는 한국어 교육의 관점에서 접근하는 것과 교육의 대상인 다문화 가정 자녀의 법적 지위 및 사회적 신분과 관련하여 접근하는 논의로 나눌 수 있다.

먼저 한국어 교육의 측면에서 볼 때 관련 법규는 크게 둘로 나뉜다. 하나는 2005년부터 시행하고 있는 국어기본법과 동법 시행령이며 다른 하나는 2008년에 제정된 재외국민의 교육 지원에 관한 법률이다. 이들 법령은 기존에 존재하였던 문화예술진흥법 중 국어심의회 관련 조항의 내용, 재외국민의 교육에 관한 규정 등을 각각 포용한 것들로서 한국어 교육과 관련한 최초의 법령이라고는 할 수 없다.[8]

그러나 이들 법령은 제정 취지 및 내용으로 볼 때 다문화 가정 자녀에 대한 한국어 교육과 관련한 법령으로 보기 어렵다. 국어기본법 및 동법 시행령의 한국어 교육 관련 조항은 국외 한국어 교육 발전을 위한 목적으로 포함되었고 재외국민의 교육 지원에 관한 법률은 법령 명칭에서 드러나듯이 재외국민에 대한 교육을 규정하고 있다. 하지만 국어기본법과 동법 시행령의 발효 이후 실시된 한국어 교원 자격 제도는 다문화

---

7)  이에 대하여는 조수진(2008), 채윤미(2009)를 참조할 수 있다.

8)  이들 법령이 제정되면서 문화예술진흥법과 동법 시행령에 있던 한국어 국외 보급 관련 내용은 삭제되었고 1977년에 제정되었던 재외국민의 교육에 관한 규정은 폐지되었다.

가정 자녀의 한국어 교육과 연관성을 갖게 되었다. 한국어 교육을 담당할 교육 전문 인력에 대하여 국가가 인증함으로써 전문 인력의 육성과 인증을 제도화하였고, 이는 한국어 교육 전반에 큰 영향을 끼치고 있으며 다문화 가정 자녀에 대한 한국어 교육 현장에도 직·간접적인 영향을 끼치고 있다. 하지만 정규 교육 기관인 초·중등학교 내에서 이루어지는 교육은 초등교육법과 중등교육법에 의하여 실시되는 만큼 직접적인 영향을 주기보다는 한국어 교육과 관련한 원론 차원의 영향을 끼치는 것으로 볼 수 있다. 중요한 것은 한국어 교육과 관련한 유일한 법령이고 시행 이후 한국어 교육계에 적지 않은 영향을 끼치고 있는 국어기본법과 동법 시행령에 근거한 한국어 교원 자격 제도와 초·중등학교 내의 한국어 교육 담당자와의 관련성은 어떤 형식으로든 시급히 모색되어야 한다는 점이다. 기본적으로 관련 여부에 대한 논의부터 시작하여 연계를 시킨다고 할 때 그 수준 및 구체적인 방식 등을 두고 관련 부서인 문화체육관광부와 교육과학기술부 사이에 협의가 있어야 할 것이다. 이와 달리 다문화 가정 자녀에 대한 교육을 담당하는 자에 대한 교사 자격을 기존의 한국어 교원 자격 제도와는 무관하게 추진한다고 할 경우에는 정당성을 우선 확보하는 일이 급선무가 될 것이다. 구체적으로 기존의 한국어 교원 자격 제도와 별도 시행해야 하는 근거 및 입법의 절차적 합법성 등을 보장받아야 할 것이다. 그러나 유사 사례를 볼 때 이의 가능성은 매우 낮은 것으로 보인다.

다문화 가정 자녀의 법적 지위, 사회적 신분과 관련한 법령은 모두가 다문화 관련 법규로서 외국인처우기본법, 다문화가족기본법, 외국인 고용에 관한 법, 사회통합이수제도 실시에 관한 규정 등이 있다.[9] 그러나 이들 법규 중 다문화 가정 자녀에 대한 한국어 교육을 직접적으로 규정

---

9) 이와 관련하여 최근에 국회에서 다문화기본법 제정을 위한 다문화 포럼이 발족한 일은 주목할 만하다. 다문화 정책 통합 조율기구 구성 등을 목표로 하는 다문화기본법이 제정된다면 현재 다양한 부서에서 실시하고 있는 다문화 정책을 조정할 수 있는 법령으로서의 기능을 수행하게 될 것으로 기대된다(매일경제 2009년 6월 19일자 참조).

하고 있는 법령은 없으며 다문화 가정 자녀에 대한 교육 기회 제공 및 지원 등을 담고 있는 관련 규정에 근거하여 2차적으로 한국어 교육이 논의되고 있다고 볼 수 있다.

## 3.4. 정책적 기반

다문화 가정 자녀에 대한 한국어 교육과 관련한 정책 역시 크게 두 가지 방향에서 살펴볼 수 있는데 하나는 다문화 정책의 하위 영역으로 접근하는 원리이고 다른 하나는 제도권 교육의 실천이라는 측면에서의 접근이다.

한국 정부의 다문화 정책은 정책 성격의 다양성으로 인해 실로 여러 부서가 관련되어 있다. 이를 입증하는 하나의 예로 2006년 4월 16일에 있었던 여성결혼이민자 가족의 사회통합 지원 대책이라는 문건[10]을 보면 여기에 참여한 중앙 부서가 13곳이나 된다(대통령 자문 빈부격차·차별시정위원회 포함). 이후 정권이 바뀌고 일부 중앙 부서의 주요 기능으로 설정하고 있는 부서가 적지 않다. 이중에서 다문화 가정 자녀를 포함하여 한국어 교육과 관련하여 중요한 역할을 수행하는 부서로는 교육과학기술부와 문화체육관광부, 보건복지가족부 등을 들 수 있다.

한편 다문화 정책 중 교육 정책이 차지하는 비율이 낮지 않은 것으로 나타나고 있다. 박성혁(2008)에서는 한국 정부의 다문화 정책을 정책의 목적별로 분류하였는데 이중에서 다문화 교육 정책의 비중이 가장 높은 것으로 조사되었고 한국어 교육 관련 정책은 이 가운데 70.5%를 차지하는 것으로 나타났다. 즉 수치 면에서 한국어 교육 정책은 한국 정부의 다문화 정책 중 핵심의 위치에 있음을 알 수 있다. 그러나 문제는 한국어 교육 정책의 중심은 정책 추진 체계 구축, 결혼이주여성에 대한 한

---

10) 이는 다문화 정책이 국정의제로 채택되어 대통력에게 보고하기 위하여 준비된 자료로 보인다.

국어 교육, 교육 자료 개발, 한국어 교사 양성 또는 연구 등 주로 성인을 대상으로 한 것들로서 다문화 가정 자녀를 특정하여 제시한 경우의 비율은 높지 않다는 점이다.[11]

다문화 가정 자녀에 대한 한국어 교육 정책은 이러한 다문화 정책 중 포괄적인 한국어 교육 정책에 대한 검토보다는 제도권 교육을 담당하고 있는 교육과학기술부의 다문화 교육 정책에서 현실적인 대안이 제시되고 있다.

다문화 가정 자녀에 대한 교육 지원은 주로 취학과 관련하여 쟁점화되고 실제로 국내 제도권 내 학교에서 교육이 실시되고 있는 만큼 교육과학기술부에서 주도하는 모습을 보이고 있다. 교육인적자원부(현 교육과학기술부)가 2006년 7월에 발표한 다문화 가정 자녀 교육 지원 대책에서는 다문화 가정 자녀 교육을 위한 과제로서 다문화 가정 지원을 위한 부처 간 협력, 지역 사회의 다문화 가정 지원 협력체제 구축, 학교의 다문화 가정 자녀 지원 기능 강화, 다문화 자녀 교육을 위한 교사 역량 강화, 교육과정 및 교과서에 다문화 교육 요소 반영 등을 들고 있다. 이러한 과제의 세부 추진 활동 중 다문화 가정 자녀를 위한 방과 후 학교 프로그램 개설, 교사 대상 한국어 및 한국 문화 연수 활성화, 한국어교원 자격증(KSL 자격증) 소지 교사에 대한 인센티브 부여 검토 등은 한국어 교육과 직접적인 관련이 있다. 이후 교육인적자원부가 2007년에 제시한 자료에 따르면 한국어 학습 프로그램 교재 개발 보급, 한국어 반 운영, 방과 후 학교 운영 등을 주요 대안으로 제시하고 있고 교사의 한국어 교육 능력 제고를 위한 인센티브 제도의 도입을 제시하고 있다. 여기에 최근에 교육과학기술부는 다문화 교육 시범학교 선정(2007년 12개교, 2008년 10개교)과 중앙다문화 교육센터 설치로 좀 더 구체적이고 현장 밀착형의 다문화 가정 자녀 교육 정책을 추진하고 있다. 하지만 시범학

---

11) 오히려 일각에서는 한국어 교육 정책의 비중이 높은 것에 대하여 정책의 편중이라는 측면에서 부정적으로 보는 경우도 있으며 한국어 교육과 문화 교육의 연계 내지는 통합에 대하여도 타당성을 의심하는 논의(박성형; 2008)가 제기되기도 하였다.

교에서 진행하고 있는 정책 연구에서 한국어 교육의 비중은 낮아 2007년도에 연구를 수행한 12개 시범학교 중 두 곳만이 한국어 교육과 관련한 연구를 수행하였다. 이와 함께 중앙다문화 교육센터를 서울대학교 내에 설치하여 운영하도록 하고 있는데 여기에서는 다문화 교육 정책 방향 연구 및 다문화 가정 자녀를 위한 한국어 교육 교재를 개발하고 교원 연수를 담당할 교사를 양성하며 '다문화 가정 자녀 교육 지원 공모사업'을 통해 예산을 지원하고 운영하고 있다. 그러나 이러한 교육과학기술부의 다문화 가정 한국어 교육 지원을 위한 연구 활동은 한국어 교육의 현장 전문가의 참여가 거의 없이 초등교육과 국어교육 중심으로 추진되는 것으로 나타나고 있다.

한편 지자체 및 지방 교육 당국에서도 다양한 교육 지원 활동을 펼치기 시작하였는데 중장기적 계획을 가지고 추진한다기보다는 일회성 내지는 현장 쟁점에 대한 즉각적 대안 제시의 치원의 활동이 중심이며 공모 형식을 통하여 활동을 외부에 위탁하는 양상을 보이고 있다.

## 3.5. 사회의 참여 현황

다문화 가정 자녀에 대한 한국어 교육 지원과 관련한 사회 참여를 기업과 시민단체로 나누어 살펴보면 다음과 같다.

우선 기업의 참여는 그 수가 많지는 않으나 참여의 내용 중에는 다문화 가정 자녀의 한국어 교육에 대한 사업 비율이 높은 편으로 나타나고 있다.[12] 기업의 지원은 기정기탁, 임직원이 직접 참여하거나 직접 프로그램을 운영하는 방식, 다른 기관과의 협력 체계의 방식, 기업의 업무 특성에 따른 서비스 제공 등 다양하게 나타나고 있는데 사회복지공동모금회에 기탁하는 형식의 비중이 높다. 기업의 업무 특성과 관련이 있

---

12) 지자체 내 다문화가족지원센터의 관련 자료, 언론 보도 등을 바탕으로 하여 참여 기업을 확인하였으며(모두 8곳) 이후 해당 기업의 홈페이지의 내용 등을 바탕으로 본 내용을 구성하였음을 밝힌다. 다만 여기에서 해당 기업의 설명은 제시하지 않고자 한다.

는 경우에는 기업의 이미지 제고나 특성을 반영한 사업이 주를 이루고 있는데, 건강 의료, 상담, 일반교육, 위안행사, 공익 · 금융서비스 지원, 도서 지원 등과 함께 한국어 교육 지원도 전체 8개 기업 중 4곳이 실시하고 있다.

한편 시민단체는 다문화 가정 자녀의 한국어 교육에 좀 더 적극적인데 대표적인 예가 대안학교의 운영이다. 다문화 가정 자녀들의 상당수가 정규 학교에 입학하지 못하거나 입학을 하더라도 학교 정규 교육에 적응하지 못해 중도포기를 하는 경우가 많은데 대한 학교는 이러한 다문화 가정의 자녀들을 위해 설립한 비정규 학교로서 대부분이 종교단체나 민간, 시민단체의 후원으로 이루어진다. 대안학교는 다문화 가정 자녀들이 대체로 한국어, 부모의 언어와 함께 영어까지 학습할 수 있도록 교육과정을 개발하여 운영한다는 장점에도 불구하고 교육인적자원부가 허가하는 공식학교로 인정받지 못하여 정부의 지원이나 혜택을 받지 못하는 실정이며, 학교를 졸업하여도 학위를 인정받지 못해 중 · 고등 · 대학으로 학업이 연장되는 데에 어려움이 있다.

## 3.6. 한국어 교육계와 대학의 참여 현황

다문화 가정 자녀의 한국어 교육과 관련한 한국어 교육계의 참여는 그리 활발한 편이 아니다. 몇몇 한국어 교육기관이 관련 프로젝트를 수행하거나 개인적으로 자문에 응하는 수준으로 알려져 있다. 최근 들어 관련 학술단체에서 다문화 가정에 대한 한국어 교육 지원 프로젝트를 수행하는 일이 늘고 있으나[13] 대부분이 결혼이주여성에 대한 한국어 교육 관련 프로젝트를 수행하는 일에 국한되고 있다.

---

13) 하나의 예로 국제한국어 교육학회는 국립국어원으로부터 위탁을 받아 결혼이주여성을 대상으로 하는 방송 매체를 한국어 교육 방안 연구(2007년), 결혼이주여성 교육 담당 교사 양성과정 개발 연구(2008년), 결혼이주여성 교사 교육용 교재 개발(2008년) 연구를 수행한 바 있다.

한편 대학의 다문화 가정 자녀 한국어 교육 활동은 이미 앞에서 언급한 서울대학교 중앙다문화지원센터와 서울교육대학교 다문화 교육연구원의 활동이 대표적으로 다문화 가정 자녀를 대상으로 하는 한국어 교육 지원 사업에 대한 중장기적 연구 및 인력 양성 프로그램을 운영하고 있다. 한편 2009년도에는 보건복지가족부의 위탁을 받아 몇몇 대학이 다문화 가정 자녀 한국어 참여하고 있다. 이 이외에 대학의 다문화 가정 자녀 교육 참여는 주로 대학이 소재한 지역 내의 다문화 가정 자녀를 위한 한국어 교육 지원 사업으로서 한국어 교육계가 수행하고 있는 연구 및 교재 개발 활동과는 달리 학습자에 대한 직접 교육 실시의 성격이 주를 이루고 있다. 또한 전국의 20개 대학의 한국어 교육기관 또는 다문화 관련 연구기관은 법무부로터 ABT(Active Brain Tower) 대학으로 지정받아 다문화 사회 전문가를 양성하는 일에 참여하고 있다.

## 4. 다문화 가정 자녀 한국어 교육 지원 방안

### 4.1. 한국어 교육의 목표, 방향, 내용의 정립

다문화 가정 자녀의 한국어 교육을 실시함에 있어 최우선적으로 고려해야 할 점은 이들에 대한 한국어 교육이 왜 실시되어야 하고 무엇을 목표로 실시되어야 하며 어떤 방향과 내용으로 실시되어야 하는지에 대한 면밀한 검토이다. 기존에 국내에서 실시되어 온 일반 성인 외국인 대상의 한국어 교육이 그러했듯이 한국어 교육은 기존의 견고한 틀로 짜여진 공교육 체제의 밖에 있어 자칫 교육의 이념이나 목적, 목표의 설정과 관련한 심도 있는 논의 없이 수요자가 존재하기에 교육이 제공되는 양상을 보일 수도 있다. 지금까지 교육 현장에서 실시된 다문화 가정 자녀에 대한 한국어 교육도 국가 차원 내지는 교육 당국의 차원에서 목적과 목표를 제시하고 이를 구현할 수 있는 교육과정의 개발과 교육 자료의 개발 등을 체계적으로 진행하기 이전에 이미 폭넓게 교육 현장이 형성되기 시작하였다. 이러다 보니 교육은 현장의 교육 수요자의 일반 교과목 학습 시 나타나는 고충을 해결하는 수준에 머무르기도 한다. 즉 대중적이고 일시적인 방안에 불과하고 극히 수단적 의미만을 가질 수도 있다.

우리 사회에서 다문화 가정이 지속적으로 늘고 이 과정에서 다문화 가정 자녀의 수가 계속 증가할 것이며 이들은 결국 대부분이 우리 국민으로서 평균적인 생활을 영위해야 한다는 점을 고려할 때 일종의 국민 교육의 차원에서 한국어 교육을 논해야 할 것이다. 이미 몇몇 연구에서 한국어 교육의 목표와 방향을 기존의 국어 교육 차원으로 접근하기도 하고, 다문화 문식성 확대의 차원에서 접근하기도 하고, 제2언어로서의 한국어 교육 차원으로 접근하기도 하였다. 또한 다른 차원에서 한국어 교육을 공용어 교육 차원에서 언어 능력을 제고할 것인지 다른 학습자의 선수 언어(제1언어)의 존재를 인정하고 이와 동시에 또 다른 언어를 학습하는 다중언어의 차원에서 접근할 것인지도 고민하는 논의가 있다. 이와 함께 한국어 학습을 한국 문화 학습과 분리하여 독자적으로 접근할 것인지 통합하여 접근할 것인지에 대한 논의도 필요하며 통합할 경우 어떤 방식으로 어느 정도 수준으로 통합하여 접근할 것인지에 논의도 요구된다.[14]

요약하면 다문화 가정 자녀에 대한 한국어 교육도 이제는 우리 사회의 공교육의 하나라는 인식을 분명히 한 상태에서 교육의 목적과 목표 등과 관련하여 매우 기초적이며 원론적인 논의를 진지하게 전개해야 할 것이다. 이와 관련하여 필자는 다문화 가정 자녀에 대한 한국어 교육의 목적은 위에서 언급한 바와 같이 한국 사회의 구성원으로서 같은 연령대의 일반적인 한국인과 비교하여 뒤지지 않는 언어 능력과 사회 문화 이해

---

14) 기존에 다문화 가정 자녀 교육과 관련한 대표적인 정책 연구에서 한국어 교육과 한국 문화 교육을 통합하여 실시하는 사례에 대하여 부정적인 평가를 한 예가 있는데 이 문제는 많은 논의를 요구한다고 본다.

능력을 갖추도록 하여 학교생활 등 한국 사회에서 평균적인 삶이 가능하도록 하는 데에 두어야 할 것이라고 본다. 그리고 여기에서 더 나아가 한국 내에서의 다문화 사회의 진전과 관련하여 국가 정책이 다문화성을 포용하는 방향으로 나아가는 만큼 다문화 가정 자녀가 갖고 있는 언어, 문화 배경이 한국 사회의 긍정적 다문화화에 기여할 것이라는 전제하에서 한국어 교육과 다문화 교육이 병행 실시되어야 할 것이라고 본다.

그러나 정규 학교에서의 한국어 교육의 목표는 다층적으로 설정을 하여 한국어 교육을 실시할 필요가 있다. 다문화 가정 자녀의 변인이 그 부모의 변인만큼이나 다양하듯이 일률적인 교육 목표를 정하여 적용하는 것은 바람직하지 않을 뿐만 아니라 현실적으로 목표 달성이 불가능할 것이다. 부모가 모두 외국인으로 한국에 이주한 경우라든가 제1언어의 습득이 한국어가 아닌 경우에는 제2언어로서 한국어 교육을 접근해야 할 것이며, 한국어와 함께 또 다른 언어 능력을 대등하게 갖춘 경우이지만 한국어 능력이 일반 한국인에 뒤질 경우에는 다중 언어 내지는 이중 언어 교육의 원리에서 한국어 교육의 목표가 설정되어야 할 것이다.

이렇게 다문화 가정 자녀의 기존 한국어 능력의 수준에 따라 목표와 방향이 달라져야 하는 만큼 동일 학교 내에서도 다문화 가정 자녀에 대한 교육 목표를 달리 설정하고 교육 실시 내용이나 방법 역시 차별적으로 적용해야 한다. 이는 곧 기존에 일부 현장에서 적용하고 있는 학습자의 일반 교과 학습 장애를 극복하기 위한 보조적인 교육 차원을 넘는 것으로 한국어 교육을 좀 더 적극적이고 근본적인 논의로 받아들여야 함을 의미하는 것이다.

## 4.2. 다문화 가정 자녀의 학습 특성 파악 및 한국어 학습 지도 방안 수립

학습자 집단으로서의 다문화 가정 자녀는 독특한 특성을 갖는 것으로 추정할 수 있다. 이미 여러 논의에서 이들의 심리적 요인, 사회 · 경제적 요인, 지적 발달 과정상의 특징 등을 보여 주고 있으나 한국어 교육과의 연관성에 대한 심도 있는 논의를 전개한 예는 찾기 어렵다. 모든 교육이 그러하듯이 학습자 요인에 대한 적절한 파악은 성공적인 교육을 위하여 필수적이다. 다문화 가정 자녀가 갖고 있는 언어 환경, 부모의 사회 경제적 환경, 학교 교육 환경, 심리적 특성, 인지적 특성, 학습 전략성의 특성 등을 면밀히 검토할 필요가 있다. 물론 여러 이유가 있겠지만 한국어 교육을 중심으로 하는 방과 후 학교에의 참여율이 전체적으로 40%를 밑돌고 있다는 보고를 주시할 필요가 있으며 정규 학교를 중도에 포기하고 대안학교로 옮기는 예를 주시할 필요가 있다. 다문화 가정 자녀의 한국어 학습에 대한 내적 동기, 외적 동기의 강화는 1차적으로 한국어 학습을 성공적으로 이끄는 요인이 될 것이다.

다문화 가정 자녀에 대한 특성 논의에서 주목할 것 중의 하나는 이들이 궁극적으로는 제도 교육에서 일반적인 학습 활동을 해야 하고 한국어 학습의 성과가 바로 현실 문제의 해결 차원에서 검증되는 만큼 학습 과정 이후의 상태에 대한 점검도 필요하다는 점이다. 다시 말해 학습 성과에 대한 학습자 본인의 인식에 대한 문제도 연구의 대상이 되어야 하며 다양한 시뮬레이션 연구가 시도되어야 할 것이다. 앞에서 살펴본 바와 같이 현재 전국적으로 시범학교를 지정하여 다문화 교육을 실시하고 있는 상황에서 방과 후 학교 운영이나 한국어 반 운영의 성과 등도 중요한 자료가 될 것이나 그 수가 극히 적은 만큼 좀 더 확대하고 교육성과 등을 공유해야 할 것이다.

이러한 연구를 바탕으로 다문화 가정 자녀에 대한 한국어 학습 지도 방안을 수립하여야 하고 시행 과정에서 나타나는 실증적 자료들은 시행 방안을 보완함은 물론 축적하여 교과 교육으로의 정립에 활용해야 할 것이다.

## 4.3. 다문화 가정 부모의 자녀 한국어 교육 인식의 제고 방안 수립

　다문화 가정이 갖고 있는 인구학적 특성, 사회·경제적 특성, 의사소통 방식에 대한 논의는 여러 측면에서 전개되어 오고 있다. 다문화 가정 자녀의 한국어 학습이 성공적으로 진행되기 위해서는 이들이 1차적인 보호자인 부모의 인식이 중요하다. 특히 한국어 학습이 주로 정규 교과 외 특별 활동으로 이루어지는 만큼 학부모의 협력이 절대적으로 요구된다.

　그러나 다문화 가정은 대부분이 평균적인 삶의 수준을 영위하지 못하는 것으로 보고되고 있다. 특히 경제적인 수입에서 기초 수급 대상자에 속하는 경우도 많아 자녀 교육에 대한 적극적인 인식이 결여될 수 있으며 심지어는 자녀를 방치하는 상황도 초래할 수 있다. 다문화 가정의 경제적 여건을 개선하는 일은 별도의 쟁점이 되지만 자녀의 한국어 학습을 위한 부모의 협조를 다문화 가정 자녀 학부모회를 상설 운영한다든지, 가정에서 배우는 한국어 학습지를 적극 개발하여 활용하는 일을 들 수 있다. 더 나아가 방송매체나 온라인을 통한 학습 프로그램을 개발하여 가정 내 교육을 활성화함으로써 자녀의 한국어 학습에 대한 적극적인 관심을 끌어낼 수 있을 것이다. 또한 이철호(2008)에서 제시하였듯이 다문화 가정 부모와 자녀가 함께 참여하는 다문화 유아원의 설치를 지원한다든지 지자체 내 다문화가족지원센터의 다문화 가정 자조 모임을 적극 활용하는 일도 고려할 수 있다. 문제는 앞에서 언급한 바와 같이 다문화 가정이 대체로 경제적으로 어려운 상황에 있는 만큼 이러한 활동에 참여할 수 있는 인센티브의 개발이나 컴퓨터와 같은 가정 내 교육 시설을 갖추는 일도 병행해야 한다는 점이다. 이와 함께 이들 프로그램에서 활용할 수 있는 교육과정과 기술 기반의 콘텐츠 개발 등도 병행해야 할 과제이다.

## 4.4. 법과 제도의 보완 및 정부 내 효율적 정책 추진 체계 수립

한국 정부를 비롯한 한국 내 각계각층이 다문화 사회에 대한 준비를 충분히 하지 못한 상태에서 한국 내에서 다문화 사회가 빠르게 진행되면서 현장의 쟁점을 해결할 수 있는 법과 제도가 미비함을 느낄 수 있다. 앞에서 살펴본 바와 같이 다문화 가정 자녀에 대한 한국어 교육은 개별 사안으로의 위상을 확보했다기보다는 한편에서는 다문화 정책의 일환으로, 한편에서는 교육 정책의 일환으로 다루어져 왔다.

여기에서는 당연히 상이한 성격의 관련 법령이 적용되고 있다. 문제는 이러한 법령이 상충되어 효율적인 한국어 교육이 실시되지 못하는 경우가 발생한다는 점이다. 대표적인 예로 한국어 교육을 담당할 전문 인력의 양성 및 현장 활용이 불가능한 경우를 들 수 있다. 방과 후 학교나 한국어 반에서 한국어를 담당할 교사의 양성은 다른 교과 교육 교사와는 다르게 대학 내 사범대학이나 교육대학에서 양성하지 못한다. 한국어 교원의 자격 인증은 문화체육관광부 관할이기 때문이다. 역으로 그동안 외국어로서의 한국어 교육과 관련하여 전문 인력을 양성하고 인증하는 업무를 추진해 온 문화체육관광부에서는 전문 인력을 인증하고도 초 · 중등학교의 한국어 교육 현장에 종사할 수 있는 기회를 부여하지 못한다.[15] 이는 법령 실시의 효과와 관련하여 상호 관련이 있는 법령 사이의 연계를 도모하지 못하였기 때문이다. 일반적으로 연관성이 있는 법령 사이에는 타 법령에서 정하고 있는 내용과 연계하는 조항을 둠으로써 상호 간의 협조를 도모한다. 지금이라도 다문화 정책 관련 법령, 교육 관련 법령 사이에 상충되는 점은 무엇인지를 면밀히 검토하고 이를 해결할 수 있는 입법 조치를 강구해야 할 것이다.

이와 함께 다문화 가정 자녀의 한국어 교육과 관련한 정부 내 조정기

---

15) 물론 이러한 논의 이전에 앞에서 언급하였듯이 현 한국어 교원 자격 제도의 실시 배경, 교원 육성 및 인증 등과 같은 주요 내용이 다문화 가정 자녀를 대상으로 하는 한국어 교육과 어떤 관련을 가질 수 있는지에 근본적인 논의를 해야 할 것이다.

구의 설치가 요구된다. 앞에서 살펴본 바와 같이 정부 내에서 다문화 가정 자녀의 한국어 교육과 관련 있는 부서는 다양하다. 여기에 해당하는 교육과학기술부, 문화체육관광부, 보건복지부, 법무부 등은 모두가 소관 업무의 하나로 다문화 가정 자녀의 한국어 교육과 관련된 업무를 지정할 수 있다. 그러나 이들 업무를 지정하여 추진하는 바탕이 되는 정책을 보면 대동소이한 경우가 많다. 그리고 고유 업무라 하여도 다른 부서와 협력하였을 때 효과가 기대되는 것들이 많다. 문제는 각 부서의 정책이 평면적으로 퍼져 있을 뿐이지 심화되지 못하고 있다는 것이다. 어찌 보면 백과사전식 나열이 주를 이룰 뿐 후속 정책이나 보완 정책의 예가 그리 많지 않다는 점이다. 정책 부서 상호 간의 경쟁적인 정책 제시라는 평가가 나오기까지 한다. 이러한 상황은 결국 쟁점의 본질을 파악하고 해결 방안을 제시한다기보다는 쟁점에의 참여 성격만을 갖는다. 현실에서는 쟁점의 해결을 원하고 있는 만큼 좀 더 체계적이고 심도 있는 정책의 개발이 요구된다.

그러나 문제는 이러한 정책의 개발 및 집행에는 정당성을 확보해야 하고 예산을 확보해야 하는 당면 과제가 있다. 바로 이러한 문제를 해결하기 위해 관련 부서 사이의 업무 협조가 절실히 요구된다. 기존에 여러 부서가 평면적으로 나열한 정책을 종합 정리하고 재배분함과 동시에 예산을 뒷받침 받을 수 있도록 해야 한다. 이러한 일은 부서보다 상위에 있는 협의회를 상설화하여 업무 조정을 진행할 때 가능할 것이다. 이와 관련하여 과거 재외동포 문제가 중요한 쟁점으로 대두되었을 때 설치되었던 재외동포위원회와 외국인 고용 문제를 다루었던 외국인력정책위원회의 사례를 검토할 필요가 있다. 여기에 최근 대두되고 있는 다문화기본법에 정부 내 여러 부서가 적극 참여하는 방안도 모색해야 할 것이다. 기존의 다문화 정책 관련 법령이 정부 입법으로 관련 부서의 입장이 강하게 대변되어 있다. 이것이 바로 부서 간 협력을 가로막는 역할하기도 하는데 다문화기본법이 국회 입법으로 추진된다면 여기에 각 부서가 입장을 적극 반영하여 이 범위 안에서 부서 간 협력의 법적 바탕이 마련되는 것도 의미가 있을 것이다.

## 4.5. 다문화 가정 자녀 한국어 교육의 전문성 제고

교육과학기술부 등 관련 부서의 다문화 가정 자녀 교육 지원 대책은 다문화 가정 자녀를 국민 교육의 대상으로 설정하여 제도권에 포함하고자 시도하고 이를 실현하기 위한 다양한 대안을 제시하였다는 점에서 의미가 있다. 그뿐만 아니라 일부 사안의 경우 학계에 이를 위한 연구를 의뢰하여 진행함으로써 전문성 확보를 추구하는 점도 높이 평가할 수 있다. 그러나 법적·제도적 문제로 인하여 한국어 교육 관련 전문 인력의 현장 투입 메커니즘이 확보되지 않은 점은 하나의 문제이다. 이와 함께 준비가 충분하지 않은 상태에서 다문화 가정 자녀에 대한 한국어 교육이 확대됨으로써 현장의 쟁점은 해결되지 않은 채 남아 있다. 특히 교육 현장을 볼 때 한국어 교육 자료의 개발, 교수 방법의 개발, 한국어 능력의 평가 등 한국어 교육 관련 제반 영역에 대한 연구 및 진행이 아직 미진한 것으로 보인다. 다문화 가정 자녀에 대한 한국어 교육은 일반 국어 교육이나 기타 기존의 교과 교육 영역과는 차별화되는 영역으로 한국어 교육계와의 협력이 요구되는 영역임을 직시할 필요가 있다.[16] 즉 한국어 교육계의 적극 참여를 통하여 다문화 가정 자녀에 대한 교육 전문성을 높여야 한다.

다문화 가정 자녀에 대한 한국어 교육 현장과 한국어 교육계와의 협력 모델로는 교육기관의 자발적 참여를 통한 위탁 교육, 순수한 의미의 위

---

16) 한국어 교육계의 참여가 즉각적으로 많은 문제를 해결할 것으로는 보지 않는다. 왜냐하면 기존의 한국어 교육계는 일반 성인 학습자 대상의 한국어를 주 대상으로 발전해 왔기 때문에 지금까지의 축적된 전문성이 다문화 가정 자녀의 한국어 교육 문제에 대한 대안 제시로 바로 연결될 수는 없기 때문이다. 그러나 외국어로서의 한국어 교육, 제2언어로서의 한국어 교육이라는 점에서 쟁점 해결 과정에서 의미 있는 역할을 할 수 있을 것이다.

탁 교육, 한국어 교육 전문가 채용 및 활용을 들 수 있다.[17]

교육기관의 자발적 참여를 통한 위탁 교육은 다문화 가정 자녀에 대한 한국어 교육을 인근의 전문 한국어 교육 기관 상사가 맡는 것으로 학교는 공간과 시설을 제공할 뿐 교육과 관련한 강사 경비 등 일부를 한국어 교육기관이 스스로 부담한다. 대신에 대학 평가 등 다른 측면에서의 가산점 부여 등을 제도화함으로써 자발적 참여에 대한 간접 보상이 이루어지도록 한다. 다음으로 위탁 교육 용어의 의미 그대로 다문화 가정 자녀에 대한 한국어 교육을 인근 한국어 교육기관에 위탁하는 것이다. 출강하는 강사 및 교육 자료 개발 비용은 의뢰하는 학교가 부담한다. 다음으로 한국어 교육 전문가 채용 모델을 생각할 수 있다. 지금까지 각급 교육청은 다문화 가정 자녀에 대한 한국어 교육을 관장해 오고 있다. 각급 교육청 중 관할 지역에 다문화 가정 자녀가 다수 거주하는 경우 한국어 교육 전담 장학사를 지정하거나 특별 채용하여 배치하는 것이 하나의 예가 된다. 기존의 고유 교과 업무를 관장하는 장학사에게 맡기기에는 여러 한계가 있는 만큼 새로운 업무 전문성을 갖춘 자를 채용하는 방안이 소망스러우나 현실적으로 제약이 따른다면 기존 장학사 중에서 선발하여 직무 능력을 갖추도록 권장하는 방법도 고려할 수 있을 것이다. 우리 사회가 변하면서 사서직이나 전산직 등 전문 직종이 신설되었던 예를 상기할 필요가 있다.

이와 함께 다문화 가정 자녀의 한국어 교육과 관련한 다양한 쟁점에 대한 연구를 학제 간 연구로 진행할 필요가 있다. 지금까지의 많은 논의에서 드러났듯이 다문화 가정 자녀에 대한 교육은 그 성격상 특정 교과 영역에 국한하여 대안을 찾기가 쉽지 않다. 교육 당국과 다양한 학문 영역 사이의 협력 활동이 요구된다.

---

17) 필자는 다문화 사회 구성원을 대상으로 하는 한국어 교육 방안 논의(조항록:2008)에서도 이와 비슷한 모델을 제시한 적이 있음을 밝힌다.

## 4.6. 다양한 사회의 참여, 역내 공동체와의 협력 추진

마지막으로 다문화 가정 자녀가 다수 거주하는 지역의 공동체와 협력하는 방안을 모색해야 한다. 이를 통하여 다문화 가정 자녀에 대한 멘토링 프로그램 등 다양한 프로그램의 추진이 용이해질 것이다. 또한 다문화 가정 자녀를 위한 한국어 교육의 인프라를 구축하는 차원에서 경제계와의 협력도 요구된다. 앞에서 살펴보았듯이 다문화 가정 자녀와 관련한 사회의 참여는 매우 제한적이다. 그러나 초기 단계에 필요한 대형 연구나 교육 기반 제공 등에 필요한 재원의 일부를 경제계와의 협력을 통하여 조달할 수도 있을 것이다.


## 5. 결론

다문화 가정 자녀의 한국어 교육이 한국 사회에서 시급히 해결해야 할 하나의 과제로 대두되었다는 점에 이의를 제기하는 사람은 없을 것이다. 이에 따라 한국 내 정규 학교 등에서 다문화 가정 자녀를 대상으로 하는 한국어 교육은 다양하게 실시되고 있다.

그러나 앞에서 살펴보았듯이 다문화 가정 자녀에 대한 한국어 교육은 실시 자체는 의미가 있으나 교육과정과 프로그램, 교사, 교육 자료, 교육 방식 등 교육 내적 영역에서의 여러 한계로 소기의 성과를 기대하기 어려운 것으로 나타나고 있다. 어찌 보면 현실적 요구에 따른 즉흥적인 대응으로서 교육이 실시되는 것으로 보일 정도이다. 이는 준비되지 않은 상태에서 사타나는 초기 현상으로 이해할 수도 있으나 다문화 가정 자녀를 대상으로 하는 한국어 교육이 이제 더 이상 미룰 수 없는 우리 사회의 과제라는 점에서 관련 당사자 모두가 더욱 적극적이고 진지하게 논의할 사안이다. 언어의 기능을 고려해 볼 때, 다문화 가정 자녀가 한국 국민으로 존재하고 있고 국민으로서 평균적인 삶을 영위하려면 이들에 대한 한국어 교육은 무엇보다도 선행되어야 할 것이다.

다문화 가정 자녀에 대한 한국어 교육이 중요한 만큼 정부를 비롯한 한국 내 각계각층에서 이들의 한국어 교육 지원을 위한 다양한 방안을 내놓은 것도 사실이다. 그러나 앞에서 살펴본 바와 같이 아직은 다문화 가정 자녀에 대한 한국어 교육의 성격이나 본질, 학습자로서의 다문화 가정 자녀에 대한 특성 파악, 다문화 가정 자녀에 대한 교육 인프라의 구축 등이 갖추어지지 않은 상태인 만큼 기존의 교육 지원이 소기의 성과를 거두고 있다고는 보기 어렵다.

다문화 가정 자녀에 대한 한국어 교육의 성공적 실시를 위해서는 무엇보다도 이러한 교육이 갖는 국가 사회적 기능은 무엇이고 교육적 측면에서의 성격과 본질이 어떠한지에 대한 관련 당사자 사이의 합의의 도출이 필요하다. 다문화 가정 자녀에 대한 한국어 교육에 대한 합의가 도출된다면 교육계를 포함한 국가 사회적 역량의 동원을 적극적이고 구체화하여야 할 것이다. 본고에서 제시한 몇 가지 지원 방안은 이러한 합의의 도출 및 지원 방안의 수립에 참고가 되었으면 하는 배경에서 나온 하나의 가설이다. 다문화 가정 자녀에 대한 교육적 측면에서의 접근과 함께 교육 지원 내지는 교육 정책적 측면에서 좀 더 적극적이고 심도 있는 논의가 요구된다.

**참고문헌**

김이선 외(2008) 다문화사회로의 이행을 위한 문화정책 현황과 발전 방향, 한국 여성 정책연구원.

박동호(2008) 다문화 가정 자녀의 언어 교육. 세계화 시대의 다중언어 · 다문화 교육, 이중언어학회 제13차 국제학술대회 자료집 92–95쪽, 이중 언어학회.

박성혁(2008) 다문화 교육 정책 국제 비교연구, 중앙다문화 교육센터 연구 과제보고서, 교육과학기술부.

서혁(2009) 다문화 가정 자녀를 위한 한국어 교육 방향 및 원리, 다문화 가정 자녀를 위한 한국어 교육 지원 방안 탐색 세미나 자료집 25-55쪽, 한국교육과정평가원.

성기철(2008) 다문화 사회에서의 언어 교육의 과제, 한국언어문화학 제5권 제2호 1-26쪽, 국제한국언어문화학회.

오은순(2008) 다문화 교육을 위한 교수, 학습 지원 방안. 학교에서의 다문화 교육 이론과 실제, 경기다문화 교육포럼 자료집 29-45쪽. 경기도다문화교육센터.

오은순(2009) 다문화 교육을 위한 교수-학습 지원 방안 연구(Ⅲ)-한국어 교육 지원 방안을 중심으로- 다문화 가정 자녀를 위한 한국어 교육 지원 방안 탐색 세미나 자료집 3-21쪽, 한국교육과정평가원.

원진숙(2009) 다문화 가정 자녀를 우한 한국어(KSL) 교육프로그램, 다문화 가정 자녀를 위한 한국어 교육 지원 방안 탐색 세미나 자료집 69-93쪽, 한국교육과정평가원.

이세연(2009) 다문화 제재 문학 텍스트를 활용한 초등 한국어 교재 개발 방안 연구, 서울교육대학교 석사학위논문.

이철호(2008) 다문화 가정 자녀를 위한 언어교육, 새국어생활 Vol. 18-1 43-55쪽, 국립국어원.

조수진, 윤희원, 진대연(2008) 다문화 가정 자녀를 위한 학습 한국어 교재 개발의 방향, 다문화 시대의 이중 언어 교육, 이중 언어학회 제22차 전국학술대회 춘계대회 발표 논문집 41-52쪽.

조항록(2008) 다문화 사회에서 한국어 교육 방안. 문화 상호중의의 지향, 새국어 생활 Vol. 18-1 23-42쪽, 국립국어원.

채윤미(2009) 다문화 가정 자녀를 위한 한국어ㆍ한국 문화 통합교육 방안 연구, 상명대학교 교육대학원 석사학위논문.

최정순(2008) 다문화 시대 한국어 교육의 내실화를 위한 과제, 이중 언어학 제37호 287-316쪽, 이중 언어학회.

황범주(2007) 다문화 가정 자녀를 위한 교육 정책 분석, 안양대학교 대학원 박사학위논문.

http://www.mest.go.kr 교육과학기술부 홈페이지

http://cmc.snu.ac.kr 서울대학교중앙다문화 교육센터 홈페이지

# 6 한인 디아스포라의 다문화 상황과 한국어 교육*

## 1. 들어가는 말

한인 디아스포라와 관련한 주요 쟁점으로 해외 한인 후손에 대한 한국어 교육을 들 수 있다. 해외 한인 후손에 대한 한국어 교육은 기본적으로 다음과 같은 몇 가지 측면에서 그 중요성을 살펴볼 수 있다.

첫째는 민족어 교육의 기본적인 특성과 기능의 측면으로서 해외 한인 후손들이 한국어를 '한민족으로서 한민족이 사용하는 언어, 즉 민족어'로 배우고자 할 때 한민족으로서의 얼과 정서를 지니어 민족적 정체성을 갖추게 된다.

둘째는 외국어 교육의 기본적인 특성과 기능의 측면으로서 해외 한인 후손이 한국어를 외국어로 배운다고 할 때 한국어로의 의사소통은 물론 배경 사회가 되는 한국에 대하여 이해할 수 있는 기회를 갖는 것이다. 이는 조국(또는 부모의 조국)인 한국을 잘 이해하는 것을 의미하는 것으로 조국과의 연계를 가능하게 한다. 더구나 이 두 가지의 속성은 분리되기보다는 상호 보완적으로 동시에 진행될 수 있다는 측면에서 해외 한인 후손의 한국어 교육은 일반적인 외국어 학습과는 다른 큰 의미를 갖게 되며 학습 이후의 효과 역시 그 만큼 크다.

---

* 이 글은 '더 큰 대한민국 만들기: 한인 디아스포라를 통해 본 대한민국 다문화 사회'를 주제로 대한민국역사박물관에서 강연했던 자료(2016)를 바탕으로 하지만 본 저서의 집필 과정에서 많은 부분 수정하였음을 밝힌다.

셋째는 글로벌 시대 해외 한인 후손의 글로벌 역량 강화에 기여할 것이라는 점이다. 해외 한인 후손은 거주 국가의 구성원으로서 요구되는 역량을 키울 뿐만 아니라 글로벌 역량을 함께 키우고자 노력할 것이다. 이 과정에서 한국에 대한 이해를 키우고 한국어 사용 능력을 키우는 것은 거주 국가의 다른 구성원과는 차별화되는 것으로 경쟁력의 원천이 될 수 있다. 특히 한국의 국력이 신장되어 국제 사회에서의 위상이 높아지고 국제적 역할이 증대되는 상황에서 한국과 관련한 영역에서의 역량의 증대는 분명히 경쟁력의 원천으로 작용할 수 있을 것이다.

마지막으로 한국어 교육 실제에 있어 해외 한인 후손이 차지하는 비중이다. 국내외의 한국어 교육에서 해외 한인 후손 학습자는 기관 또는 지역에 따라 절대 다수를 차지하기도 하고 최소한 주목받을 만한 집단을 형성하고 있다. 특히 비정규 교육인 한글학교 교육을 포함할 때 한국어 교육에서 해외 한인 후손이 차지하는 비중은 절대적이라고 볼 수 있다. 좀 더 구체적으로 1980년대 중반 한국어 교육이 급격한 상승 곡선을 그릴 때 해외 한인 후손 학습자의 수가 전체 학습자의 절반에 다다르는 경우가 있었으며 미국, 캐나다, 호주 등 해외 한인 후손 다수 거주 국가의 한국어 학습자의 절반 이상이 해외 한인 후손이었으며 미국, 호주, 뉴질랜드의 중고등학교 한국어 과목 수강생의 대다수가 해외 한인 후손 학습자이었다. 시간이 지나며 해외 한인 후손 학습자 비율이 조금씩 줄어들기는 하였으나 여전히 해외 한인 후손 학습자는 세계 곳곳의 교육 기관에서 다수 집단의 위치를 차지하는 경우가 많다. 여기에 단순 숫자 면에서 10만 명이 넘는 한글학교의 학습자, 중국 내 동북 3성의 조선족 학교 또는 연합학교, 우즈베키스탄 등 중앙아시아 중고등학교(쉬꼴라)의 한국어 과목 수강생 등 한국어 교육에서 해외 한인 후손이 차지하는 비중은 매우 크다.

이와 같이 해외 한인 후손과 한국어 교육의 불가분의 관계는 여러 측면에서 정부 정책의 중요성을 일깨워준다. 해외 한인 후손에 대한 한국어 교육은 정부가 해외 한인 후손에 대하여 기본적으로 추구하는 정책 목표를 실현하는 구체적인 방법이 될 수 있을 것이다. 다시 말해 해외 한인 후손에 대하여 기본적으로 추구하는 모국과의 연계를 가장 확실하게 만드는 방법 중의 하나가 될 것이다. 뿐만 아니라 해외 한인 후손에 대한 한국어 교육 정책의 효과적 실현은 최근 중요성이 커지고 있는 한국어 교육을 활성화하고 효율적으로 실시하는 또 하나의 의미를 갖는다.

　그러나 지금까지 우리 정부가 보여준 해외 한인 후손에 대한 한국어 교육 정책은 그 역사도 짧거니와 정책의 내용과 규모의 측면에서 아직은 긍정적이지만은 않다. 여기에서는 한국 정부의 해외 한인 후손에 대한 한국어 교육 정책이 어떻게 전개되어 왔는지, 그리고 정책의 주요 구성 요소들은 어떠한지, 그리고 앞으로 개선 방안으로는 무엇이 있는지를 살펴보고자 한다.

## 2. 해외 한인 후손을 대상으로 하는 한국어 교육 정책의 역사적 전개

　해외 한인 후손에 대한 정책적 관심의 정도는 국가 위상과 직접적으로 관련한 사안임에 분명하다. 과거 한국의 국력이 미약했던 시기에 해외 한인 후손에 대한 우리말 교육은 정책 대상에 포함되지 못하였다.

　역사적으로 볼 때 한민족의 해외이주의 역사는 150년이 지나고 있으나 일제시대, 광복 이후 한국전쟁과 그 후 정치적 혼란기였던 제1, 재2공화국 시기는 사실상 정책 자체조차도 언급하기 곤란할 정도로 전무했던 시기였다.

　정부 차원에서 해외 한인에 대한 정책적 고려를 하기 시작했던 것은 사실상 제3공화국에 들어서부터이다. 당시 정부는 경제적 후진성에 비해 인구과잉 문제로 발생하는 실업, 빈곤 등의 문제를 해결하기 위해서 「해외이주법」을 제정하고 해외이주를 적극 장려하였다. 그러나 여기에 해외 한인의 지위 향상, 민족 정체성 확립 및 본국과의 유대를 위한 조항은 찾아볼 수 없다. 이 시기 해외 한인과 한국과의 관계 설정이라는 관점에서 의미 있는 정책으로는 재일교포에 대한 교육비 지원과 교육 요원 파견을 들 수 있다. 이는 엄밀한 의미에서 민족동질성 회복을 위한 조처라기보다는 북한계의 조총련과의 경쟁에서 밀리지 않도록 하고 친한국계 교포를 많이 확보하려는, 즉 이념적 배경을 지닌 것으로 볼 수 있다.

1970년대는 해외 한인 후손에 대한 교육과 관련하여 중요한 의미를 갖는 시기이다. 해외 한인 후손 교육과 관련하여 지금까지도 유일한 법령이라고 볼 수 있는 「재외국민의 교육에 관한 규정」(1977년, 2월 28일. 대통령령 제 8461호)이 제정되어 해외 한인 후손 사회에 큰 반향을 일으켰다.[1] 이 법령이 담고 있는 주요 내용은 국민으로서의 교육 기회 균등과 교육 의무 부과를 근본 원칙으로 하며 재외국민의 교육을 지원하기 위한 것이었다. 이는 재외국민을 위한 교육기관의 설치 및 운영에 있어 정부가 직접 나서거나 예산 지원을 할 수 있는 길을 열어 놓은 것으로 오늘날 한국 학교, 한국교육원, 한글학교라는 재외국민의 교육과 관련한 교육기관의 확충이 가능하게 되었다. 이 법령의 파장은 재미동포 사회에서 즉각적으로 나타나 이 법령 제정 이전까지 극소수에 불과하던 한글학교의 수는 법령 제정 이후 빠르게 늘었다. 이러한 정책적 변화는 무엇보다도 모국과의 민족동질성 확보를 원하는 것으로 과거와는 판이하게 다른 양상이다. 즉 그 이전의 해외이주민에 대한 우리 정부의 모습은 국내문제 해결을 위한 이주자 송출이 중요하였고 이주자 역시도 현지 사회적응과 현지 동화에만 집중했기 때문에 민족동질성에 대한 부분은 사실상 그리 중시되지 않았었다. 이러한 이유로 해외 한인 후손을 위하여 현지 대사관, 영사관, 교포단체를 통하여 교육 시행을 위한 지원을 실시하기 시작하였지만 재정적 지원 수준은 매우 미약하였다.

---

1) 이 규정은 2007년에 「재외국민의 교육 지원 등에 관한 법률」(법률 제 8164호, 2007년 1월 3일 제정)로 격상이 되었다.

1980년대는 해외 한인 후손의 모국 수학을 적극 장려하는 시기로 볼 수 있다. 특히 1980년대 말에 경제적 성장과 아시안 게임, 서울 올림픽 등의 성공적인 개최로 해외 한인 후손의 모국에 대한 관심이 급증함에 따라 해외 한인 후손을 대상으로 한 교육 사업의 규모를 확대하였다. 구체적으로 재외국민교육에 모국 수학생을 위한 예비 교육과정의 규모를 늘리고 재외공관을 통해서도 국내 대학에 입학하는 모국 수학 지도 정책을 펼쳤다.

이후 1990년대는 정부의 세계화추진사업 전개에 따라 해외 한인 후손에 대한 정부의 적극적 관심이 크게 증가하였고 한국어 교육에 대한 관심도 더불어 커진 시기이다. 「세계화추진위원회」의 제안에 따라 정부는 해외 한인 후손 정책의 기본방향을 설정하고 국무총리를 위원장으로 하고 외무부 장관을 비롯한 관계 장관 15인 이내가 위원을 맡은 「재외동포정책위원회」를 구성하여 본격적인 준비를 하게 되고, 1997년 2월 「재외동포재단법」을 통과시킨 후 재외동포와 관련한 정부의 공식 업무를 전담하는 「재외동포재단」을 설립하기에 이르렀다.[2] 즉 소위 외국의 교민청의 업무를 유사한 기능을 담당하는 조직을 발족한 것이다. 이를 계기로 그 동안 미루어왔던 재외동포와 관련한 문제들이 거론되기 시작하였다. 이는 곧 체류 허가, 입국사증, 외화 국내반입, 외국국적 취득자에 대한 재산권, 외국인의 토지 취득 및 관리, 해외이주 절차 등 산적한 업무에 대한 정부의 공식적 취급이 시작된 것을 의미한다. 새로운 재외동포정책의 시행으로 인해 정부부처 내 업무의 중복성, 대상의 불명료성, 법률근거의 미비 등은 해결되었지만, 여전히 총체적인 예산부족, 세부정책 마련의 어려움, 전문 인력의 부재 등은 계속해서 고민해야 할 문제로 남아있다.

1998년에 출범한 김대중 정부는 「재외동포 특례법(재외동포의 출입국과 법적 지위에 관한 법률)」을 1999년 12월부터 시행하여 외국국적 소

---

2) 이와 관련해서는 이종훈(1998) 참조.

지 재외동포들에게 내국인과 동등한 법적 지위를 부여하여 출입국과 체류, 국내 정치.경제활동에서 차별이 없게 하는 보다 전향적인 동포정책을 추진하였다. 재외동포들에게 모국의 국경 문턱을 낮추어 출입국, 체류, 모국에서의 활동제약을 완화하는 것을 기본 목적으로 하고 있다. 특히 부동산 취득, 금융, 외국환 등에 있어서 각종 제약을 완화하고 국내 부동산 매각대금을 반출할 수 있도록 함으로써 재외동포들의 국내에서의 재산권 행사를 보다 자유롭게 하고 국내의 경제회생 노력에 동참할 수 있도록 하였다. 정치활동에 있어서도 국내에 90일 이상 장기체류자일 경우에는 국내에서 실시하는 선거에 참여할 수 있도록 하였다. 그러나 재중동포들에 대한 예외 규정을 드는 등 원래의 입법 취지를 충분히 살리지 못한 한계가 있다.

한국어 교육과 관련해서도 정부의 정책은 다양성을 띠기 시작하였다. 한국의 경제발전, 아시안 게임과 서울올림픽의 성공적 개최, 구 공산권과의 수교 등 국제 사회에서 한국에 대한 인지도가 높아지고 한국의 역할이 강화되면서 전 세계적으로 한국어 교육 수요가 급격히 일게 되자 정부에서는 한국어의 세계적 보급을 위한 다양한 정책적 시도를 나타냈다. 시기적으로 1990년대 중반부터 활발해진 정부의 한국어 국외 보급 정책은 때로는 정부 주도하에, 때로는 민간과의 협력 하에 추진되었다. 1990년대 중반 이후 한국 정부는 한국어의 국외 보급 사업을 적극 추진하는데 대표적인 예가 1997년에 최초로 실시한 한국어능력시험과 1998년부터 시작한 한국어세계화추진위원회의 한국어 국외 보급 사업이다. 1997년에 실시한 한국어능력시험의 시행 지역은 한국, 일본, 중국, 카자흐스탄, 미국 등 다분히 해외 한인 후손이 주대상이었음을 알 수 있다. 1998년부터 활동을 시작한 한국어 세계화 추진 사업에서도 당시에 해외 현지인에 비하여 압도적으로 수가 많았던 해외 한인 후손이 주된 사업 대상이었음을 부인할 수 없다.

이렇게 해외 한인 후손에 대한 한국어 교육은 재외동포 정책의 일환으로서의 의미도 갖지만 한국 정부의 한국어 국외 보급 사업의 주요 정책 대상으로서의 의미도 갖는다. 2000년대 들어 글로벌화가 가속화되면서 해외 한인은 한민족 네트워크의 기반이 되고 해외 한인의 역량 강화가 곧 민족 역량으로 간주되는 상황에서 한국 정부의 해외 한인에 대한 정책적 중요성은 더욱 커져 왔다. 해외 현지의 한인회가 중심이 되는 기본적인 한민족 네트워크, 해외 한인 경제인 단체가 중심이 되는 경제저 네트워크인 해외 한상네트워크와 월드 옥타 등과 함께 한글학교협의회의 세계적 네트워크 구축은 한국 정부의 해외 한인 관련 3대 네트워크의 하나가 된다.

비록 최근에 국내로 이주해 오는 외국인 이민자, 한류 기반의 학습자, 외국인 유학생, 고용허가제 한국어능력시험 실시에 따른 외국인 노동자가 한국어 학습자의 주된 집단으로 자리 잡았다고는 하지만 여전히 해외 한인은 한국어 교육의 최대 집단 중 하나의 위상을 차지하고 있다. 여기에 앞에서 언급한 바와 같이 해외 한인 후손을 대상으로 하는 한국어 교육이 갖는 다원적 특성을 고려할 때 한인 디아스포라와 관련하여 논의할 주요 쟁점으로 한국어 교육이 갖는 중요성은 무엇보다 크다 할 것이다.


## 3. 해외 한인 후손을 대상으로 하는 한국어 교육의 실제1 － 교육기관

해외 한인 후손을 대상으로 하는 한국어 교육의 실제를 제시하기 전에 해외 한인의 본포 상황을 제시하면 〈표 1〉과 같다.

**표 1** 해외 한인 현황 총계[3]

(단위 : 명)

| 연도별<br>지역별 | | 2009 | 2011 | 2013 | 2015 | 백분율<br>(%) | 전년비<br>증감율(%) |
|---|---|---|---|---|---|---|---|
| 통계 | | 6,822,606 | 7,175,654 | 7,012,917 | 7,184,872 | 100 | 2.45 |
| 동북<br>아시아 | 일본 | 912,655 | 913,097 | 893,129 | 855,725 | 11.91 | -4.19 |
| | 중국 | 2,336,771 | 2,704,994 | 2,573,928 | 2,585,993 | 35.99 | 0.47 |
| | 소계 | 3,249,426 | 3,618,091 | 3,467,057 | 3,441,718 | 47.9 | -0.73 |
| 남아시아태평양 | | 461,127 | 453,420 | 485,836 | 510,633 | 7.11 | 5.10 |
| 북미 | 미국 | 2,102,283 | 2,075,590 | 2,091,432 | 2,238,989 | 31.16 | 7.06 |
| | 캐나다 | 223,322 | 231,492 | 205,993 | 224,054 | 3.12 | 8.77 |
| | 소계 | 2,325,605 | 2,307,082 | 2,297,425 | 2,463,043 | 34.28 | 7.21 |
| 중남미 | | 107,029 | 112,980 | 111,156 | 105,243 | 1.46 | -5.32 |
| 유럽 | | 655,843 | 656,707 | 615,847 | 627,089 | 8.73 | 1.83 |
| 아프리카 | | 9,577 | 11,072 | 10,548 | 11,583 | 0.16 | 9.81 |
| 중동 | | 13,999 | 16,302 | 25,048 | 25,563 | 0.36 | 2.06 |

**그림 1** 해외 한인의 지역별 분포[4]

---

3) 재외동포재단 홈페이지. 재외동포현황 2015(2014년 말 기준).

4) 중앙일보 2015.10.5.일자 기사 참조.

**표 2** 해외 한인 다수 거주 국가 현황

(단위 : 명)

| 순위 | 국가명 | 2015년 |
|---|---|---|
| 1 | 중국 | 2,585,993 |
| 2 | 미국 | 2,238,989 |
| 3 | 일본 | 855,725 |
| 4 | 캐나다 | 224,054 |
| 5 | 우즈베키스탄 | 186,186 |
| 6 | 러시아 | 166,956 |
| 7 | 호주 | 153,653 |
| 8 | 베트남 | 108,850 |
| 9 | 카자흐스탄 | 107,613 |
| 10 | 필리핀 | 89,037 |
| 11 | 브라질 | 50,418 |
| 12 | 인도네시아 | 40,741 |
| 13 | 영국 | 40,263 |
| 14 | 독일 | 39,047 |
| 15 | 뉴질랜드 | 30,174 |
| 16 | 아르헨티나 | 22,730 |
| 17 | 태국 | 19,700 |
| 18 | 싱가포르 | 19,450 |
| 19 | 키르기즈공화국 | 18,709 |
| 20 | 프랑스 | 15,000 |
| 21 | 우크라이나 | 13,013 |
| 22 | 말레이시아 | 12,690 |
| 23 | 멕시코 | 11,484 |
| 24 | 아랍에미리트 | 10,356 |
| 25 | 인도 | 10,178 |
| 26 | 캄보디아 | 8,445 |
| 27 | 사우디아라비아 | 5,189 |
| 28 | 과테말라 | 5,162 |
| 29 | 파라과이 | 5,090 |
| 30 | 대만 | 4,828 |
| 기타 국가 동포 수 | | 85,059 |
| 전체 재외동포 수(181개국) | | 7,184,872 |

해외 한인 후손을 대상으로 하는 한국어 교육은 대체로 세 가지 유형으로 나뉜다. 한국 학교, 한국교육원, 한글학교가 그것으로서 엄밀한 의미에서 한글학교를 제외하고는 순수한 한국어 교육기관으로는 볼 수 없으나 이들 두 기관의 주된 활동에 해외 한인 후손에 대한 한국어 교육이 포함되어 있기에 여기에서 함께 살펴보고자 한다.

**표 3** 한글학교, 한국 학교, 한국교육원 현황[5]

| 지역별 | | 이주 · 대양주 | 북미 | 중남미 | 구주 · 러 · CIS | 아 · 중동 | 계 |
|---|---|---|---|---|---|---|---|
| 한글학교 | 학교수 | 363 | 1,070 | 89 | 351 | 45 | 116개국 1,918개교 |
| | 교원수 | 2,884 | 9,939 | 722 | 1,500 | 288 | 15,333명 |
| | 학생수 | 25,179 | 57,702 | 6,098 | 15,670 | 1,748 | 106,397명 |
| | 동포수 | 3,952,468[6] | 2,297,425 | 111,156 | 615,847 | 35,596 | 7,012,492명 |
| 한국학교 | 학교수 | 23 | – | 3 | 1 | 4 | 15개국 31개교 |
| | 교원수 (파견) | 1,108 (20) | – | 61 (3) | 13 (1) | 18 (4) | 1,200명 (28) |
| | 학생수 (학급수) | 11,594 (517) | – | 571 (35) | 102 (9) | 55 (19) | 12,322명 (580) |
| 한국교육원 | 교육원수 | 19 | 7 | 3 | 10 | – | 17개국 39개원 |
| | 파견인원 | 19 | 8 | 3 | 10 | – | 40명 |
| 주재관 (교육관)* | 기관수 | 3 | 2 | – | 7 | – | 9개국 12기관 |
| | 파견 공무원수 | 4 | 3 | – | 8 | – | 15명 |

*동포수: 재외동포 현황(외교부, 2012.12. 기준)
*한글학교(재외동포재단 2014.2. 기준)
*한국학교, 한국교육원 현황(교육부, 2014.3. 기준)
*주재관(교육부, 2014.9. 기준)

---

5) 재외동포재단 홈페이지. 2014년 재외동포 교육기관 현황.
6) 중국(2,573,928명), 일본(892,704명), 대양주(189,049명), 기타 지역(296,787명).

**표 4** 한글학교 현황–대륙별

| 지역 | 국가 | 공관 | 학교수 | 교원수 | 학생수 합계 | 유 일시 | 유 영주 | 초 일시 | 초 영주 | 중 일시 | 중 영주 | 고 일시 | 고 영주 | 성인 일시 | 성인 영주 |
|---|---|---|---|---|---|---|---|---|---|---|---|---|---|---|---|
| 아주 | 19 | 40 | 296 | 2,144 | 19,709 | 1,693 | 944 | 5,899 | 2,354 | 1,171 | 569 | 221 | 464 | 314 | 6,080 |
| 대양주 | 4 | 7 | 67 | 740 | 5,470 | 183 | 1,409 | 289 | 2,585 | 79 | 497 | 54 | 179 | 13 | 182 |
| 북미 | 2 | 16 | 1,070 | 9,939 | 57,702 | 1,237 | 12,347 | 2,236 | 25,361 | 705 | 8,272 | 362 | 4,473 | 193 | 2,516 |
| 중남미 | 20 | 20 | 89 | 722 | 6,098 | 154 | 689 | 375 | 1,952 | 60 | 953 | 128 | 675 | 226 | 886 |
| 구주 | 28 | 31 | 111 | 823 | 5,423 | 436 | 759 | 838 | 1,149 | 209 | 441 | 78 | 285 | 65 | 1,163 |
| 러·CIS | 9 | 12 | 240 | 677 | 10,247 | 61 | 1,172 | 219 | 1,538 | 92 | 1,939 | 48 | 1,484 | 32 | 3,662 |
| 아·중동 | 34 | 30 | 45 | 288 | 1,748 | 183 | 154 | 467 | 311 | 188 | 80 | 39 | 32 | 33 | 261 |
| 총계 | 116 | 156 | 1,918 | 15,333 | 106,397 | 3,947 | 17,474 | 10,323 | 35,250 | 2,504 | 12,751 | 930 | 7,592 | 876 | 14,750 |

**표 5** 한국 학교 현황–총괄

| 국명 | 학교명 | 학생수(학급수) 계 | 유 | 초 | 중 | 고 | 교원수(파견교원수) 계 | 유 | 초등 | 중등 |
|---|---|---|---|---|---|---|---|---|---|---|
| 일본 | 동경한국학교 | 1,297(35) | – | 681(18) | 302(9) | 247(8) | 67(1) | – | 38(0) | 29(1) |
| | 교토국제학교 | 134(9) | – | – | 45(3) | 89(6) | 24(0) | – | – | 24(0) |
| | 오사카금강학교 | 257(12) | – | 111(6) | 76(3) | 70(3) | 30(1) | – | 12(0) | 18(1) |
| | 건국한국학교 | 377(21) | 27(3) | 133(6) | 102(6) | 115(6) | 47(0) | 5(0) | 11(0) | 31(0) |
| | 소계 | 1,998(17) | 27(3) | 925(3) | 525(21) | 521(23) | 168(2) | 5(0) | 61(0) | 102(2) |
| 중국 | 북경한국국제학교 | 1,129(44) | 71(5) | 499(18) | 246(9) | 313(12) | 101(1) | 10(0) | 37(0) | 54(1) |
| | 천진한국국제학교 | 900(36) | 122(6) | 399(15) | 202(8) | 177(7) | 87(1) | 11(0) | 32(0) | 44(1) |
| | 상해한국학교 | 1,238(44) | – | 542(20) | 318(11) | 378(13) | 107(1) | – | 47(0) | 60(1) |
| | 무석한국학교 | 495(23) | 59(3) | 170(8) | 115(6) | 151(6) | 52(1) | 3(0) | 19(0) | 30(1) |
| | 소주한국학교 | 25(6) | – | 25(6) | | | 7(1) | – | 6(0) | 1(0) |
| | 연대한국학교 | 393(25) | – | 214(11) | 179(6) | 207(7) | 63(1) | 8(0) | 23(1) | 32(0) |
| | 칭다오청운한국학교 | 727(33) | 88(5) | 299(12) | 170(8) | 170(8) | 41(1) | 2(0) | 12(0) | 27(1) |
| | 대련한국국제학교 | 326(18) | 5(1) | 107(6) | 100(5) | 114(6) | 30(1) | 5(0) | 11(0) | 14(1) |
| | 선양한국국제학교 | 175(15) | 18(3) | 79(6) | 37(3) | 41(3) | 22(1) | – | 8(0) | 14(1) |

| 국가 | 학교 | | | | | | | | | |
|---|---|---|---|---|---|---|---|---|---|---|
| 중국 | 연변한국국제학교 | 126(12) | – | 50(6) | 29(3) | 47(3) | 28(1) | 4(0) | 13(1) | 11(0) |
| | 소계 | 5,919(270) | 392(25) | 2,448(114) | 1,422(62) | 1,657(69) | 597(11) | 43(0) | 232(3) | 322(8) |
| 대만 | 타이베이한국학교 | 39(6) | 11(2) | 26(4) | – | – | 7(1) | 2(0) | 5(1) | – |
| | 까오슝한국국제학교 | 61(7) | 18(1) | 43(6) | – | – | 9(1) | 2(0) | 7(1) | – |
| | 소계 | 100(13) | 29(3) | 71(10) | – | – | 16(2) | 4(0) | 12(2) | – |
| 인도네시아 | 자카르타한국국제학교 | 875(39) | – | 368(18) | 184(8) | 323(13) | 89(1) | – | 43(0) | 46(1) |
| 싱가포르 | 싱가포르한국국제학교 | 392(21) | 106(7) | 153(8) | 52(3) | 81(3) | 59(1) | 12(0) | 20(1) | 27(0) |
| 베트남 | 호찌민시한국국제학교 | 1,404(47) | 38(2) | 647(21) | 349(12) | 370(12) | 87(1) | 3(0) | 37(0) | 47(1) |
| | 하노이한국국제학교 | 648(26) | – | 331(14) | 168(6) | 149(6) | 53(1) | – | 22(0) | 31(1) |
| | 소계 | 2,052(73) | 38(2) | 978(35) | 517(18) | 519(18) | 77(2) | 5(0) | 23(0) | 49(2) |
| 태국 | 방콕한국국제학교 | 96(12) | – | 34(6) | 25(3) | 37(3) | 21(1) | – | 11(0) | 10(1) |
| 필리핀 | 필리핀한국국제학교 | 162(12) | – | 96(6) | 30(3) | 36(3) | 18(1) | – | 6(0) | 12(1) |
| 파라과이 | 파라과이한국학교 | 117(9) | 40(3) | 77(6) | – | – | 10(1) | 3(0) | 7(1) | – |
| 아르헨티나 | 아르헨티나한국학교 | 325(16) | 149(9) | 176(7) | – | – | 41(1) | 18(0) | 23(1) | – |
| 브라질 | 브라질한국학교 | 129(10) | 72(4) | 57(6) | – | – | 10(1) | 4(0) | 6(1) | – |
| 러시아 | 모스크바한국학교 | 102(9) | 50(3) | 52(6) | – | – | 13(1) | 3(0) | 10(1) | – |
| 사우디아라비아 | 젯다한국학교 | 11(5) | – | 11(5) | – | – | 3(1) | – | 3(1) | – |
| | 리야드한국학교 | 15(3) | – | 15(3) | – | – | 4(1) | – | 4(1) | – |
| | 소계 | 26(8) | – | 26(8) | – | – | 7(2) | – | 7(2) | – |
| 이란 | 테헤란한국학교 | 10(5) | – | 10(5) | – | – | 4(1) | – | 4(1) | – |
| 이집트 | 카이로한국학교 | 19(6) | – | 19(6) | – | – | 7(1) | – | 7(1) | – |
| 합계 | 15개국, 31개교 | 12,322(580) | 903(59) | 5,490(271) | 2,775(118) | 3,174(132) | 1,200(29) | 95(0) | 508(14) | 597(15) |

표 6 한국교육원 - 총괄

| 구분\n지역 | 교육원수 | 파견\n공무원수 | 관할 한글학교 | | | 관할지역\n동포수 |
|---|---|---|---|---|---|---|
| | | | 학교수 | 교원수 | 학생수 | |
| 일본 | 15 | 15 | 156 | 510 | 8,427 | 522,126 |
| 미국 | 6 | 7 | 743 | 7,127 | 42,213 | 1,645,381 |
| 캐나다 | 1 | 1 | 109 | 806 | 6,409 | 229,701 |
| 파라과이 | 1 | 1 | 3 | 21 | 169 | 5,126 |
| 아르헨티나 | 1 | 1 | 20 | 185 | 1,210 | 22,714 |
| 브라질 | 1 | 1 | 27 | 171 | 1,464 | 49,511 |
| 영국 | 1 | 1 | 21 | 142 | 690 | 46,829 |
| 프랑스 | 1 | 1 | 14 | 96 | 875 | 14,000 |
| 독일 | 1 | 1 | 31 | 1,451 | 227 | 33,774 |
| 러시아 | 4 | 4 | 77 | 165 | 3,421 | 103,148 |
| 카자흐스탄 | 1 | 1 | 58 | 128 | 1,912 | 110,110 |
| 키르키즈스탄 | 1 | 1 | 48 | 123 | 4,653 | 18,403 |
| 우즈베키스탄 | 1 | 1 | 82 | 108 | 3,783 | 172,500 |
| 호주 | 1 | 1 | 38 | 406 | 3,131 | 129,435 |
| 뉴질랜드 | 1 | 1 | 13 | 231 | 1,167 | 23,598 |
| 태국 | 1 | 1 | 4 | 53 | 360 | 20,000 |
| 베트남 | 1 | 1 | 2 | 38 | 376 | 80,000 |
| 합계 | 17개국, 39개원 | 40 | 1,446 | 11,761 | 80,487 | 3,226,356 |

## 4. 해외 한인 후손을 대상으로 하는 한국어 교육의 실제2
### - 교재와 교사

해외 한인 후손을 대상으로 하는 한국어 교육의 실제로서 교재와 교사
가 갖는 의미가 크다. 한국에서 교육이라고 하면 헌법에서 정하고 있는
교육기본권의 실현이 그 바탕으로 관련 법령을 제정하고 교육 실현에 필
요한 제반 기반을 구축하게 된다. 예를 들어 학교를 설립하고 교육과정

을 개발하고 교사를 육성, 인증, 임용하고 교재를 개발한 후 학생을 모집하여 교육을 실시하게 된다. 이에 비하여 해외 현지에서의 한국어 교육은 이러한 법적 근거를 갖추고 있지 않기 때문에 국가로부터 체계적인 교육 지원을 받지 못한 것이 엄연한 사실이다. 이런 상황에서 해외 현지의 한인 후손에 대한 한국어 교육의 성패는 상당 부분 교재와 교사에 의존한다고 해도 지나치지 않을 것이다. 교재는 교육 현장에서 교육 목표 설정, 교육 내용 규정, 교수-학습 전략의 설정, 평가의 대상 등 다양한 기능을 수행한다. 특히 교육과정이 개발되지 않은 상황에서 어떤 교재를 채택하느냐 또는 교재를 어떻게 개발하느냐는 현장 교육에 큰 영향을 준다. 교사는 교육 현장에서 단지 가르치는 일에 국한하지 않고 교육과정과 교수요목의 개발에 참여하고 교육 자료를 개발하고 교수방법을 개선함으로서 실질적으로 현장 교육 영역에서 막중한 역할을 수행한다.

이렇게 중요성을 갖는 교재와 교사의 영역에서 볼 때 해외 한인 후손에 대한 한국어 교육은 오랜 기간 지원의 사각지대에 놓여 있다가 시간이 지나면서 정부 지원의 중요한 대상으로 자리 잡아 왔음을 알 수 있다. 초기에는 교육과정이 부재하고 범용성을 갖춘 교재도 부재하였으며 교사의 대부분은 자원봉사자에 의존하였던 것은 주지의 사실이다. 그러나 시간이 지나면서 한국 정부 지원의 교재가 개발되고 해외 현지의 지역 단원 연합체의 노력으로 현지 개발 교재가 속속 개발되었다. 이후 한국 정부의 지원 규모가 커지면서 국내 개발 각급 교과서의 보급이 이루어지고 한국어 교육을 위한 지역별 맞춤형 교재의 개발 및 보급이 가속화되었다. 뿐만 아니라 웹상에서 한국어 학습을 할 수 있는 웹 기반 교육도 활발해져 국립국제교육원과 재외동포재단은 웹상에서 교육 자료를 제공하고 실제 온라인 학습 서비스를 제공하고 있다. 해외 한인 후손을 대상으로 하는 한국어 교육을 담당하는 교사 역시 전문화의 과정을 거쳐 오고 있는데 이러한 노력은 크게 두 가지 측면에서 살펴볼 수 있다. 하나는 국내 초청 연수의 확대에 따른 전문성 향상이며 다른 하나는 온-오프라인 등 다양한 방식을 통한 유자격화 노력이다. 전자가 현직 교사의 재훈련을 통한 전문성 강화라면 후자는 좀 더 체계적으로 전문 인력 육성의 의미를 갖는다. 교사에 대한 국내 초청 연수는 국내의 몇몇 유관기관의 초청으로 이루어지며 때로는 국내 대학과의 협력으로 이루어지기도 한다. 후자 역시 국내 대학과의 협력을 통하여 진행되는 경우가 많은데 특히 온라인 교육 체계를 갖춘 대학과 협력하여 국어기본법에서 정하고 있는 한국어 교원 자격증 과정을 오랫동안 진행해 오고 있다.

이와 같이 해외 한인에 대한 한국어 교육은 시간이 지나면서 현장 교육의 성과를 높이기 위한 정부 차원의 지원이 커졌음을 알 수 있다. 이와 함께 초기 자원봉사자의 열정과 노력에 더하여 교사의 전문성이 제고되면서 해외 한인 후손에 대한 한국어 교육은 더 큰 성과를 내는 것으로 볼 수 있다.

## 5. 해외 한인 후손을 위한 한국어 교육의 발전 방안

### 5.1. 해외 한인 후손에 대한 한국어 교육의 철학과 목적 정립

해외 한인 후손의 한국어 교육과 관련하여 제일 먼저 부각되는 문제점은 한국어 교육의 철학과 목적, 목표가 분명하게 제시되지 않는다는 점이다. 일반적으로 한국 정부의 재외동포 정책은 '현지화', '모국과의 연계'라는 두 가지 방향을 동시에 추구하는 것이다. 한국어 교육은 이중에서 바로 모국과의 연계를 강화하는 데 큰 역할을 하는 것으로 알려져 있다. 또한 여기에 그치지 않고 한국어 교육은 해외 한인 후손들이 다민족 사회의 구성원으로서 현지 동화에도 도움을 준다. 이미 1990년대 초에 재미동포 사회에서는 한국어 교육을 중심으로 하는 민족교육이 없이는 '변두리적 삶(Marginal Life)'을 살 수 밖에 없다는 공감대가 형성되기 시작하였다. 즉 미국과 같은 다민족 사회에서 완전동화도 어렵고 자주성도 유지하기 어려운 형편을 말하는 것으로 민족의식을 갖출 것을 강조한다. 그리고 민족의식을 갖추기 위해서 한국어 교육이 필요함을 역설하고 있다. 이는 한국어 교육이 단순히 '모국과의 연계' 차원이 아닌 '현지화'에도 도움이 됨을 의미한다. 이제 글로벌화가 가속화하고 있는 지금 또 다른 차원의 의미와 가치가 추가될 수 있다. 해외 한인 후손의 한국어 교육에 있어 현시대 인류사적 변화와 해외 한인의 거주 국가의 특성에 맞춘 교육철학과 목표의 설정은 깊이 연구되어야 할 과제이다.

해외 한인 후손의 한국어 교육과 관련하여 심도 있는 논의가 진행되었던 1990년대 전후 미국의 상황은 시사하는 바가 크다. 재미한인학교 협의회가 1990년대 초에 공식적으로 제시한 한국어 교육 목표는 "재미 한민족 자자손손은 스스로가 한민족의 후예임을 명심하여 한국의 언어, 역사, 지리, 문화, 전통을 배우고 익혀서 한민족이 타 민족과 다른 특성을 지닌 민족임을 깨달아서 이를 자랑스럽게 여겨 미주에서 존경받고 모범적인 이민 민족으로서 정체성(identity)을 지닌 가운데 현지 생활에 잘 적응하도록 교육에 힘쓴다."라고 제시한 바 있다. 이와 함께 종래의 재미동포 교육의 한계를 짚으면서 새로운 교육 방향을 제시한 연구가 있다. 기존의 교육이 재미동포 2세의 공감대를 형성하지 못하는 것으로 진단한 이 연구는 Korean American 교육의 기본 방향을 구체적으로 제시하고 있는데 재미 한인 이민사와 이민 문화를 먼저 배우는 역사 교육, '한국계 미국인'으로서 당당하게 권리를 주장하고 행사할 수 있도록 하는 자아의식 교육, 1세와 2세가 공감할 수 있는 공동 관심사의 창출을 통한 공동체 의식 고취 등을 주내용으로 삼을 것을 제안하고 있다.[7]

이러한 사례를 참고로 하여 해외 한인 후손에 대한 한국어 교육 관련 주무 부서로 하여금 해외 한인 후손 한국어 교육의 철학, 목표 등을 구체화하는 작업을 좀 더 구체화할 필요가 있다. 국가적 차원의 교육 철학

---

7) UC Riverside의 장태한 교수가 제안한 것으로 주 내용에 대하여는 장태한(2004) 참조.

과 목적인 만큼 전 세계 해외 한인 사회의 한국어 교육을 선도할 수 있을 것이다. 최근 교육부(국립국제교육원)가 해외 한인 후손의 한국어 교육을 위한 교육과정, 교수요목, 교재를 개발하고 있는 점은 의미가 크다. 그러나 이와 함께 한국어 교육의 궁극적 비전, 가치 등을 좀 더 공론화할 필요가 있다.

## 5.2. 관련 법규의 제정과 정부 내 유관기관의 협력

해외 한인 후손 한국어 교육을 효율적으로 뒷받침하기 위해서는 관련 법규의 제정이 시급하다. 관련 법규는 정부의 정책 의지와 방향을 알 수 있게 함으로써 사회적 안정성 속에서 해외 한인 후손 한국어 교육의 추진이 가능할 것이다. 즉, 관련 법규에 따라 자연히 주무부서가 결정되고 정책 입안 및 집행 상에 있어 기본적인 뒷받침은 물론 때에 따라서는 강한 추진력을 얻게 된다. 이것이 확충되어 있지 않을 때 관련 정책의 수립 및 집행은 아예 불가능하거나 매우 제한적일 수밖에 없다. 그러나 앞에서 살펴본 것처럼 한국어 교육 정책이 정부 차원에서 강력하게 추진되어 오지 못한 가장 큰 이유도 바로 관련 법규의 미비에 기인한다 해도 지나치지 않을 것이다.

이는 해외 한인 후손을 대상으로 하는 대다수의 한국어 교육이 국가적 관심사 밖에 놓였음을 의미하는 것이다. 이로써 한국어 교육기관의 설립, 교사 자격, 교육과정 등에 있어서도 유사 법규를 원용하거나 전적으로 교육기관 자체 판단에 맡기게 되었다.

해외 한인 후손 한국어 교육과 관련을 갖는 최초의 법규는 앞에서 언급했듯이 1977년에 제정된 「재외국민의 교육에 관한 규정」이다. 전문 24조로 구성된 이 규정의 원래 성격은 한국어 교육과의 관련성보다는 대한민국 교육의 재외국민에의 적용이라고 볼 수 있다. 최근에 문화관광부가 입법 추진하고 있는 국어기본법에서 해외 한인 후손 한국어 교육에 대한 지원 근거 규정을 두고 있음은 주목할 만하다. 그러나 문제는 국어기본법이 문화관광부 관련의 문화예술진흥법의 관련 조항만을 개폐할 뿐 교육인적자원부 관련 규정에 대하여는 개폐할 권한과 근거가 없다는 점이다. 다시 말해 해외 한인 후손 한국어 교육과 관련하여 정부의 정책적 입장을 뒷받침할 기본 법규의 필요성을 충족시키지 못한다는 것이다. 따라서 기존의 관련 법규의 문제점을 보완하고 법규가 미치지 못하는 주요 영역을 망라하는 관련 법규의 제정을 깊이 고려하여야 할 것이다.[8]

한편 해외 한인 후손에 대한 한국어 교육 관련 정부 부서는 여러 부서와 산하기관으로 분산되어 있다. 분산이 각자의 고유 영역에서 필요한 과업을 추진하는 만큼 분산 그 자체가 문제가 되지 않는다. 그러나 분산이 조정과 통합이라는 상위 역할에 의하여 통제되지 않을 때 자칫 정책 추진의 사각지대가 발생할 수 있고 중복의 우려를 낳는다. 지금까지의 추진 과정을 종합적으로 점검하고 정부의 역량을 결집할 수 있는 최선의 대안이 무엇인지를 모색할 필요가 있으며 민간 전문가와의 협업의 수준과 방법도 함께 모색하는 것이 필요하다.

## 5.3. 정책 대안의 개발

지금까지 해외 한인 후손에 대한 한국어 교육 정책은 초기에는 북한과의 대결 등에서 우위에 서고자 하는 이념 기반의 접근과 재외국민의 모국 수학 지원, 최근에는 효율적인 교육의 실시를 위한 기반의 조성 및 실제 교육 사업 실시 등에 주력을 해 온 듯하다. 이는 1980년대 중반 이후 한국어 교육 대상 해외 한인 후손 후세의 급격한 증가와 국제 사회에서 한국어 교육에 대한 높은 열기로 인하여 현실적인 교육 수요를 충족해야 한다는 당위론적 입장에서 본다면 충분한 명분을 갖는다. 그러나 그

---

8)  2005년부터 시행해 오고 있는 국어기본법과 국어기본법시행령은 해외 한인 후손의 한국어 교육에 부분적으로 영향을 미칠 수 있는 법령이다.

동안 해외 한인 후손에 대한 한국어 교육 정책은 초기의 정책을 수정 보완하는 차원에서 발전을 해 온 듯하다. 즉 새로운 정책의 패러다임을 창출하지 못한 채 조금씩 외연을 넓혀 온 듯하다. 이제 해외 한인 후손에 대한 한국어 교육 정책의 철학과 목적의 정립, 관련 법적·제도적 기반의 확충과 함께 기존의 정책의 주내용에 대한 새로운 검토가 필요할 것이다. 다시 말해 기존의 법규와 제도 안에서 가장 역점을 두고 있는 것으로 보이는 해외 한인 후손의 모국 수학 지원 이외에 글로벌 시대의 역량있는 세계 시민 교육으로서의 해외 한인 후손 교육을 고려하여야 할 것이다. 해외 한인 후손에 대한 한국어 교육이 모국과의 연계와 현지화의 촉진이라는 두 가지 의미를 갖는다는 점은 이미 앞에서 언급하였다. 이제 전 세계 한민족 사회의 글로벌 역량 구축의 차원에서 한국어 교육이 세계 시민 교육으로서의 성격을 좀 더 강화해야 할 것이다. 시대 변화에 맞추고 거주지 현장 특성에도 맞춘 해외 한인 후손에 대한 새로운 교육 패러다임의 구축은 종국적으로는 한민족의 외연을 넓히고 저력을 강화하는 것으로서 본인은 물론 국가와 민족과 관련하여 갖는 가치 높은 일이 될 것이다.

## 참고문헌

박소연(2013) 재외동포 한국어 교육 정책 연구, 한국카톨릭대학교 박사학위
    논문.

성광수(1996) 한국어의 세계적 보급을 위한 언어정책 검토, 한국어 세계화의 제
    문제. 이중 언어학회지 제13호. 서울: 이중 언어학회.

이종훈(1998) 해외 한인 후손 정책의 과제와 해외 한인 후손기본법의 개정문제,
    대한민국국회 입법조사연구 통권 제 249호.

장태한(2004) 재미동포 2세 교육의 방향과 미래상. 비교문화적 접근을 통한 한
    국 언어 문화. 국제한국언어문화학회 제1차 국제학술대회 발표논문집.

조항록(2004) 재외동포를 대상으로 하는 한국어 교육의 실제와 과제, 한국어 교
    육 제15권 2호, 국제한국어 교육학회.

조항록(2010) 한국어 교육정책론, 한국 문화사.

류재택 외(2002) 해외 한인 후손용 한국어 교재개선을 위한 교육과정 개발연구,
    연구보고 RRC 2002-20, 서울: 한국교육과정평가원.

# 제**3**장

# 다문화 사회와 한국어 능력 평가

# ① 한국 귀화시험의 한국어·한국 문화 능력 평가의 실제와 과제*

## 1. 들어가기

최근 우리 사회의 다문화 사회화가 가속화되고 있음은 주지의 사실이다. 이 과정에서 우리 사회의 다양한 영역에서 한국어 교육의 중요성이 커지고 있음에도 모두가 동의한다. 그러나 다문화 사회의 진전에 따라 확장되는 한국어 교육의 영역은 공교롭게도 그동안 한국어 교육계가 경험하지 않은 영역이 대부분으로 한국어 교육계의 좀 더 큰 관심을 요한다. 본 연구에서 논하는 귀화시험의 한국어 능력 평가와 한국 사회 이해 능력 평가도 그 중의 한 예가 될 것이다.[1] 본고에서는 최근 우리 사회에서 한국어 교육 관련 영역이 확장됨에 따라 새로이 한국어 교육계가 관심을 가져야 영역으로 이주민의 국적 취득과 관련한 한국어 능력 평가의 실제를 살펴보고 한계를 지적한 후 가능한 범위에서 대안을 제시하는 데에 목적을 둔다. 좀 더 구체적으로 이주민의 한국 국적 취득 시 필수적으로 요구되는 귀화시험의 한국어 능력과 한국 사회 이해 능력의 평가를 논의의 대상으로 삼는다.

---

\* 이 글은 국제한국어교육학회의 한국어교육 23권 4호(2012년)에 게재되었으며 이미혜 교수(이화여자대학교), 조현용 교수(경희대학교)와 공동 집필하였음을 밝힌다.

1) 본고의 제목에는 이에 상응하는 것으로 한국 문화 능력이라는 용어를 사용하였다. 실제로 한국어(외국어) 교육계에서는 교수 학습의 대상으로서 논하는 사회의 제 현상을 문화라는 범주 안에 모아서 논하는 것이 일반적이다. 따라서 한국어 교육의 관점에서 논할 때에는 한국 문화를, 실제 귀화시험을 중심으로 논할 때는 한국 사회 이해로 기술하고자 한다.

1948년 8월 15일 대한민국 정부가 수립된 지 63년 만인 2011년에 한국에 귀화한 사람의 수가 10만 명을 넘어섰다. 국내 귀화자는 2000년까지 연평균 34명에 불과했으나 2001~2010년 연평균 9,816명으로 급증했다. 이는 10년 사이에 약 50배 가까이 늘어난 수치이다. 최근의 10년 동안의 귀화자가 전체 귀화자 수의 98%에 달한다. 국제결혼이 늘면서 국내 결혼이민자 수도 증가하고, 외국인 노동자 수의 증가, 중국 포용정책의 하나로 중국동포의 입국문호가 확대된 것도 귀화자 증가의 배경이라 할 수 있겠다.[2]

귀화란 과거에 한 번도 한국 국적을 가진 적이 없는 순수한 외국인이 국적법에 따라 법무부 장관의 허가를 받고 대한민국의 국적을 취득하는 절차를 말한다. 귀화의 절차는 일정 요건을 갖춘 자가 국적 취득 신고서 또는 귀화허가 신고서를 작성하여 법무부 장관에게 제출하고, 법무부 장

---

2) 행정안전부에서 2012년 6월까지 실시한 외국인주민 조사 현황을 바탕으로 국내 체류 외에 따르면 한국의 외국인 주민은 2011년 126만 5006명 대비 14만 4571명이 증가한 140만 9577명으로 한국 주민등록인구의 2.8%를 차지하고 있는 것으로 나타났다. 유형별로 외국인 주민의 현황을 표로 제시해 보면 다음과 같다. 외국인 주민 중 한국 국적 취득자 8.7%, 외국인 주민 자녀(외국인 부모, 외국인·한국인 부모, 한국인 부모 자녀) 12% 등 20.7%가 한국 국적을 취득하였다(2012.8 행정안전부 외국인주민 현황 조사결과를 바탕으로 재구성).

〈외국인 주민 유형별 현황과 국적 취득자 현황〉

| 외국인주민 (1,409,577명) | 한국 국적이 없는 자 (1,117,481명/ 79.3%) | 외국인 근로자 (588,944명 / 41.8%) | |
|---|---|---|---|
| | | 결혼이민자 (144,214명 / 10.2%) | |
| | | 유학생 (87,221명 / 6.2%) | |
| | | 외국국적동포 (135,020명 / 9.6%), 기업투자자 등 기타 (162,082명 / 11.5%) | |
| | 한국 국적이 있는 자 (292,096명/ 20.7%) | 국적 취득자 (123,513명/ 8.7%) | 혼인귀화자 (76,473명 / 5.4%) |
| | | | 기타사유 귀화자 (47,040명 / 3.3%) |
| | | 외국인주민 자녀 (168,583명 / 12%) | |

퍼센트(%)는 전체 외국인주민 대비 비율임.

관은 귀화적격심사를 통해 귀화 적격여부를 판정한다. 그런데 귀화적격 심사는 귀화 요건 심사와 함께 필기시험과 면접심사를 거치게 되는데[3] 바로 필기시험과 면접심사에서 한국어 능력과 한국 사회 이해 능력을 측정함으로써 한국어 교육과 밀접한 관련을 갖는다.

귀화 신청자가 어떤 변인을 갖고 있고, 어떠한 한국어 학습/습득 과정을 거쳤는지는 별개의 논의거리가 되겠지만 한국어 교육의 관점에서 볼 때 보다 중요한 것은 귀화시험이 갖는 한국어 능력 평가의 성격과 기능이다. 즉 현행 귀화시험이 응시자의 한국어 능력을 얼마나 적절하게 측정하는 평가도구로서의 요건을 갖추고 있는지, 귀화시험을 통한 한국어 능력과 한국 사회 이해 능력 평가가 국가적 사회적 기능을 수행하기에 적절한지는 한국어 교육의 관점에서 논의의 대상이 된다.

앞에서 언급한 바와 같이 귀화 신청자가 극소수에 불과했을 때에는 귀화적격심사 자체가 그리 큰 관심을 갖지 않는 사안이었다. 그러나 최근에는 귀화 신청자가 연간 3만 명이 넘는 수준으로서 귀화적격심사가 갖는 중요성은 과거에 비하여 비할 나위 없이 커졌다. 이제 귀화시험의 평가목표와 기준, 평가도구의 구성 요소, 평가의 시행 및 평점 부과 등은 학계의 관심 영역으로 끌어들여야 하며 효율적인 시험제도로서의 정착을 위한 노력은 관련 분야 종사자의 과제로 인식해야 할 시점이다.

이러한 맥락에서 본고는 귀화시험과 관련한 초기 논의로서 기존 시행 귀화시험의 문항 분석을 통하여 귀화시험의 실제를 파악하고 개선을 위한 대안을 제시함을 목적으로 한다. 다만 귀화시험 전체에 대한 논의는 그 범위가 방대함을 고려하여 평가도구로서의 적절성 여부에 대한 논의에 국한하여 진행하고자 한다. 예를 들어 귀화시험의 목적과 평가기준 등은 한국어 교육의 차원을 넘는 국가 정책적 차원의 논의로서 인접 학문과의 협업이 필요한 쟁점이며, 평가의 시행과 평점의 부과 역시 국가

---

3) 귀화신청자 모두가 귀화시험을 보는 것은 아니다. 법무부령으로 정하는 사람에게는 필기시험을 면제할 수 있는데, 대표적인 예가 특별귀화, 사회통합프로그램 이수자 등에게는 필기시험을 면제해 주고 있다.

정책적 차원의 고려가 요구되는 점을 고려하여 본 논의에서는 평가도구로서의 귀화시험에 초점을 두고자 한다.


## 2. 선행 연구 고찰

본고에서 다루고자 하는 귀화시험의 구성 요소 분석이나 문항 분석에 대한 연구는 매우 제한적이다. 귀화시험을 연구의 주대상으로 삼은 것은 서울대학교 사범대학 귀화시험개발팀(2009)의 외국인 귀화 필기시험 통계분석 보고서이다. 이는 법무부로부터 귀화 필기시험 문항 개발을 위탁받은 서울대학교 사범대학이 개발 문항을 바탕으로 실시한 귀화 필기시험의 개선을 위하여 자체 분석한 것으로 2009년도에 실시한 2회의 귀화 필기시험 문항을 분석하고 있다. 전체 문항을 대상으로 하여 문항별 정답률, 난이도, 변별도 등을 추출하여 제시하고 있다.[4]

귀화시험 자체에 대한 분석은 아니나 조항록 외(2010)에서는 귀화 희망자의 한국어 능력과 한국 사회 이해 능력의 중요성을 논하며 이를 측정할 수 있는 평가도구의 개발을 주장하고 있다. 기존의 귀화시험만으로는 귀화 희망자의 한국어 능력과 한국 사회 이해 능력을 측정하는 데에 한계가 있음을 지적하며 대체 평가도구로서 가칭 한국이민귀화적격시험(KIANT: Korea Immigration and Nationality Aptitude Test)이 필요함을 제시하고 대체 평가도구의 구성원리, 구성체계, 평가도구 시안을 제시하고 있다. 특히 이 연구에서는 최근의 이주민 유입 환경의 변화와 한국 정부의 이주민 정책의 변화를 분석하고 주요 외국어 능력 평가도구, 한국어 능력 평가 도구, 이주민 대상 한국어 능력 평가도구, 기존 한국의 귀화시험 평가 사례 분석 등을 시도하고, 총 50문항으로 구

---

4) 이 보고서의 내용은 본고의 뒤에서 인용 제시하고 있다.

성된 이민귀화적격시험 시안을 개발하였다. 이와 함께 개발 시안을 시험적으로 실시한 후 실시 결과를 분석하여 최종 시안을 제시하고 있다.

귀화제도가 국적 취득의 제도로서 미흡함을 지적하며 국적 취득 희망자에 대한 사전 요건 강화를 의미하는 영주권전치주의와의 관계를 논한 연구로 송소영(2011)을 들 수 있다. 송소영(2011)에서는 기존의 국적부여제도인 귀화제도는 귀화 자격을 판단하기에는 여러 제도적 미흡함이 있다고 하면서 영주 시간을 필수적으로 거치도록 하여 국민의 자격 부여 여부를 결정해야 한다고 주장한다. 이 연구에서는 특히 한국의 귀화제도가 세계 주요국가의 귀화제도에 비하여 상대적으로 국적 취득이 수월함을 지적하며 중장기적 이민 정책의 차원에서 국저 취득자의 요건 심사를 강화할 필요가 있음을 지적한다.

귀화를 중점적인 연구 대상으로 삼지는 않지만 국적 취득과 밀접한 관계가 있는 사회통합프로그램에 대한 논의로 차용호(2008), 김희정(2009), 이성순(2010), 조항록 외(2011)가 있다. 차용호(2008)는 다문화 사회의 도래에 따른 사회통합프로그램 실시의 필요성 및 제도화의 의미를 우선 강조한 후 구체적인 실시 방안으로서 교육과정, 교육 자료와 교사 등에 대하여 논하고 이수자에 대한 정책적인 혜택 등을 논하고 있다. 김희정(2009)은 이민자 사회통합과 언어교육제도에 대한 연구로 네덜란드의 사회통합프로그램과 한국의 사회통합프로그램을 비교하며 네덜란드의 사례를 참고할 필요가 있음을 주장하고 있다. 이성순(2010)은 사회통합프로그램이 다문화 사회로 변화하는 한국 사회의 이주민 정책으로 적절한 대안임이라고 전제한 후 현행 사회통합프로그램의 세부 실시 내용을 분석하고 있다. 여기에서는 2009년 시범실시의 성과를 분석하고 교육 인프라에 대한 세부 내용 분석을 시도하였으며 개선을 위한 다양한 대안을 제시하고 있다. 조항록 외(2011)는 2009년 최초 실시 이후 3년째를 맞은 한국의 사회통합프로그램의 성과와 한계를 분석한 후 사회통합프로그램의 개선을 위한 다양한 방안을 제시하고 있다. 특히 이 연구에서는 사회통합프로그램의 본질을 한국어 교육과 한국 사회 이해 교육 프로그램이라고 단정하고 교육 전문성을 높이기 위한 다양한 대안을 제시하고 있으며 사회통합프로그램이 이주민 정책의 새로운 정책적 대안임을 직시하여 전향적인 정책을 실시할 것을 주장하고 있다.

이상에서 볼 때 본고의 연구 대상인 귀화시험의 내용 분석에 대한 연구는 아직 본격적으로 진행된 예를 찾기는 어렵다. 더욱이 귀화시험 자체가 그동안 법무부 내부에서 출제, 시행되어 왔고 최근 들어 대학에 문항 개발을 위탁했다고는 하지만 평가 전문성의 측면보다는 정책적 측면에서 접근하고 문항이 공개되지 않아 학계의 관심권 밖에 있었던 까닭으로 보인다. 그러나 최근에 법무부가 영주권 전치주의를 입법예고하는 등 귀화제도에 대한 개선을 시도하고, 한국이민귀화적격시험(KINAT) 시행을 준비하는 등 이민자의 국적 부여와 관련한 대대적인 정책의 변화를 시도하는 과정에서 관련 정책 연구에 학계가 참여하면서 연구의 대상으로 떠오르고 있다. 다만 기존 선행 연구가 빈약한 상태임을 고려한다면 기초적인 연구부터 실시되어야 할 필요성이 제기된다.


## 3. 귀화제도와 귀화시험의 개요

### 3.1. 귀화제도의 개요

현행 귀화제도는 외국인등록을 하고 적법한 체류자격을 보유하고 일정 기간 동안 국내에 거주할 경우 국적 취득요건을 구비하는 것이 통상이다. 우리나라는 1948년 국적법 제정 당시부터 엄격한 단일국적주의를 채택하여 왔다. 그러나 국적에 대한 국제적 흐름은 국민의 유출을 방지하고 우수인재 유치를 도모하기 위하여 단일국적주의를 완화하여 복수국적을 허용하는 추세이다. 우리나라도 2010년 국적법을 개정하여 제한적으로 복수국적을 허용하였다(손소영, 2011). 그리하여 귀화자의 비율 또한 꾸준히 높아지는 것을 알 수 있다.

**표1** 귀화 및 국적회복 접수 건수[5)

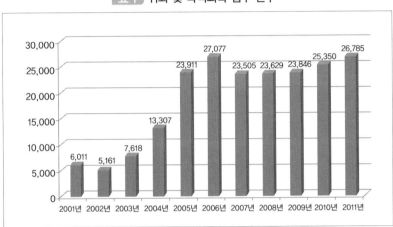

귀화에 의한 국적 취득은 일반귀화, 간이귀화, 특별귀화의 세 가지 형태로 이루어진다. 귀화를 신청하려면 5가지 필요한 요건이 있는데 이는 국적법 5조에 의해 설명하고 있다.[6)

**표2** 귀화의 종류[7)

| 일반귀화 | 혈연으로 특별한 연고가 없음에도 한국이 좋아서 귀화하는 순수 귀화 사례 |
| --- | --- |
| 간이귀화 | • 한국인과 혼인하여 한국에서 살게 되는 외국인의 경우 또는 부모 중 한 분이 국민이거나 국민의 양자로서 입양 당시 성년인 경우<br>• 한국인과 결혼으로 귀화할 경우, 혼인 상태로 2년 이상 한국에 거주한 상태이거나 혼인 후 3년 경과 및 혼인 상태로 1년 이상 한국에 거주한 상태여야 함.<br>• 국민의 양자로서 간이귀화 할 경우 한국에 3년 이상 거주한 상태여야 함. |

5) 외국인을 위한 전자정부 하이 서울 홈페이지에서 인용함.
6) ①5년 이상 한국에 거주했을 것 ②성년일 것 ③품행이 단정할 것 ④생계 유지능력이 있을 것 ⑤국어 능력 등 기본 소양을 갖출 것.
7) 법무부 홈페이지 참조.

| 특별 귀화 | 부 또는 모가 국민인 자(입양 당시 미성년자 포함), 대한민국에 특별한 공로가 있는 자에게 귀화의 기회를 주는 경우 |

귀화를 희망하는 외국인이 귀화신청서를 작성하여 관할 출입국관리 사무소에 귀화신청을 하여 서류심사가 통과되면 귀화시험을 보게 된다. 귀화시험은 필기시험(오전)과 면접시험(오후)으로 구분 실시된다. 필기 시험은 객관식 20문항으로 구성되어 있고, 면접시험에서는 대한민국 국 민으로서의 기본자세를 판단하고 친자관계, 가족관계 등 신청서에 기재 한 내용의 진위 여부를 확인한다.

귀화시험에 통과하면 법무부는 합격자에게 귀화허가 통지서를 보낸 다. 합격자는 일련의 절차를 거쳐야 한국 사람으로서의 모든 권리를 행 사할 수 있다.

## 3.2. 귀화 필기시험

귀화 필기시험은 기존의 객관식과 주관식을 혼합하여 출제해 왔던 방 식을 탈피하여 최근 제도적으로 정비를 했다. 객관식 20문항으로 구성 되어 있으며 수작업 채점이 아닌 OMR카드 방식을 도입하였다.[8]

귀화 필기시험은 국어, 국사 지식, 역사, 생활풍습, 지리, 입법, 사법, 행정 등의 기본적이고 기초적인 문제들이 출제되며 5지선다형 객관식 20문제로 합격 기준은 60점이다. 법무부는 서울대 사범대에 문제 개발 을 의뢰해 매년 5차례 귀화시험을 치르고 있다.

---

8) 법무부에서는 변별력 있는 객관식 20문항을 출제하기 위해 서울대학교 사범대와 MOU를 체결했다고 함. 이는 귀화시험 응시자들을 위할 뿐 아니라 국적 업무 적체를 해소할 수 있 는 방안이라고 함(법무부 블로그 http://blog.daum.net /mojjustice/ 8703559 참조).

| 표 3 | 귀화 필기시험의 구성 변화 | | | |
|---|---|---|---|---|
| 4지 선택형(객관식) | 50% | 2009년 6월 이후 → | 5지선다형 객관식 20문제 | |
| 단답형 또는 완성형(주관식) | 50% | | | |
| 총 20문제 중 12문제 이상(60점 이상) 취득 시 합격 가능 | | | 합격기준 60점 이상 | |

2010년 2월에 외국인 귀화시험의 필기·면접시험의 기출문제가 처음으로 공개되었다. 법무부 관계자는 시험문제의 방향과 수준을 제시해 수험생들의 편의를 돕고, 시중에 떠도는 무허가 기출문제집 구매에 따른 피해를 막고자 문제를 공개했다고 설명했다. 이때 공개된 것은 2009년 8월에 치른 3차 필기시험 문제지로 한국어 맞춤법과 역사·지리·문화·생활상식 등에 대한 문제가 출제되었으며 한국어 어휘를 묻는 문제가 6문제로 가장 많았다. 이어서 사회일반 상식·역사 관련 4문제, 한국어 문법 영역 2문제, 한국어 회화 1문제 등의 순이었다. 사회상식분야에서는 서울올림픽 개최 연도, 한국의 대표적 수출상품 등 기초적인 질문들로 구성되었다.

한국인의 시각에서 보면 초등학교 고학년 수준의 문제로 쉬워 보이지만 합격률은 높지 않다.[9] 법무부 자료에 따르면 일반 귀화자나 혼인 귀화자(결혼이민자)의 경우 합격률이 절반에도 못 미치는 46%에 불과하다. 한국 국적을 잃었다가 다시 되찾으려는 국적 회복자들은 62%로 일반·혼인 귀화자보다는 성적이 좀 나은 편이다. 귀화시험에 합격하기 위해 재수, 삼수를 하는 이도 많다. 의외로 1회 응시로 단번에 합격하는 사람이 전체 합격자의 70%를 차지한다. 재수에 비유할 수 있는 2회 응시 후 합격자 비율은 20%, 3회 이상 응시 후 합격자 비율은 10%

---

9) 사실 한국인 정규 학교 교육과정과 비교하여 언급하는 것이 근본적으로 맞지 않을 수 있다. 여기에서 이렇게 기술한 것은 귀화시험 소개 자료에 초등학교 4~5학년 수준을 기준으로 한다고 되어 있어 이를 염두에 둔 것이다. 귀화시험 응시자는 국민으로서 지속적으로 소양을 쌓아온 사람이 아니기 때문에 문화 간 접촉에 따른 이문화 이해 수준을 평가의 내용으로 삼는 것이 더 맞을 것이다. 이에 대하여는 뒤에서 다시 논한다.

로 나타난다.[10]

한편 법무부는 2009년 1월부터 결혼이민자에 대해서도 필기고사 형태의 귀화시험을 실시하기로 해 한국 귀화 희망자들 사이에서 귀화시험에 대한 관심이 커지고 있다. 2010년 귀화시험 응시자는 1만 5천여 명으로 향후 응시자는 계속 늘어날 것으로 보인다.

귀화시험은 과거에 비해 시간 단축이나 문제 출제 등에서 노력을 해 왔다. 2007년에는 시각장애용 점자시험도 도입했으며 2008년에는 필기시험 면제자의 범위도 확대하였다.[11]

2010년에는 귀화 면접시험 장소를 전국 17개로 확대하였다. 특히 2010년 1월 이후에 귀화신청을 한 사람은 자신이 귀화신청을 했던 출입국관리사무소에서 면접 심사를 받을 수 있게 되었다. 귀화 필기시험과 면접심사 샘플을 공개하였으며[12] 횟수 제한 없이 허용해 오던 면접심사 응시 기회를 2010년 면접 대상자부터는 연2회로 제한하였다. 또, 혼인 귀화 신청 후 부부관계 단절이 다수 발생하는 경우를 고려하여 그동안 면접심사가 면제되었던 혼인귀화 신청자도 2010년부터는 면접심사를 받게 되었다. 이는 귀화시험이 체계성을 갖추어 나가는 과정이기도 하다. 이러한 제도의 개선으로 앞으로 귀화심사 대기 시간은 단축되고, 원거리 이동에 따른 불편도 크게 해소될 전망이다.

## 3.3. 귀화 면접시험

10~20분 내외로 실시되며 주로 국적 취득을 원하는 이유, 귀화 이후의 계획 등에 대한 간단한 질문이 주어진다. 면접시험 역시 필기시험

---

10) 세계일보 2007.10.10일자 재인용.

11) 귀화 필기시험 면제자에 대하여는 국적업무처리지침 개정안(법무부 예규 제806 호, 2008년 8월 21일) 참조.

12) 귀화 필기시험과 면접심사 내용 샘플은 2010.2월부터 출입국외국인 정책본부와 하이코리아 홈페이지를 통해 볼 수 있다.

과 마찬가지로 60점 이상의 점수를 받으면 합격한다. 법무부에서 2009년 8월 필기시험과 함께 공개한 면접심사 문항을 보면 모두 5개 문항으로 애국가, 한국어 능력, 국민으로서의 자세, 자유민주적 기본질서, 국민 기본 소양 등 5개 영역 11개 항목으로 구성되어 있다. 그러나 실제에 있어서는 면접관의 재량으로 적용의 유연성이 큰 것으로 알려져 있다.


## 4. 귀화시험 문제 분석

귀화시험과 관련하여 시행 기관인 법무부 출입국 · 외국인 정책본부에서는 평가의 원리와 기본적인 평가 구성 체계를 공표하지 않고 있다. 즉 귀화시험의 평가 영역, 평가 영역 별 문항 수, 난이도, 배점 등이 공식화되어 있지 않다. 하지만 수요자 서비스 차원에서 2010년 2월에 기존 시행 문제 1회분을 법무부 홈페이지(http://www.hikorea.go.kr)에 공개함으로써 귀화시험의 전체적인 구성 및 난이도 등을 가늠할 수 있게 되었다.

본 연구는 이렇게 공개된 귀화시험 샘플과 함께 2009년 하반기에 시행된 2회의 귀화시험 문제를 확보하여 모두 3회의 귀화시험을 분석 대상으로 삼고자 한다. 그러나 구체적인 문항을 예시하는 경우는 샘플 문제로 국한하고자 한다.[13] 본 연구에서는 법무부에서 샘플로 공개한 문제를 A로, 그 밖의 두 개의 시험지를 B, C로 명칭을 부여하고 분석하고자 한다.

---

13) 귀화시험 문제는 비공개를 원칙으로 하고 있다. 본 연구에서 분석의 대상으로 삼는 귀화시험 문제는 연구진이 2011년도에 연구 용역을 수행할 때 분석용으로 활용했지만 문항 자체를 공개할 수 없기 때문에 여기에서도 문항 예시는 공개 시험지에 국한함을 밝힌다.

## 4.1. 필기시험

### 4.1.1. 영역의 구분과 전체 문항 구성표

이미 앞에서 언급한 바와 같이 귀화 필기시험에서는 한국어와 한국 사
회를 평가의 영역으로 설정하고 있다. 그렇다면 한국어의 경우 하위 영
역이 분류되어 있는지, 분류되어 있다면 어떻게 분류되어 있는지를 논
할 필요가 있다. 한국 사회의 경우도 마찬가지로 하위 세부 영역을 어떻
게 구분하고 있는지를 검토할 필요가 있다. 귀화 필기시험의 평가원리
나 세부 평가영역이 공개되지 않은 상황에서 3회의 시험을 분석하여 역
으로 세부 평가영역을 정리해 볼 수 있을 것이다. 이를 위하여 본 연구
에서는 한국어의 경우 어휘, 문법, 담화, 표기법 등 네 영역으로 분류를
시도하고, 한국 사회의 경우 정치/법률, 경제, 사회/문화, 역사, 풍습,
지리, 생활정보로 나누어 문항별 세부 영역을 정리하면 다음과 같다.[14]

**표 4** 귀화 필기시험의 문항 구성표

| 문항 | A | B | C |
|---|---|---|---|
| 1 | 풍습 | 생활정보 | 사회/문화 |
| 2 | 한국어(문법) | 한국어(어휘) | 한국어(어휘) |
| 3 | 한국어(담화) | 한국어(담화) | 사회/문화 |
| 4 | 한국어(어휘) | 한국어(문법) | 한국어(어휘) |
| 5 | 한국어(문법) | 사회/문화 | 한국어(담화) |
| 6 | 한국어(표기법) | 한국어(어휘) | 한국어(문법) |
| 7 | 역사 | 한국어(표기법) | 한국어(표기법) |
| 8 | 정치/법률 | 정치/법률 | 역사 |
| 9 | 정치/법률 | 정치/법률 | 경제 |
| 10 | 역사 | 정치/법률 | 역사 |

---

14) 여기에서 세부 영역의 설정은 특별한 기준을 정하지 않은 채 분석 대상 귀화 필기시험지에
서 추출할 수 있는 영역들을 합집합으로 제시하였다. 이는 귀화시험 개발 원리와 평가 영
역 설정에 대하여 공지한 것이 없는 상태에서 세부 영역 설정의 문제를 논하는 것은 본 연
구의 범위를 벗어날 뿐만 아니라 별도의 논의 주제가 되기 때문이다.

| 11 | 경제 | 경제 | 정치/법률 |
|---|---|---|---|
| 12 | 사회/문화 | 역사 | 정치/법률 |
| 13 | 역사 | 사회/문화 | 역사 |
| 14 | 사회/문화 | 역사 | 문학 |
| 15 | 사회/문화 | 사회/문화 | 사회/문화 |
| 16 | 지리 | 사회/문화 | 지리 |
| 17 | 사회/문화 | 지리 | 풍습 |
| 18 | 경제 | 한국어(담화) | 정치/법률 |
| 19 | 사회/문화 | 사회/문화 | 사회/문화 |
| 20 | 생활정보 | 생활정보 | 생활정보 |

이상의 문항별 세부 영역을 정리해 보면 다음과 같다.

**표 5** 귀화 필기시험의 평가 세부 영역

| 세부 영역 | A | B | C |
|---|---|---|---|
| 한국어(어휘, 문법, 담화, 표기법) | 5 | 6 | 5 |
| 정치/법률 | 2 | 3 | 3 |
| 경제 | 2 | 1 | 1 |
| 사회/문화 | 5 | 5 | 4 |
| 역사 | 3 | 2 | 3 |
| 풍습 | 1 | 0 | 1 |
| 지리 | 1 | 1 | 1 |
| 생활정보 | 1 | 2 | 1 |
| 문학 | 0 | 0 | 1 |
| 계 | 20 | 20 | 20 |

이렇게 볼 때 귀화 필기시험은 한국어(어휘, 문법, 담화, 표기법)가 전체의 25% 정도를 차지하고 나머지는 한국 사회에 대한 문제로서 사회/문화, 정치/법률, 역사에 비중이 높다. 그리고 경제, 지리, 생활정보는 매회 최소 1문항 이상이 포함이 되고 있다. 사실 귀화 필기시험의 이러한 세부 영역 배분은 일반적인 한국어 학습자를 대상으로 하는 한국 사

회 이해 평가와는 사뭇 거리가 있다. 일상생활로부터 전문적인 영역으로 확대되는 것이 보통이나 귀화 필기시험은 오히려 그 반대의 양상을 보이는데 이는 국민의 자격이 될 능력을 측정한다는 점에서 체제와 제도, 역사 등을 중시하고자 한 것이 아닌가 한다. 그러나 한국어 교육의 관점에서 본다면 귀화 필기시험은 이문화 배경을 가진 자들이 한국에서 살아가는 데 필요한 사회문화 이해 능력을 갖추었는지에 중점을 두는 것이 타당하다 할 것이다. 비록 국민으로서의 국가관이나 의식에 대한 평가가 큰 의미를 갖는다고 하지만 한국어로 제시될 경우 한국어 요인으로 인하여 문제 자체를 이해하지 못함으로써 평가 자체가 현실적으로 무의미해질 수 있다. 그뿐만 아니라 귀화면접시험에서는 전체 5문항 중 4문항이 이러한 평가 문항으로 구성된 만큼 귀화 필기시험의 세부 평가 영역의 설정은 좀 더 고민할 필요가 있다.

### 4.1.2. 평가 항목의 설정

귀화 필기시험의 평가 영역이 매우 광범위함은 위에서 살펴본 바와 같다. 이에 비하여 귀화 필기시험은 총 20문제로, 평가 항목의 선정은 매우 중요하다. 그러나 역으로 말하면 평가항목의 선정은 매우 지난한 문제이고 고도의 전문성을 요한다. 한국어의 경우 평가 대상 어휘나 문법의 선정 등은 전문 학계에서도 선뜻 의견을 내기가 어려울 정도라고 본다.

한국 사회에 대한 전반적인 이해를 묻는 영역도 마찬가지이다. 오히려 평가 대상 영역은 한국어에 비할 수 없을 정도로 광범위하다. 각 영역의 이해 수준을 측정할 수 있는 대표적인 평가항목의 선정이 중요한데 이는 고도의 전문성을 요한다.

이렇게 어려운 과정이어서 그런지 귀화 필기시험의 평가문항 선정에서 해당 영역에 대한 이해 수준을 적절하게 측정하기 어려운 문제도 있다. 다음의 문제를 살펴볼 때 이는 더욱 분명해진다.

12. 다음 설명하고 있는 것은 무엇입니까?

> • 무영탑이라고도 한다.
> • 경주 불국사에 다보탑과 함께 있다.

① 석가탑          ② 미륵사지 석탑          ③ 낙산사 7층 석탑

④ 정림사지 5층 석탑          ⑤ 월정사 8각 9층 석탑

위와 같은 질문에 답을 하기 위해서는 한국의 탑 전반에 대한 지식을 갖추고 있어야 한다. 전반적인 지식이 없더라도 불국사에 있는 두 개의 탑을 알아야 할 것이다. 이와 함께 답지에 들어 있는 그 밖의 네 개의 탑에 대한 이해가 선행되어야 할 것이다. 선행학습이 충분치 않은 경우 응답이 거의 불가능한 수준이다. 비슷한 예로 지리 영역에서 구체적인 지명을 묻는 문항이 3회 연속해서 등장하는데 이 역시 지원자 개인 변인에 따라 응답의 수준이 달라질 수밖에 없다.[15] 역사 문제에 있어서는 더욱 그러한데 하나의 예로 조선을 건국한 사람이 누구인지를 묻는 문제 역시 지엽적이다.

하나의 대안을 제시해 본다면 지리의 경우 거주하는 지역의 도청 소재지를 묻는다든지[16], 지리적 특징을 묻는 것이 좀 더 보편성을 띠게 될 것

---

15) 평가 항목의 선정과 관련하여 대비가 되는 하나의 예로 미국의 시민권 취득시험의 질문을 들 수 있다(http://usgovinfo.about.com/blinstst.htm, http://usgovinfo.about.com/library/blinstst_new.htm 참조).
   - Who is the President of the United States today? Currently Barack Obama (현재 미합중국의 대통령은 누구입니까? 버락 오바마)
   - Who is the current governor of your state? (insert local information) (당신이 살고 있는 주의 주지사는 누구입니까? 지역 정보 삽입)
   - What is the capital of your state? (insert local information) (당신이 살고 있는 주의 수도는 어디입니까? 지역 정보 삽입)

16) 응시자의 거주지가 다르기 때문에 도청 소재지 관련 질문은 지역에 E까라 다르게 적용될 수밖에 없다. 하지만 관할출입국관리사무소에서 귀화시험이 시행되므로 이에 대한 대안의 마련도 가능하리라 본다.

이다. 그리고 역사의 경우에는 과거의 역사는 최소한의 수준에서 제시되는 것이 바람직할 것이다. 예를 들어 삼국의 국명, 국가의 역사적 순서, 위인의 경우라면, 화폐에 등장하는 인물 세종대왕, 이순신, 이황, 이이, 신사임당 등이 대상이 될 수 있을 것이다.[17]

### 4.1.3. 난이도

귀화 필기시험의 난이도 논의는 두 갈래로 진행할 수 있다. 하나는 문항에 사용된 한국어 관련 논의이고 다른 하나는 전반적인 문항 난이도이다. 여기에서는 우선 사용 언어의 난이도 측면을 살펴보고 이어서 전반적인 문항 난이도를 난이도 편차라는 측면에서 살펴보고자 한다.

우선 세 차례의 시험 모두에서 한국 사회 문화 이해 능력을 묻는 문항의 언어 난이도가 전반적으로 높다. 경우에 따라 해당 영역의 기본적인 지식을 묻는 문항들도 문제에 사용되는 어휘와 문법의 난이도가 어렵게 제시되고 있다. 하나의 예를 들면 다음과 같다.

9. 다음 중 한국의 정치에 대한 설명으로 옳지 않은 것을 고르시오.
   ① 법에 의해 통치한다.
   ② 국민의 자유와 평등을 강조한다.
   ③ 선거를 통해 국민의 대표를 선출한다.
   ④ 국가의 정책에 국민의 의사를 반영한다.
   ⑤ 국가의 모든 일은 국민 투표를 통해 결정한다.

한국어 능력을 묻는 문제에 있어서도 전반적인 소재, 맥락에 비하여 특정 어휘가 돌출적으로 제시됨으로써 난이도를 높게 만드는 요인이 존재한다. 예시 문제에 나타난 하나의 예이다.

---

17) 이황, 이이, 신사임당 등도 철학자나 여류 문인이라는 점에서 난이도가 높을 수 있으나 화폐 속의 인물로 늘 접할 수 있고, 사회적으로 공인된 대표적인 한국의 인물로 볼 수 있을 것이다.

3. 다음 중 대화가 이루어지는 장소로 가장 적절한 것을 고르시오.

> 가: 이수진! 일어나서 13번 답 말해볼래?
>
> 나: 아, 죄송해요 선생님. 잘 모르겠어요.
>
> 가: 그럼 옆에 있는 짝꿍 일어나서 말해보자.

① 식당    ② 병원    ③ 학교    ④ 도서관    ⑤ 백화점

위의 문제에서 '짝꿍'의 어휘빈도는 매우 낮다. 그런데 '짝꿍'의 의미가 정답을 찾는 실마리가 되고 있다. 이를 측정하고자 했다면 타당하지만 학교 내 상황을 측정하고자 했다면 특정 어휘에 따라 난이도가 급격하게 높아지는 결과를 초래하게 된다.[18]

이상과 같은 난이도 문제와 관련하여 '외국인 귀화 필기시험 문항 통계분석' 보고서[19]에 나타난 문항의 난이도별 통계검증을 보면 난이도 편차가 크게 존재하지 않음을 확인하게 된다. 앞의 보고서의 문항의 난이도별 정답률 분석을 보면 아래와 같다.

**표 5** 문항의 난이도별 평균 정답률 분석

|  | N | 평균 | 표준편차 |
|---|---|---|---|
| 난이도 '상' 문항 | 95 | 43.5604 | 20.05241 |
| 난이도 '중' 문항 | 189 | 55.3475 | 19.30746 |
| 난이도 '하' 문항 | 183 | 58.7434 | 20.33091 |
| 합계 | 467 | 54.2804 | 20.60699 |

표 내용을 분석해 보면, 전체 문항의 평균 정답률은 54.3%로 나타나

---

18) 또 다른 논의로 학교 내 상황을 이해하는지를 묻고자 하는 문항이라면 꼭 짝꿍을 선택해야 했느냐의 의문이 나올 수 있다. 그리고 짝꿍을 측정하고자 했다면 대화 장면과 맥락의 구성을 거기에 맞춰 좀 더 높이는 것이 맞을 것이라고 본다.

19) 서울사범대학 귀화시험개발팀에서 작성한 '외국인 귀화 필기시험 문항 통계분석' 보고서 참고

고 있다. 이를 난이도별로 분류해서 살펴보면 난이도 '상' 문항들의 평균 정답률은 43.6%, 난이도 '중' 문항의 경우에는 55.3%, 난이도 '하' 문항의 경우에는 58.7%의 분포를 보이고 있음을 알 수 있다. 이는 난이도가 낮아질수록 정답률이 높아진다는 상식적인 예측에 부합하는 결과임을 알 수 있다.

하지만 난이도 간의 평균 정답률의 차이를 보면 큰 차이가 없음을 알 수 있다. 특히 난이도 중과 하의 경우에는 약 3.4%정도의 차이밖에 없다. 앞의 보고서에 따르면 난이도별 평균 정답률의 차이는 .05 수준에서 통계적으로 유의미한 것으로 확인되고 있어(p=.000), 문항별 난이도 분류가 적절하게 이루어졌다는 사실을 뒷받침하고 있다. 특히 정답률 차이에 대한 개별 분석 자료를 살펴보면, 난이도 '상' 문항집단은 '중' 문항집단 및 '하' 문항집단과 모두 .05 수준에서 통계적으로 유의미한 차이를 보이고 있다. 이는 '상' 난이도 문항의 구성이 분별성 있게 잘 구성되었음을 의미하는 것이다. (각각 p=.000) 이에 반해 난이도 '중' 문항집단과 난이도 '하' 문항집단 간에는 유의도가 p=.258로 보고되고 있어, 통계적으로 유의미한 정답률 차이가 아님을 알 수 있다. 따라서 난이도 '중' 문항과 '하' 문항 간의 평균 차이가 그리 크지 않은 점을 감안하여, '중' 영역의 문항에 대한 난이도를 높여야만 필기시험의 신뢰도를 개선할 수 있을 것이다.

### 4.1.4. 문항 출제 기법

객관식 문항 출제에는 일반적으로 지켜지는 원리가 있다. 예를 들어 어휘 평가의 경우에는 Harris[1969:54-57, 신용진(1998:264)재인용]의 다음과 같은 논의를 참조할 수 있다.

① 문항의 정의는 모든 학생들이 쉽게 이해할 수 있도록 간단한 말로 표현한다.
② 선택지에 제시되는 어휘들은 난이도가 거의 비슷해야 한다.

③ 가능하면 모든 선택지는 같은 분야 또는 같은 종류로 구성되어야 한다.

④ 선택지 내에 있는 어휘는 길이가 같아야 한다.

⑤ 오답지를 정답처럼 학생들을 유도하지 말아야 한다.

위의 다섯 가지 원리를 현재 귀화 필기시험에서는 어기고 있는 예들이 자주 나타난다. 예를 들어 아래의 문항의 경우에는 선택지의 품사가 통일되지 않고 있어 ③의 원리를 어기고 있는 것이다. 또한 문항의 정의에 사용된 '어긋나다(3123)', '표기되다(13927)'의 난이도가 높아서 이 어휘를 이해하지 못하는 경우 문제 자체를 풀지 못할 수도 있으므로 ①의 원리에 맞지 않은 것이라고 볼 수 있다. 또한 선택지에 나온 어휘들의 빈도는 '분노(2595), 기쁨(1633), 슬픔(2804), 미움(7516)'으로 나타나고 있어서 답에 해당하는 어휘의 난이도만 지나치게 높다는 문제가 나타난다.

6. 다음 문장에서 밑줄 친 부분이 맞춤법에 어긋나게 표기된 것을 고르시오.

> 사람은 감정을 가지고 <u>있어</u> <u>기쁨</u>, 슬픔, <u>미음</u>, 분노 등을 느끼고 표현할 줄 안다.

① 있어  ② 기쁨  ③ 슬픔  ④ 미음  ⑤ 분노

또한 다음과 같은 문항은 단순한 어휘력을 묻는 질문으로 이것으로 응시자의 무엇을 평가하고자 하는 것인지 문제의 의도를 파악하기 어렵다.

7. □ 안에 들어가기에 알맞은 글자들로 이루어진 것을 고르시오.

> 대통□, 고□학교, 교□

① 영 – 등 – 양    ② 영 – 등 – 영    ③ 령 – 동 – 용

④ 령 – 딩 – 용    ⑤ 령 – 등 – 육

위 문항의 답은 '대통령, 고등학교, 교육'일 것이다. 그런데 만약 응시

자가 '대통영'으로 알고 있었다면, '대통영, 고등학교, 교양'으로 답할 수도 있을 것이다. 이러한 경우에는 '대통영'을 정답처럼 유도하는 오류를 일으킬 수 있어서 ⑤의 원리를 어기는 것이라 할 수 있다. 또한 이러한 문제의 경우에는 어휘 문제라기보다는 단순히 맞춤법 문제가 될 가능성이 높아져서 출제 목적을 파악하기 어려운 문제가 있다. 따라서 한국어 능력을 평가하려면 평가 목적에 알맞은 문제를 출제하여야 할 것이다.

15.  옛날과 오늘날의 생활 도구의 변화를 비교한 것이다.
    빈 칸 안에 들어갈 알맞은 말은 무엇입니까?

| 밥 짓기 | |
|---|---|
| 옛날 | (      ) |
| 오늘날 | 전기밥솥 |

① 접시     ② 처마     ③ 옹기     ④ 가마솥     ⑤ 전기다리미

위의 문제의 경우는 선택지의 길이가 우선 2음절, 3음절, 5음절로 다양하게 나타나고 있어서 ④의 원리에 어긋나 있다. 또한 '접시, 전기다리미'와 '처마, 옹기, 가마솥'의 난이도가 크게 차이가 나서 ②의 원리에도 맞지 않는다.

## 4.2. 면접시험

면접시험은 5개 영역 11개 질문으로 구성이 되는데 그 순서는 〈애국가 한국어 능력 국민으로서의 지세-자유민주적 기본질서-국민으로서의 기본 소양〉이다. 외국인이 대한민국의 국적을 취득하고자 할 때 그 자격과 자질을 측정하는 구성으로서 충분한 의미를 갖고 있다. 좀 더 부연하자면 국민됨의 핵심인 국민의식을 가장 잘 담아내는 것이 애국가 제창일 텐데 바로 그 애국가를 부를 수 있는지를 묻는 문항으로서 첫 번째 영역은 적절하다. 이후 4개의 영역 역시 국민의 자세, 국가 질서의 수

호, 국민의 자질 체득 등을 측정하기에 적절한 내용들이다. 즉 평가 목적에 부합하는 구성이고 선정된 평가 항목 역시 이를 담아내는 것들이다. 그러나 무엇보다도 국가의 고유 권한이며 주무 부처의 정책적 판단의 영역이기에 존중이 가능하다.

그러나 한국어 교육의 관점에서 볼 때 몇몇 한계가 노출되어 있음을 알 수 있다. 면접 내용 속에 한국어 실력을 파악하는 것이 가능하므로 면접에서는 언어와 사회를 분리하지 않고 동시에 질문하는 것이 가능하나 이것이 충분히 반영되어 있지 않다. 하나의 평가 항목을 제시되는 언어의 난이도에 따라 문항을 다르게 구성할 수 있을 것이며, 이는 등급제에도 활용될 수 있다. 면접에서 확인해야 할 기본적인 내용을 언어적 수준을 달리하여 질문하거나 응답한 내용의 언어적 수준을 판단하여 응시자의 의사소통능력을 파악할 수 있다는 것이다. 예를 들어 "현재 대통령직을 수행하고 있는 사람은 누구인가?"라는 질문을 이해하지 못했다면 "지금 대통령은 누구입니까?"라는 표현으로 질문을 바꿈으로써 지식적인 면과 함께 언어적인 면을 판단할 수 있다. '대통령직, 수행'은 난이도가 높은 어휘여서 고급한 어휘력을 평가할 수 있을 것이다.[20] 이러한 문항의 차별화를 통해 '합격/불합격 여부'와 함께 언어적인 면, 특히 말하기 측면의 등급을 부여할 수도 있을 것이다.

이 부분과 관련하여 미국 시민권취득시험의 문제를 참고할 수 있을 것이다. 미국의 시민권취득시험의 몇몇 문제는 정답이 하나 이상인 경우도 있다. 예를 들어 아래와 같은 문제에는 세 개의 답이 모두 정답이 된다.

What did the Declaration of Independence do?
(독립선언서는 무엇을 했습니까?)

---

20) 물론 현재도 귀화시험 면접관은 이러한 방식으로 진행할 수도 있다. 그러나 예시된 시험지만으로 볼 때에는 한국어 교육적 측면에서의 보완이 좀 더 필요함이 드러나 여기에서 의견을 내고 있음을 밝힌다.

A1: announced our independence (from Great Britain)

(영국으로부터의 미국의 독립을 발표)

A2: declared our independence (from Great Britain)

(영국으로부터의 미국의 독립을 선언)

A3: said that the United States is free (from Great Britain)

(영국으로부터 미국의 자유를 선언)

문항 자체를 언어 별 난이도를 두어 제시하는 방법과 함께 위와 같이 여러 개의 답변이 가능한 문항의 경우 답변의 수준에 따라서도 학습자의 등급을 평가할 수 있을 것이다.


## 5. 귀화시험의 문제점과 개선 방안

귀화시험과 관련하여 예시 문제가 공개되고 외부에 문항 구축을 의뢰하는 등 한국 정부의 귀화시험 개선 노력을 높이 평가할 수 있다. 이는 최근 귀화 신청자의 급증에 따른 유연한 정책적 대응으로 볼 수 있다. 비록 위에서 몇몇 문제점을 지적했다고는 하지만 귀화시험 제도의 개선 노력이 가속화되고 있음은 긍정적으로 평가받을 수 있다. 이러한 긍정적인 평가와 함께 귀화시험의 개선을 위한 몇몇 대안을 제시하고자 한다.

현행 귀화제도는 일정 기간 합법적으로 체류하거나 국내 거주기간 요건 없이 국내에 주소만 있으면 귀화신청이 가능하다. 즉, 한국인과 혼인한 외국인은 혼인한 상태로 국내에 2년 이상 거주하면 귀화를 신청할 수 있고 혼인 귀화한 여성과 전(前) 배우자 사이에 출생한 자녀는 국내에 주소만 있으면 거주요건 없이 귀화를 신청할 수 있다. 결혼이민자의 체류 편의 차원에서 귀화 필기시험을 면제하고 있고, 귀화하기 전 전(前) 배우자와의 사이에서 출생한 자녀는 국재 주소를 두고 있기만 하면 귀화신청을 할 수 있어 현행 귀화제도는 국어능력과 한국 사회 이해 등 대한민국 국민으로서의 기본 소양을 갖추지 못한 채 국적을 취득한 국민을 양산하는 문제점이 있다. 이렇듯 준비가 덜 된 국민의 양산은 결국 사회통합 비용 증가를 초래할 가능성이 많다. 국적을 부여하기 전에 국민으로서의 자격과 요건을 충분히 갖추도록 시스템을 정비함으로써 새로운 국민 양산으로 인한 사회갈등 및 사회통합 비용을 최소화할 필요가 있다(송소영, 2011).

이러한 귀화제도 자체의 문제와 귀화시험에 대한 홍보 및 안내 부족의 문제도 지적된다. 이민자들 사이에서는 귀화시험에 대한 정보가 부족하기 때문에 일부 상업적 목적의 사이트에서 귀화시험에 대한 정보를 얻게 되는데 이는 귀화시험의 본래의 취지를 살리는 데에 그리 도움이 되지 않을 뿐더러 이민자들의 이익을 실현하는 데에도 그리 도움이 되지 않는다. 이런 상황에서 근래에 법무부가 귀화시험을 공개한 매우 시의적절한 조치였다고 평가할 수 있다. 평가가 응시자의 능력을 측정하여 평점을 부여하는 의미를 넘어 응시자의 학습의 방향 및 전략을 결정해 준다는 점에서 귀화시험의 지속적인 공개와 적절한 시행 안내를 지속적으로 실시할 필요가 있다.

다음으로 본 연구에서 중점을 둔 귀화시험 문항 분석을 통해 볼 때 아래와 같은 개선점을 제시할 수 있다.

첫째, 언어 능력과 사회 이해 능력을 측정할 수 있는 문항 유형의 개발이 좀 더 이루어져야 한다.

둘째, 평가항목의 선정이 귀화시험의 실시 목적에 부합되도록 해야 한다. 세부적인 문제를 배제할 수는 없지만 거시적이고 총체적인 능력을 측정할 수 있는 문항에 더 큰 비중을 둘 필요가 있다.

평가 문항의 선정에 있어 하나의 기준을 제시해 본다면 이민자와 친근하고 밀접한 영역과 현장, 각 전문 영역에서 가장 대표적인 사례, 구체적이고 개별적인 사안일 경우 상식 수준에 이를 정도로 보편화된 것, 그리고 개별 사안보다는 전반적인 흐름 등을 중시하는 것이 좋을 것이라고 본다.

셋째, 문항 배열에 원칙을 정할 필요가 있다. 난이도 순으로 배열한다든가 언어-사회의 순으로 일관되게 배열한다든가 주제별 기준을 정하여 배열할 필요가 있다.

넷째, 기존에 실시한 문항 분석 등에서 나타난 난이도, 변별도, 정답률 등을 분석하여 난이도 조절 등이 필요하다. 이러한 분석 및 활용은 매회 실시하는 것이 효율적이다.

다섯째, 면접시험에서 문항의 구성에 계열화와 위계화가 필요하며 면접관은 이러한 원리를 충분히 숙지하여 면접을 진행하도록 해야 할 것이다.

마지막으로 문항의 개발 등 평가도구의 개발에 있어 언어 능력 평가원리가 충분히 고려되어야 할 것이다 예를 들어 단순 암기보다는 수행 능력을 평가할 수 있는 문항의 개발이 필요하다.


## 6. 결론

최근 이주민이 급격히 늘면서 한국 사회가 다문화 사회로 진입하였다는 논의가 대두되고 있다. 한국 사회의 다문화 사회 진입은 그동안 단일성을 유지해 온 한국 정부나 한국인에게는 새로운 도전이다. 여기에서 논한 귀화제도와 귀화시험 역시 그 동안의 정책 기조나 구체적인 제도의 변화를 요구받고 있다. 현재 입법 예고되어 있는 영치권전치주의는 이러한 대응의 대표적 사례이며 최근에 있었던 귀화시험 문항 개발 개선 노력도 그러한 사례에 속할 것이다. 그러나 귀화시험의 개선은 그리 오래된 일이 아니고 개선 이후의 시행 결과에 대한 검증이 충분히 이루어지지 않은 상태에서 학계의 지속적인 관심을 요하는 영역이다. 본고는 이러한 맥락에서 현행 귀화시험에 대한 분석을 시도하였으며 한국어능력 평가라는 관점에서 문항 분석을 시도하였다. 인터넷에서 떠도는 우려의 수준을 훨씬 뛰어넘고 전문성도 어느 정도 확보하였으나 아직도 개선의 여지가 많은 것으로 나타난다. 이제 귀화시험은 한국어능력과 한국 사회의 이해 분야의 평가 전문성이 유입을 적극 추진할 필요가 있다. 평가 자체가 갖는 적절한 평가 수행, 평가 결과의 사회적 활용 등을 보장하고 평가가 갖는 환류(wash-back) 효과 등을 고려할 때 귀화시험에 대한 관심은 더욱 요구된다. 그동안 귀화시험에 대한 본격적인 연구가 전무하다시피 한 상황에서 본 연구는 초기 연구의 성격을 갖는다. 이 연구를 계기로 하여 한국어 교육계에서 이주민의 한국어 능력 평가와 한국 사회의 이해 능력 평가에 대한 적극적인 관심을 기대한다.

# 참고문헌

김희정(2009) 이민자 사회통합과 언어교육제도 연구-네덜란드의 사회통합시험제와 한국의 사회통합프로그램 이수제를 중심으로-연세대학교 교육대학원 석사학위논문.

서울대학교 사범대학 귀화시험개발팀(2009) 외국인 귀화 필기시험 통계분석 보고서, 법무부 내부 자료.

송소영(2011) 귀화와 영주자격의 연결방안에 관한 연구: 영주권전치주의 도입과 관련하여, 입법학연구 vol.8.

이성순(2010) 이민자 사회통합 정책의 현황과 과제 : 사회통합 프로그램을 중심으로, 사회과학연구 제21권 4호, 충남대학교 사회과학연구소, 165-187쪽.

조항록(2011) 이민자 사회통합 정책의 실제와 과제. 다문화와 평화 제5집 2호, 성결대학교 다문화평화연구소, 5-31쪽.

조항록 외(2010) 한국이민귀화적격시험(KINAT) 개발 연구, 법무부 외국인·출입국정책본부 연구 보고서.

조항록 외(2011) 사회통합프로그램 발전방안 연구, 법무부 출입국·외국인 정책본부 연구 보고서.

조항록·이미혜(2012) 사회통합프로그램 교육과정 개발을 위한 연구, 2012 KAFLE International Conference 발표논문집, 한국외국어교육학회, 177-182쪽.

조항록·이미혜·조현용(2011) 이주민을 대상으로 하는 한국이민귀화적격시험의 개발, 한국외국어교육학회 2011년 학술대회 발표논문집, 한국외국어교육학회, 260-264.

차용호(2008) 이민자 사회통합을 위한 정책 방향, 한국이민학회 2008년 후기 학술대회 발표 논문.

법무부 외국인을 위한 전자정부 하이 코리아 홈페이지(www.hikorea.go.kr)

행정안전부 홈페이지(www.mopas.go.kr)

# ❷ 결혼이민자와 이주노동자의 입국 사증 취득을 위한 한국어 능력 평가 체계*

## 1. 들어가기

1993년 외국인산업연수생 제도의 도입을 시작으로 하여 한국 내 체류 외국인이 급속하게 증가해 왔음은 주지의 사실이다. 오랫동안 단일민족국가를 표방해 왔던 한국에 체류 외국인이 급속하게 늘면서 한국은 이제 더 이상 단일민족국가가 아니라는 주장이 설득력을 얻고 있다. 이른바 다문화 사회라는 용어로써 현 시점 한국 사회 구성원의 변화를 진단할 수 있다. 한국 사회의 다문화화는 체류 외국인 규모의 변화에서 단적으로 알 수 있지만[1] 체류 외국인 구성 변인의 특성을 살펴보면 한국 사회가 단일 사회에서 근본적으로 벗어나고 있음을 실감할 수 있다. 체류 외국인 집단 중 본고에서 논하는 이주노동자와 결혼이민자 집단은 규모가 크고 정주화를 추구한다는 점에서 현 시점 한국 사회의 다문화화를 촉진한다. 이들 두 집단을 합한 규모는 2010년 56.8%, 2012년 43.3%, 2014년 12월 53.2%로[2] 체류 외국인의 절반에 가깝거나 넘는다. 그런데 이들 두 집단이 갖는 더 중요한 점은 장기 체류 내지는 한국 국적을 취득하여 한국 사회의 구성원으로 자리를 잡는다는 점이다. 이주노동자의

---

\* 이 글은 한국언어문화교육학회의 언어와 문화 제11권 제1호(2015년)에 게재되었음을 밝힌다. 본 연구는 2013년도 상명대학교 교내연구비를 지원 받아 수행하였음.

1) 한국 체류 외국인은 2005년 74만 7484명, 2010년 126만 1415명에서 2014년 11월 현재 175만 6031명으로 집계되고 있다(출입국 · 외국인 정책본부 통계 자료).

경우 최장 4년 10개월 동안 체류하면서 국민과 생활을 함께 하게 된다. 합법적인 체류 기간인 4년 10개월을 넘기고도 한국 사회에 계속 머무르는 경우가 있는가 하면 출국 후 다시 입국함으로써 정주 경향이 강하게 나타난다. 결혼이민자의 경우는 한국 사회 구성원으로서의 성격이 더욱 강한데 혼인 신고 이후 빠르면 2년, 대체로 3년 정도 지나면 국적을 신청하여 취득하게 된다. 그리고 결혼이민자와 한국인 사이의 가정에서 태어나는 자녀 역시 급속하게 증가하면서 실질적으로 한국 사회의 다문화성을 견인한다고 볼 수 있다. 이는 곧 한국 국민 구성원 변인의 변화를 의미하는 것이기도 하며(결혼이민자), 체류 외국인의 장기 정주화 현상(이주노동자)을 의미하는 것이기도 하다.

이렇게 한국 사회의 구성원 변인이 급속하게 변하면서 한국 정부의 정책도 빠르게 변화하고 있는데 대표적인 예로 사회통합 정책을 들 수 있다. 즉 외국인의 한국 내 입국 및 체류와 관련해서 종래의 국경 관리 및 체류 관리, 즉 입국 기준과 체류의 기준을 엄격하게 정하여 관리하고 체류 기간이 지나면 출국하도록 하는 정책에서 이제는 체류 기간 동안 한국 사회 구성원과 소통하며 안정적으로 체류할 수 있도록 바뀌고 있다. 그리고 여기에서 더 나아가 당사자의 이익 실현은 물론 한국 사회와 조화를 이루면서 사회 발전에도 기여하도록 하는 통합을 중심 기조로 하고 있다.[3]

그런데 이러한 정책 변화 가운데에 최근에 나타난 특징 중의 하나는

---

2) 이주노동자는 취업자격 체류 외국인 중 전문 인력을 제외한 단순기능 인력의 비전문 취업(E-9), 선원취업(E-10), 방문취업(H-2)을 포함시킨 통계 분석결과이다. 국민의 배우자 비자는 2009년 이진(F-1-3, F-2-1), 2010년 이후(F-2-1, F-5-2), 2011년 12월 이후(F-2-1, F-5-2, F-6) 변화되었다. 본고에서는 2010년 2012년은 거주(F-2), 영주(F-5) 비자를, 2014년도에는 거주(F-2), 영주(F-5), 결혼이민자(F-6)비자를 포함시킨 통계 분석결과이다(출입국 · 외국인 정책본부 통계 자료).

3) 이를 입증하는 것으로 외국인정책위원회가 5년마다 수립하여 시행하는 외국인 정책을 들 수 있는데 제1차 외국인 5개년 정책과 제2차 외국인 5개년 정책에 '통합'이 핵심 가치로 설정되어 있다.

체류 외국인에게 한국 입국 이전에 한국 사회에 적응할 수 있는 능력을 갖추도록 제도적으로 요구한다는 점이다. 구체적으로 결혼이민자와 이주노동자가 한국에 입국하는 과정 및 입국 이후 체류하는 과정에서 한국어 능력과 한국 사회 이해 능력을 갖추도록 요구한다. 이는 입국 초기 단계의 한국 사회 적응을 돕는 차원을 넘어 궁극적으로 한국 사회의 새로운 구성원으로서 사회적 소수자 내지는 약자의 지위에 머무르지 않고 평균적인 생활이 가능하도록 함을 목적으로 한다. 정부의 이러한 정책적 의지는 단지 선언에 그치지 않고 평가 제도를 개발하여 적용함으로써 실질적인 정책 추진 효과를 기대하고 있다. 구체적으로 이주노동자에게는 이주노동자로서의 자격을 취득하기 위한 전제 조건으로 고용허가제 한국어능력시험(EPS-TOPIK)을 통과하도록 하고 있으며 결혼이민자에게는 국민배우자 비자(F-6)를 취득하기 위하여 지정 교육기관에서 소정의 한국어 교육을 이수하고 수료 증서를 취득하거나 현지 공관에서 시행하는 한국어능력시험(구술 또는 필기)을 통과하도록 하고 있다. 다만 결혼이민자의 경우 한국어능력시험(TOPIK) 1급 인증서를 갖고 있거나 일정 기간 한국 체류 경험이 있으면 이러한 요건을 충족한 것으로 간주한다. 이렇게 본다면 결혼이민자와 이주노동자를 대상으로 하는 한국어 능력 평가 제도는 우리 사회가 다문화로 진행되는 과정에서 이민자의 유입으로 발생할 수 있는 사회적 불안정이나 갈등을 사전에 예방할 수 있다. 즉 이민자 유입을 피할 수 없는 현실에서 한국어 능력 평가 제도는 이들의 유입을 통한 국가의 안정적 발전을 도모하는 데에 기여한다.

이렇게 중요한 기능을 하는 한국어 능력 평가 제도는 최근에 개발되었거나(결혼이민비자 발급 심사를 위한 기본 소양 평가 시험[4], 고용허가제 한국어능력시험) 최근에 전면 개편이 이루어진 평가제도(한국어능력

---

4) 결혼이민비자 발급 심사를 위한 평가 도구는 일련의 연구를 거쳐 2014년 11월부터 시행되고 있는데 연구 과정 및 정책 협의 시까지는 결혼이민비자 발급 심사를 위한 한국어능력시험이었다. 그러나 최종적으로 현장에서 시행하는 단계에서는 국내에서 실시하고 있는 사회통합프로그램과의 연계 중요성이 부각되어 기본 소양이라는 이름을 사용하고 있으나 실제 평가의 내용은 모두가 한국어 능력으로 구성되어 있다.

시험)로서 아직 관련 학계에서 충분히 논의되지 않은 상황이다. 그리고 실제 시행 결과에 대한 검증도 충분히 이루어지지 않은 상황이다. 이러한 맥락에서 본고에서는 결혼이민자와 이주노동자가 한국으로 입국하는 과정에서 반드시 거쳐야 하는 한국어 능력 평가 체계를 살펴보고 현재 시행되고 있는 평가 체계의 적절성을 검증한 후 정책의 효율적 실시를 위한 개선 방안을 모색해 보고자 한다.

## 2. 선행 연구

이주노동자와 결혼이민자를 대상으로 하는 한국어 능력 평가와 관련한 기존의 연구는 다음의 두 가지 측면에서 살펴볼 수 있다.

첫째는 이러한 정책의 실시가 근본적으로 이민자에 대한 국가 정책의 큰 변화에서 이루어지는 것이고 그 방향의 기조가 입국 및 체류 관리에서 사회통합의 방향으로 변화하였다는 점에서 사회통합과 관련한 연구가 그 대상이다. 둘째는 이주노동자와 결혼이민자에게 실제적으로 부과되는 개편 한국어능력시험(TOPIK)[5], 결혼이민비자 발급 심사를 위한 기본 소양시험, 고용허가제 한국어능력시험(EPS-TOPIK)에 대한 기존의 연구이다.

한국 사회가 다문화 사회가 되어 가는 과정에서 정부 정책의 방향으로 사회통합 정책을 추구하고 있음은 여러 연구에서 확인할 수 있다. 사회통합 정책과 관련한 논의는 크게 사회통합의 개념화 및 추진 방향을 시도한 논의와 한국어와 한국 문화 교육 프로그램으로서의 사회통합프로

---

5) 여기에서 말하는 개편 한국어능력시험(TOPIK)이란 1997년부터 실시되어 온 한국어능력시험이 2014년 7월부터 전면 개편되어 시행됨에 따라 현행 한국어능력시험을 종래의 한국어능력시험과는 차별적으로 편의상 지칭하는 것으로 본고에서도 이를 명확히 할 필요가 있을 경우엔 개편 한국어능력시험으로 표기하고자 한다.

그램과 관련한 논의로 나눌 수 있다. 사회통합 정책의 개념화에 대한 논의는 차용호(2008)로부터 진행되었다고 볼 수 있는데 여기에서는 한국 내 이주민에 대한 정책 방향으로써 사회통합 정책의 추진을 주장하고 있다. 이후 김혜순(2010), 김태원(2010), 이성순(2010), 고상두(2012)에서 사회통합의 개념화를 시도하고 사회통합 정책의 추진 방향 등을 논하고 있는데 주로 서구의 사례를 들면서 한국에서의 사회통합의 개념화와 추진 필요성 등을 논하고 있다. 이 가운데 고상두(2012)는 유럽 주요 국가의 사회통합 정책을 살펴보고 한국의 정책에 적용할 시사점을 제기하는데 이 논의에서 주목할 수 있는 것은 사회통합 정책의 입국 전 현지 적용이다. 즉 이민자가 한국으로 오기 전에 현지에서 언어 등을 익히도록 하는 것이 효율적이라는 점이다. 그리고 조항록(2011)에서는 사회통합 정책의 실제를 법, 제도, 정책과 예산의 측면에서 살펴보고 사회통합 추진 방향을 논하고 있다.

그러나 김혜순(2010)에서도 밝히는 바와 같이 한국에서 사회통합 정책을 추진하던 초기에는 사회통합 담론이 활발하게 전개되지 않았다. 차용호(2008) 이전에 한국 사회의 이주민 문제를 논한 대표적 논의인 한국 사회학회(2007)나 김이선 외(2007)에서는 한국 사회의 다문화 사회화 과정이나 특징을 말하고 이주민에 대한 지원 정책을 논하고 있으나 사회통합을 논점으로 하지 않았는데 이는 2008년 이전에 사회통합 담론의 형성이 매우 미미했음을 보여주는 예가 된다.

한편 이민자를 대상으로 하는 한국어와 한국 문화 교육 프로그램인 사회통합프로그램에 대한 연구는 주로 정부(법무부)의 정책 연구 결과물과 학술 연구로 나뉜다. 2009년에 사회통합프로그램이 실시되면서 이를 발전시키기 위한 정책 연구 성과물인 조항록 외(2011), 조항록 외(2012)에서는 사회통합프로그램의 발전 방안과 사회통합프로그램의 교육과정 및 평가체계 개선 방안을 다루고 있다. 특히 조항록 외(2011)에서는 사회통합프로그램 초기 단계를 거치면서 운영 기관, 교사, 참가자의 만족도와 요구조사를 실시하고 발전 방안을 다양하게 제시하였다. 사회통합프로그램을 다룬 학술 연구로는 김희정(2009)이 최초로 서구의 사회통합 정책에 따른 언어 교육제도를 살펴본 후 한국의 사회통합프로그램의 개선 방안을 논하고 있으며 이성순(2010)에서는 사회통합프로그램의 개념화를 시도하고 있다. 그리고 조항록(2012)은 사회통합프로그램 실시 과정에서 쟁점으로 대두된 결혼이민자의 사회통합프로그램 중급 단계 면제와 결혼이민자 중심의 프로그램 운영에 대한 비판적 접근을 시도하였다. 이후 몇몇 석사학위 논문에서 사회통합프로그램의 실제를 다루고 있는 것으로 나타난다.

다음으로 이민자를 대상으로 하는 한국어 능력 평가와 관련된 연구를 살펴볼 때 가장 대표적인 한국어 능력 평가 도구인 개편 한국어능력시험(TOPIK)에 대한 논의는 아직 찾기가 어렵다. 1997년에 처음으로 시행한 한국어능력시험(TOPIK)이 2014년 7월부터 전면 개편되었는데 시행 이후 시간이 그리 지나지 않았기 때문으로 보인다. 다만 한국어능력시험의 주관 기관인 교육부 국립국제교육원이 한국어능력시험(TOPIK)의 전면 개편을 앞두고 실시한 관련 연구의 결과물인 허용 외(2012), 조항록 외(2013a)는 개편 한국어능력시험의 배경, 개편의 과정, 개편 한국어능력시험의 개발 원리와 평가틀 등 전반적인 내용을 논의하고 있다. 이들 연구에서는 한국어능력시험의 개편 배경으로 시험 시행 환경의 변화, 종래 한국어능력시험이 갖는 몇몇 한계, 향후 한국어능력시험의 확대 실시 방향 등을 고려하여 전면적으로 개편해야 함을 주장하고 있으며 개편 한국어능력시험의 구성 체계와 평가 틀을 상세하게 제안하고 있다.[6]

결혼이민자와 이주노동자의 입국과 관련한 한국어능력시험과 관련한 연구 역시 정부 내 관련 부서가 주관한 정책 연구와 일반 학술 연구로 나누어 살펴볼 수 있는데 조항록 외(2013b)와 조항록 외(2014)는 결혼이민자의 기본 소양의 개념과 구성 요소, 기본 소양 평가 방안 등을 다루

---

6) 실제에 있어서 개편 한국어능력시험은 이들 연구의 내용을 바탕으로 하고 있는 것으로 보인다.

고 있다. 여기에서 말하는 기본 소양이란 법무부 출입국 · 외국인 정책 본부가 관련 법과 규정에서 사용하는 용어로 이민자가 한국 사회에 적응하거나 한국 국적을 취득함에 있어 필요한 능력을 의미한다. 조항록 외(2013b)에서는 기본적으로 사회통합프로그램 등 이민자 대상 교육 프로그램은 이러한 기본 소양을 함양하는 것에 목적이 있음을 밝히고 있으며 국적을 취득하거나 입국 비자를 취득함에 있어서 적정선의 기본 소양을 갖춰야 함을 밝히고 있다. 조항록 외(2014)는 기본 소양을 측정하기 위한 평가 도구의 개발 과정과 평가 원리, 평가 체계 등을 다루고 있다. 그리고 이 연구의 결과는 실제로 결혼이민자의 국민배우자 사증 취득을 위한 평가에 반영되었다. 이미혜(2014)는 현재까지 이와 관련한 유일한 학술 연구로서 결혼이민자를 대상으로 하는 사증 발급 심사를 위한 한국어능력 시험과 관련한 기초조사 내용을 바탕으로 하고 있다. 구체적으로 결혼이민자가 많은 15개 공관을 대상으로 설문조사를 실시하였고 그 결과를 바탕으로 하여 현지 환경, 시험 실시 여건, 시험 도구의 개발 방향 등을 주로 논하고 있다. 한편 이주노동자를 대상으로 하는 한국어능력평가 연구는 곽순복(2013), 정호진(2013)이 대표적으로 고용허가제 한국어능력시험(EPS-TOPIK)의 시행 환경, 시행 과정 등을 다루고 있다. 특히 고용허가제 한국어능력시험(EPS-TOPIK) 역시 2013년에 전면 개편이 되었는데 곽순복(2013), 정호진(2013)에서는 개편 이후의 제반 쟁점과 문항의 체계화 수준을 다루었다는 점에서 의미가 있다. 이와 함께 유준영(2010), 김명광(2011)에서는 각각 개편 이전의 고용허가제 한국어능력시험(EPS-TOPIK)을 여타 한국어 능력 평가 도구와 비교하거나 외국인 노동자 정책과 한국어 능력 평가의 관련성에 초점을 두고 논하고 있다.

이상에서 살펴본 바와 같이 본고의 주제인 결혼이민자와 이주노동자의 입국 자격 취득과 관련한 한국어 능력 평가와 관련한 연구는 아직 본격화되지 않은 상황이며 심지어 상위의 쟁점이라고 볼 수 있는 사회통합정책과 관련해서도 아직 충분한 논의가 전개되지 않았음을 알 수 있다.

## 3. 결혼이민자와 이주노동자의 입국 사증 취득을 위한 한국어 능력 평가 체계의 개요

결혼이민자와 이주노동자가 한국에 입국할 때 거치게 되는 한국어 능력 평가의 성격은 약간 상이하다. 이주노동자를 대상으로 하는 한국어 능력 평가는 과거 외국인연수취업제도[7]의 여러 폐단을 해결하기 위한 대안으로 실시한 고용허가제의 골간이 되고 있다. 종전의 외국인연수취업제도는 민간단체인 중소기업협동조합중앙회가 주체가 되어 외국인 연수생을 선발하여 국내 산업 현장에 배치하는데 연수생의 확보는 외국 현지의 인력 송출업체를 통하게 되어 있었다. 한국에서 일할 자리는 한정되어 있는데 연수취업자격제도로 한국에 오려고 하는 외국인이 많은 상황에서 외국 현지의 인력송출업체는 과다한 수수료(일명 커미션)를 챙기게 되고 이렇게 과도하게 많은 돈을 지불하고 한국에 온 외국인 연수생은 합법적인 체류 기간을 넘겼다. 이는 곧 불법으로 체류하여 돈을 버는 일이 비일비재하여 국내 노동시장의 왜곡과 불법 체류 외국인의 양산 현상을 가져옴으로써 한국의 사회적 문제로 비화되었다. 이와 함께 OECD(선진국경제협력기구)에 가입한 한국이 외국인 노동 인력에게 노동자의 권리를 부여하지 않은 채 산업 현장에 종사하도록 하는 일은 국제 사회에서 비판의 대상이 되어 개선의 압력을 받아온 것으로 알려져 있다. 이러한 상황에서 한국 정부는 대대적인 개선안을 마련하게 되었는데 이는 정부 간 MOU를 통하여 외국 인력을 도입하고 이들에게 노동자로서의 권리를 보장하는 것이었다. 그리고 체류 기간도 최장 4년

---

7) 외국인연수취업제도는 본고의 앞부분에서 언급한 외국인 산업연수생 제도를 일부 변경하여 실시한 제도로 2002년부터 실시한 제도이다. 제도의 개요는 외국인 산업연수생 제도가 한국에서 일하는 동안 연수생의 신분으로 머무르도록 했던 것에 비하여 외국인연수취업제도는 1년 연수 후 연수취업자격시험을 거쳐 2년 동안 취업자의 신분으로 체류하도록 하였다는 점에서 차이가 있다. 그러나 취업자라 해도 노동자로서의 권리를 보장 받는 것은 아니었다는 특징이 있으며 한국으로 입국하는 과정은 외국인산업연수생 제도와 다르지 않다는 점에서 양자 사이에 큰 차이가 없는 것으로 알려져 있다.

10개월을 보장함으로써 종전에 비하여 크게 늘었다.

이렇게 제도가 개선되는 과정에서 외국 인력의 선발 과정이 주요 쟁점이 되었는데 필수 요건으로 한국어 능력을 제시하게 된 것이다. 즉 한국에서 노동자로서 일을 하기 위해서는 한국어로 소통이 가능해야 하고 한국 문화도 어느 정도 알아야 한다는 논리가 정립되어 한국어 능력 평가는 외국 인력 선발의 핵심 요건으로 자리 잡았다. 이를 위하여 개발한 것이 고용허가제 한국어능력시험(EPS-TOPIK)이다.[8] 즉 이주노동자를 대상으로 하는 한국어 능력 평가는 정부의 외국 인력 정책의 운용에 있어서 환경 변화에 맞춘 정책 개선 과정에서 나온 것으로 정책의 합리성, 효율성 확보 차원의 대안으로 볼 수 있다.

결혼이민자를 대상으로 하는 한국어 능력 평가의 시행 배경은 외국인 노동자를 대상으로 하는 한국어 능력 평가와 유사하다. 1990년대 중반부터 급속하게 증가한 한국인과 외국인의 결혼이 일부 무분별한 결혼 중개업자의 활동이나 일부 결혼 당사자의 진정성 결여로 가정 폭력, 혼인 중단 등 파행성이 노출되는 일이 빈번하게 발생하여 제도개선의 필요성이 제기되어 왔다. 이에 따라 한국 정부는 2007년에 외국인 결혼 중개업의 관리에 관한 법률을 제정하여 근본적인 개선 노력을 기울여 왔으나 국제결혼의 파행적 현상은 여전히 사회 문제가 되었다. 때마침 한국 정부의 이민자 정책이 사회통합의 방향으로 정립이 되면서 결혼이민자가 한국 사회에 정착하는 과정에서 겪게 되는 언어 소통 문제와 사회 적응 문제를 해소할 필요성이 크게 제기되었다. 이러한 문제가 해소되지 않을 경우 결혼이민자가 한국 사회의 약자로 존재하게 되어 국가의 사회적 비용은 크게 늘고 이들 가정에서 태어난 아이의 교육 문제 등이 또 하나의 큰 문제로 대두되면서 결혼이민자의 한국어 능력 제고 문제는 이민자 정책의 핵심으로 떠오르게 되었다. 한국 정부가 사회통합프로그램

---

8) 이러한 내용은 2003년에 시행된 외국인 근로자의 고용 등에 관한 법률로 제정되어 시행되었다.

을 실시하기로 한 것은 이러한 문제를 해결하기 위한 핵심적인 대안으로 나온 것이라고 해도 과언이 아닐 정도이다.

그러나 결혼이민자의 언어 문제, 결혼의 진정성 문제, 일부 결혼 중개업자의 무분별성 등이 복합적으로 작용하는 상황에서 입국 이후의 한국어 학습 기회를 부여하기보다 입국 이전에 어느 정도의 한국어 능력을 갖추도록 하는 것이 현실적인 대안으로 떠오르게 되었다. 비록 결혼 당사자의 인권 문제 등이 또 다른 문제로 대두되기도 하였지만 입국 이전 한국어 능력 체득이 갖는 기능과 기대 효과 등이 정책의 정당성을 확보해 주는 결과를 가져와 입국 전에 현지에서 한국어 능력을 갖추도록 하는 제도가 자리 잡아가고 있다. 이는 법무부가 2013년 10월 10일에 결혼이민비자(F-6) 심사기준(출입국관리법 시행 규칙 제9조의 5)을 개정하여 2014년 4월 1일부터 시행해 오고 있는 것으로 결혼이민비자를 취득하기 위한 한국어 능력의 기준을 아래와 같이 제시하고 있다.[9]

> • 한국어능력시험(TOPIK) 1급 인증 수준
> • 지정 교육기관(세종학당 등)의 초급 수료 수준
> • 기타 외국의 사례에서 적용하는 기준

위의 세 가지 기준 가운데 한국어능력시험은 앞에서 언급한 바와 같이 1997년부터 시행해 오고 있는 국가 수준의 대표적인 한국어 능력 평가이고 응시 제한이 없는 만큼 결혼이민자가 여건이 허락하는 한 응시하여 요건을 갖출 수 있는 기회가 된다. 그러나 지정 교육기관 초급 수료 수준은 외국 현지의 세종학당 등에 등록하여 소정의 교육과정을 이수하고 성취 수준을 평가하는 수료 시험에 통과해야 하는데 이들 교육기관에 등록할 수 있는 기회가 제한되어 있기 때문에 매우 제한된 결혼이민자만

---

9)  이러한 한국어능력 기준의 제시와 함께 한국어능력을 간접적으로 입증할 수 있는 과거 한국 체류 기록이나 한국어가 아닌 현지어로 의사소통이 가능한 경우에는 이러한 한국어능력 기준은 적용하지 않고 사증을 발급하는 것으로 되어 있다.

이 참여할 수 있다. 결국 결혼이민자의 상당수는 한국어능력시험에 응시해야 하는데 연간 시행 횟수가 적고(외국 현지의 경우 2014년 기준 연간 2회 실시) 시행 지역 역시 현지 국가의 수도 또는 주요 대도시로 국한되어 있어 결혼이민자가 이를 통해 자격을 취득하는 일이 쉽지 않은 상황이다. 이에 따라 법무부는 결혼이민자가 독학을 통하여 한국어 능력을 갖추었든, 교육기관을 통하여 한국어 능력을 갖추었든 그들이 갖춘 한국어 능력을 평가하여 비자를 발급해 줄 필요성을 느껴 결혼이민비자 발급 심사를 위한 기본 소양 평가 시험을 개발하여 시행하기에 이른 것이다.

이상에서 살펴본 바와 같이 결혼이민자와 이주노동자를 대상으로 하는 입국 전 한국어 능력 평가도구는 한국어능력시험 I(TOPIK I), 결혼이민비자 발급 심사를 위한 기본 소양 평가 시험, 고용허가제 한국어능력시험(EPS-TOPIK) 등이 되며 이에 대한 논의는 이어지는 장에서 진행하고자 한다.


## 4. 결혼이민자와 이주노동자의 입국 사증 취득을 위한 한국어 능력 평가 체계의 주요 내용

### 4.1. 한국어능력시험 I(TOPIK I)

한국어능력시험 I(TOPIK I)은 2014년 7월부터 시행한 개편 한국어능력시험의 하나로 초급에 해당하는 1급과 2급을 인증한다. 한국인과 혼인신고를 마친 외국인이 국민배우자 비자(F-6)를 취득하려면 이 시험에서 1급 이상을 취득해야 한다.

한국어능력시험 I(TOPIK I)은 일반적인 한국어 숙달도 시험으로서 전체 6등급으로 되어 있는 국가 주관 한국어 능력 평가 중 하위 2개 등급을 평가하는 도구이다. 개편 이전 한국어 능력 시험(초급)과 마찬가지로 하나의 시험을 통하여 불합격, 1급 합격, 2급 합격을 정한다. 한국어능력시험 I(TOPIK I)의 평가 영역은 듣기와 읽기이다. 듣기는 총 30개의 객관식 문항으로 구성되며 시험 시간은 35분이다. 읽기는 듣기보다 많은 40개 문항으로 구성되고 시험 시간은 55분이다. 듣기와 읽기 모두 초급 수준의 한국어 이해 능력을 측정하는데 초급의 총괄 평가 목표는 이미 널리 알려진 바와 같이 한국어를 사용하여 기초적인 의사소통이 가능한 수준이다. 즉 한국어 사용 환경에서 의식주와 관련한 기본적인 의사소통이 가능하고 최소한의 수준에서 대인관계의 형성 및 유지가 가능한 수준이다. 이는 주제 면에서도 일상생활과 관련한 것이 주를 이루며 기능 면에서는 간단한 묘사, 진술, 설명, 질문, 요청, 제안 등이 가능하고 담화 구성 역시 개인적이고 친숙한 소재를 대상으로 한 구체적인 맥락으로 이루어진다. 한국어능력시험 I(TOPIK I)은 이러한 총괄 기준하에서 영역별 평가 기준을 제시하고 있는데 듣기의 경우 아래의 표와 같다.

**표 1** 한국어능력시험 I(TOPIK I) 듣기 영역의 평가 목표

| 1급 | 일상생활과 관련된 개인적인 대화나 담화를 듣고 내용을 파악하고 추론할 수 있는지를 평가한다. |
|---|---|
| 2급 | 일상생활과 관련된 개인적인 대화나 담화는 물론 사회적 소재를 다룬 대화나 담화를 듣고 내용을 파악하고 추론할 수 있는지를 평가하며, 간단한 실용문을 이해할 수 있는지를 평가한다. |

위의 표에서 보는 바와 같이 한국어능력시험 I(TOPIK I)의 듣기 영역에서는 일반적으로 개인이나 일상생활과 관련된 일상적이고 친숙한 소재와 주제를 평가한다. 그러므로 듣기 영역에서이 평기 목표도 일차적으로 1급에서는 일상생활과 관련된 개인적인 대화나 담화, 혹은 간단한 매체 담화를 듣고 세부 내용을 이해하고 담화 상황을 추론할 수 있는지를 평가한다. 또한 2급에서는 일상생활과 관련된 개인적인 대화나 담화는 물론 사회적 소재를 다룬 대화나 담화를 듣고 내용을 파악하고 추론할

수 있는지를 평가하며, 간단한 실용문을 이해할 수 있는지를 평가한다.

한편 읽기 영역의 경우 역시 듣기 영역과 마찬가지로 개인의 일상생활과 일상적인 공공장소에서 익숙하게 접할 수 있는 어구, 문장, 짧은 글 등을 읽고 정보를 파악하고 의미를 이해하여 관련 내용을 추론할 수 있는지를 평가한다. 그러므로 초급 읽기 영역의 1급에서는 일기, 편지 등의 생활문과 메모, 영수증 등 간단한 실용문을 읽고 내용을 파악할 수 있는지 평가한다. 또한 2급에서는 일상생활과 관련된 생활문이나 설명문을 읽고 내용을 파악할 수 있으며, 실생활에서 자주 접하는 간단한 광고문이나 안내문 등의 실용문을 읽고 정보를 파악할 수 있는지를 평가한다. 이러한 읽기 능력과 함께 읽기 영역에서는 어휘와 문법을 평가 요소에 포함하고 있다는 특징이 있다. 이는 개편되기 이전의 한국어능력시험에서 어휘 및 문법을 부과하였는데 이를 완전히 제외하는 것에 대한 교육적 측면의 우려가 작용한 것으로 알려져 있다. 전체 40개의 문항 중 10문항이 어휘와 문법으로 배정되어 있다. 한국어능력시험 I(TOPIK I)의 읽기 영역의 평가 목표는 아래와 같다.

**표 2 한국어능력시험 I(TOPIK I) 읽기 영역의 평가 목표**

| | |
|---|---|
| 1급 | 일상생활과 일상적인 공공장소에서 익숙하게 접할 수 있는 어구, 문장, 짧은 글 등을 읽고 정보를 파악하고 의미를 이해할 수 있는지를 평가한다. |
| 2급 | 일상생활과 관련된 생활문이나 설명문을 읽고 내용을 파악할 수 있으며, 실생활에서 자주 접하는 간단한 광고문이나 안내문 등의 실용문을 읽고 정보를 파악할 수 있는지를 평가한다. |

이러한 평가 목표를 가진 한국어능력시험 I(TOPIK I)은 영역별 100점씩 200점을 총점으로 하는데 총 획득 점수가 80점 이상 139점까지는 1급을, 140점 이상은 2급을 취득하게 된다. 그리고 여기에 영역별로 최소한의 득점을 요구하지 않는다. 따라서 한국인과 결혼하여 이 시험을 통하여 비자 발급 요건을 갖추고자 하는 이는 총점 80점 이상을 획득해야 한다. 이는 위에서 제시한 초급 중에서 1급에 해당하는 것으로 최소

한으로 기본적인 의사소통이 가능한 수준이며 사회적 담화에 대한 이해
는 거의 불가능한 수준으로 볼 수 있다.

이상에서 살펴본 한국어능력시험 I(TOPIK I)의 개요를 정리하면 다
음과 같다.

**표 3** 한국어능력시험 I(TOPIK I)의 개요

| 시험의 명칭 | 한국어능력시험 I (TOPIK I) |
|---|---|
| 시험의 유형(목적별) | 일반적인 숙달도 시험 |
| 평가 영역 | 듣기, 읽기 |
| 문항 수 | 듣기 30문항, 읽기 40문항 |
| 문항 유형 | 객관식 |
| 시험 시간 | 듣기 35분, 읽기 55분 |
| 총점 | 200점(영역별 100점) |
| 등급 인정 점수 | 140점 이상(2급), 80점~139점(1급), 80점 미만(불합격) |

## 4.2. 결혼이민비자 발급 심사를 위한 기본 소양 평가 시험

결혼이민비자 발급을 위한 기본 소양 평가 시험은 법무부 출입국 · 외
국인 정책본부가 결혼이민비자 발급 제도를 효율적으로 운영하기 위하
여 최근에 개발하여 시행하는 시험이다. 앞에서 살펴본 바와 같이 2014
년 4월 1일자로 결혼이민비자 발급 제도가 변경되어 결혼 당사자 간 의
사소통능력 입증이 필수 요건이 되었고 실제에 있어 대부분의 결혼 당
사자가 한국어로의 의사소통능력을 입증 받아야 하는 상황에서 기존의
시험 제도만으로는 당사자들의 요구를 수용할 수 없다는 인식을 바탕으
로 한다. 이에 법무부 출입국 · 외국인 정책본부는 독학 등 다양한 방법
으로 한국어 능력을 갖춘 자가 비자를 신청할 즈음에 수월하게 한국어
능력을 평가 받을 수 있도록 하는 대안을 마련하였다. 그리고 이 평가를
위하여 전문가에게 의뢰하여 결혼이민비자 발급 심사를 위한 기본 소양

평가 시험을 개발하여 시행하기에 이르렀다.[10)]

결혼이민비자 발급 심사를 위한 기본 소양 평가 시험의 평가 목표는 한국어능력시험 I(TOPIK I)과 크게 다르지 않다. 그러나 평가의 하위 영역은 분리하지 않은 채 25문항으로 구성되어 있다. 이 시험의 25문항의 평가 요소는 어휘, 문법, 독해로서 어휘와 문법에 각각 5문항씩, 독해에 15문항이 배정되어 있다. 이렇게 하위 영역이 분리되지 않고 문항 수도 적다는 점을 보면 한국어능력시험 I(TOPIK I)에 비하여 경량화된 시험으로 보인다. 결혼이민비자 발급 심사를 위한 기본 소양 평가 시험은 한국어로의 의사소통능력을 평가하는 일반적인 숙달도 시험이다. 그러나 특정 집단만을 대상으로 하는 만큼 소재/주제, 내용/맥락의 설정이 한정될 수도 있다.

결혼이민비자 발급 심사를 위한 기본 소양 평가 시험은 결혼이민자가 많은 나라의 한국 공관 홈페이지 등을 통하여 공지하고 있는데 이의 개요는 아래와 같다.

**표 4  결혼이민비자 발급 심사를 위한 기본 소양 평가 시험 개요**

| 시험의 명칭 | 결혼이민비자 발급 심사를 위한 기본 소양 평가 시험 |
| --- | --- |
| 시험의 유형(목적별) | (전반적으로) 일반적인 숙달도 시험 |
| 평가 영역 | 어휘/문법/읽기 통합형 |
| 문항 수 | 25문항 |

10) 법무부 출입국·외국인 정책본부가 한국어능력시험을 실시하기로 한 과정을 구체적으로 제시하지 않고 있으나 국외 현지 한국 공관의 홈페이지에는 지정 교육기관의 평가 탈락자에 대한 한국어 평가 실시라는 이름으로 공고문이 게시되어 있는 것으로 보아 1차적으로는 교육기관에서의 수학을 권고하는 것으로 볼 수 있다. 그러나 이러한 기회를 갖지 못하거나 기회가 있었다 하더라도 일정 수준의 성취도를 보이지 못한 경우에 한국 입국 기회를 주기 위하여 시험을 실시하는 것으로 볼 수 있다. 그리고 또 하나 의미 있게 볼 수 있는 것은 앞서 언급하였듯이 한국어능력평가라는 이름을 쓰지 않고 기본 소양 평가 시험이라고 하는데 이는 결국 서구 사회와 같이 사회통합프로그램의 현지 확대 적용의 의미를 갖는 것으로 볼 수 있다. 공관의 홈페이지 공고문에는 "세종학당 등 지정된 한국어 교육기관에서 교육과정에는 참여하였으나 평가에서 탈락한 외국인을 대상으로 아래와 같이 한국어 구사 능력 평가를 실시합니다."라고 게시되어 있다.

| 문항 유형 | 객관식 |
|---|---|
| 시험 시간 | 50분 |
| 총점 | 100점 |
| 등급 인정 점수 | 60점 이상 합격 인정 |

한편 결혼이민자를 대상으로 하는 한국어능력시험은 위에서 논한 바와 같은 필기시험 이외에도 구술시험을 병행하고 있는데 이는 일부 지역(베트남)에 국한한 경우로 신청자가 많아 필기시험으로 평가를 진행하기에는 물리적인 한계가 있기 때문으로 보인다.[11] 구술시험의 평가 목표는 생존에 필요한 언어기능을 소지하고 있는지를 평가하는 것으로 자기소개, 음식, 날씨, 취미, 일상생활, 과거활동 등이 주된 소재가 되고 있다. 그리고 모두 16개의 질문이 부과되고 이중에서 12개 이상의 대답이 적절했을 때 합격한 것으로 판정하게 된다.

이렇게 볼 때 결혼이민비자 발급 심사를 위한 기본 소양 평가 시험은 부분적으로 이원화되었지만 실제에 있어 필기시험을 중심으로 하는 것으로 볼 수 있다. 그리고 필기시험의 평가 목표와 평가 영역 등은 일반적인 숙달도 평가의 초급 1 수준으로서 세종학당 등 지정 교육기관의 초급 1 교육 수료, 한국어능력시험 I(TOPIK I)의 1급 인증 수준과 큰 차이가 없음을 알 수 있다. 그럼에도 불구하고 결혼이민비자 발급 심사를 위한 기본 소양 평가 시험은 한국인과 결혼한 국민배우자가 언제든지 신청하여 볼 수 있다는 점에서 수요자 중심성을 확보해 주는 것이며 한국 정부의 결혼이민비자 발급 정책이 반드시 통제적인 성격이 아니라는 것을 상징적으로 나타내는 것으로도 볼 수 있다.

---

11) 이미혜(2014)에서 볼 수 있듯이 결혼이민비자를 신청할 것으로 예상되는 국민배우자는 극소수(방글라데시 다카)로부터 매월 300~400명(베트남 호치민)으로 큰 차이를 보이고 있다.

## 4.3. 고용허가제 한국어능력시험(EPS-TOPIK)

고용허가제 한국어능력시험(EPS-TOPIK)은 2004년에 공포된 외국인 근로자의 고용 등에 관한 법률(일명 외고법)에 근거하여 한국에서 노동자로서 일하고자 하는 외국인에게 부과하는 한국어 능력 평가 제도이다. 앞에서 기술한 바와 같이 한국 정부는 외국인 산업연수생 제도를 외국인연수취업자격제도를 거쳐 고용허가제로 바꾸게 되었는데 이때 새로이 도입한 대표적인 정책 내용이 외국인 노동자로 입국하기 위한 자격으로 한국어 능력을 평가한다는 점이었다. 이는 종래의 제도에 따라 외국 인력을 도입하는 과정에서 나타난 부정적·파행적 현상의 해결 차원에서 제시된 것이다. 좀 더 구체적으로 한국에서 일하고자 하는 외국인이 많은 상황에서 선발 기준의 마련이 필요하였는데 무엇보다도 외국 인력이 한국 사회에 잘 적응할 수 있는 능력을 갖추었는지를 평가하는 것이 의미가 있다고 본 것이다. 종래에는 의지나 능력을 기준으로 선발하기보다는 누가 소개료를 많이 주느냐와 같이 불합리한 방법으로 선발하게 되었고 이는 결국 외국인 노동자가 한국에서 불법으로 체류하는 것으로까지 연결되는 악순환의 시작이 된다는 것을 정책 당국이 파악하게 되어 나온 결과이기도 한다.

이러한 시행 목적을 분명히 하는 것으로는 이 시험을 주관하는 한국산업인력공단의 시험 시행 공고문에 나타나 있는데 그 내용은 아래와 같다.

> 외국인 구직자의 한국어 구사 능력 및 한국 사회에 대한 이해 정도를 외국인 구직자 명부 작성 시 객관적 선발기준으로 활용하고 한국에 대한 기본 이해를 갖춘 자의 입국을 유도하여 한국생활에서의 적응력을 도모하고자 한다.

이렇게 시작된 고용허가제 한국어능력시험(EPS-TOPIK)의 최초 시행 연도인 2005년에는 베트남, 인도네시아, 스리랑카, 태국, 필리핀, 몽골 등 6개 국가였으나 2014년도에는 모두 15개 국가로 확대되어 실시해 오고 있다. 그런데 이 시험의 실시는 한국과 해당 국가 사이의 정부가 시험 실시에 대한 양해 각서를 체결하여 실시하는데 이는 원천적으로 국가가 책임을 지고 공정하게 실행하겠다는 의지를 담는 것이기도 하다.[12]

고용허가제 한국어능력시험(EPS-TOPIK)은 듣기와 읽기를 평가 영역으로 하고 각각 25문항씩 모두 50문항을 부과하고 있다. 그러나 시험 시간은 듣기와 읽기의 차이가 있어 듣기 30분, 읽기 40분이다. 각 영역별 세부 평가 요소는 읽기의 경우 어휘와 어법, 실용 자료 정보, 독해이고 듣기의 경우 듣고 맞는 소리 고르기, 듣고 맞는 그림 고르기와 같은 음운 식별, 간단한 세부 내용 이해를 시작하여 일상적인 소재를 바탕으로 한 이야기나 대화의 내용 이해이다.

그런데 고용허가제 한국어능력시험(EPS-TOPIK)이 갖는 특징은 평가 항목이 일반적인 한국어 능력 평가 도구가 갖는 그것과 차별화되어 있다는 점이다. 구체적으로 고용허가제 한국어능력시험(EPS-TOPIK)은 읽기의 평가 내용으로 사물 및 상황 설명, 한국어의 어휘 및 어법, 실용자료 정보, 설명문 독해 및 산업 안전에 관한 안전 표지, 안전 사항이라고 제시함으로써 일반적인 한국어 독해 능력 이외에 작업장 한국어 능력을 요구하고 있다. 이는 이주노동자를 대상으로 하는 한국어 능력 평가가 특수 목적 한국어 능력 평가의 성격을 가짐을 의미한다. 듣기도 예외가 아니어서 시각자료를 듣고 맞는 문장을 고르거나 대화나 이야기를 듣고 내용을 이해하는 문제에 있어서 산업안전이나 작업장과 관련한 소재를 포함한다.

결국 고용허가제 한국어능력시험(EPS-TOPIK)은 응시자로 하여금 한국의 일상생활에 필요한 기초적인 의사소통능력, 산업현장에서 필요

---

12) 2013년 5월 현재 한국 정부와 고용허가제 양해각서를 체결한 국가는 중국, 베트남, 인도네시아, 필리핀, 태국, 스리랑카, 몽골, 캄보디아, 파키스탄, 네팔, 방글라데시, 우즈베키스탄, 미얀마, 키르기스스탄, 동티모르 총 15개국이다.

한 한국어 구사능력, 한국 기업 문화에 대한 이해 등을 갖추도록 요구하는 것으로 시험 시행 목적을 실현하고자 하는 의도를 분명히 담아내고 있다. 그리고 고용허가제 한국어능력시험(EPS-TOPIK)의 문항 형식은 모두가 4지선다형이고 만점은 읽기와 듣기가 각각 100점씩, 총점 200점이며 총 득점 80점 이상을 합격자로 판정한다.

이상의 내용을 바탕으로 고용허가제 한국어능력시험(EPS-TOPIK)의 개요를 정리하면 다음과 같다.

**표 5** 고용허가제 한국어능력시험(EPS-TOPIK)의 개요

| 시험의 명칭 | 고용허가제 한국어능력시험(EPS-TOPIK) |
|---|---|
| 시험의 유형(목적별) | 일반적인 숙달도 시험과 작업장 한국어 능력 시험의 통합형 |
| 평가 영역 | 읽기, 듣기 |
| 문항 수 | 50문항(읽기 25문항, 듣기 25문항) |
| 문항 유형 | 객관식(사지선다형) |
| 시험 시간 | 70분(읽기 40분, 듣기 30분) |
| 총점 | 200점(읽기 100점, 듣기 100점) |
| 합격점 | 총 득점 80점 이상(평균 40점 이상) |

그러나 고용허가제 한국어능력시험(EPS-TOPIK)의 활용은 앞서 논의한 2종의 한국어능력시험과 다른데 실제 활용에 있어서는 상대 평가가 병행된다는 점이다. 다시 말해 총점 200점 만점에서 80점 이상을 획득한 자 모두에게 한국에 입국할 수 있는 기회가 부여되는 것이 아니고 이들 가운데 성적이 높은 순으로 한국에 입국할 수 있는 기회가 부여된다는 점이다. 즉 한국어 능력의 소지여부는 절대적인 평가 방법으로 결정하지만 한국 입국 자격은 국가별로 적용되는 선발 인원이 제한되어 있기 때문에 합격자 중에서 성적순으로 인원을 정한다. 따라서 합격점은 최소 요건으로서의 의미만을 갖는 특징이 있다.[13]

## 5. 결혼이민자와 이주노동자의 입국 사증 취득을 위한 한국어 능력 평가 체계 구축의 시사점과 향후 개선 방안

결혼이민자와 이주노동자의 입국 사증 취득을 위한 한국어 능력 평가 체계의 검토를 통해서 얻을 수 있는 시사점을 정리하면 아래와 같다.

첫째, 정책적인 측면으로서 최근 한국어의 사회적 기능이 커지면서 사회의 각 부분에서 한국어 사용자의 한국어 능력을 적절하게 평가할 필요성이 제기되고 있으며 한국 정부는 이러한 요구를 적극적으로 수용하고 있다는 점이다. 앞에서 논한 바와 같이 한국 내 정주 외국인이 크게 늘면서 이들이 기존 한국 국민과 유리되지 않고 사회적 약자로 존재하지 않도록 하는 것은 정부의 책임이다. 이민자가 한국 사회에 적응할 수 있는 제1의 요건은 기존 국민과의 의사소통일 것이다. 한국 정부도 한국어 능력이 갖는 이러한 사회적 기능을 충분히 존중하여 결혼이민자로서의 입국 자격 부여, 이주노동자로서의 입국 자격 부여에 한국어 능력을 필수 요건으로 제시하고 있다. 이런 상황에서 한국 정부가 주체가 되어 결혼이민자와 이주노동자를 대상으로 하는 입국 전 한국어 능력 평가 체계를 구축한 것은 당연한 일이면서도 큰 의미를 갖는 일이다. 특히 이들 평가 체계의 구축에 있어서 보편적인 숙달도 평가인 한국어능력시험 I(TOPIK I)에만 의존하지 않고 결혼이민자와 이주노동자의 특수 상황을 고려한 맞춤형 한국어 능력 평가 체계를 개발한 것은 의미 있는 일이다.

---

13) 고용허가제 한국어능력시험(EPS-TOPIK)이 갖는 또 하나의 차별성은 2013년 이전까지는 문제풀(pool)을 사전에 공개하고 이 문제 가운데에서 매 회차 문제를 추출하여 시행해 왔다는 점이다. 그러나 2013년 시행부터는 시험 문제의 변별력을 높이고 한국어 능력이 우수한 근로자를 선발할 수 있도록 전면 비공개 문제 출제 방식으로 전환하여 시행해 오고 있다. 이와 함께 고용허가제 한국어능력시험(EPS-TOPIK)을 대비하는 외국인 노동자들에게 올바른 학습 방향을 제시하고 한국어 능력 향상을 지원하기 위하여 한국어 표준교재를 발간하였음을 밝히고 있는데 이는 응시자의 편의성을 도모하고자 한 노력으로 볼 수 있다.

둘째, 결혼이민자와 이주노동자를 대상으로 하는 평가 체계에서 평가 목표의 설정과 평가 요소의 추출이 해당 평가 체계의 기능을 실현할 수 있도록 고안된 것은 의미가 크다. 일반적인 숙달도 시험인 한국어능력 시험 I(TOPIK I)은 한국어 사용자 모두에게 공통적으로 적용될 수 있도록 고안되었다. 결혼이민자가 이 시험을 통하여 입국에 필요한 한국어 능력을 평가받는 것은 타당하다. 그리고 결혼이민비자 발급 심사를 위한 기본 소양 평가 시험은 전반적으로는 한국어능력시험 I(TOPIK I)을 주로 참고하였다고는 하지만 내용과 맥락의 설정 등에 있어 결혼이민자의 한국어 사용 상황을 고려한 점은 타당한 것으로 봐야 할 것이다. 여기에서 더 나아가 평가 목표의 설정이나 평가 요소 추출의 타당성 여부를 단적으로 논할 수 있는 것은 고용허가제 한국어능력시험(EPS-TOPIK)이다. 일반적인 숙달도를 기준으로 할 때 초급의 하 수준임에도 불구하고 평가 요소에 산업안전이나 한국 문화 이해를 포함한 것은 시험의 합목적성을 확보하고자 한 노력으로 볼 수 있다. 이렇게 볼 때 본고에서 논한 3종의 평가 체계 모두 평가 목표의 설정과 평가 요소의 설정의 타당성을 인정할 수 있을 것이다.

셋째, 제한적인 의미를 갖는 것이기는 하지만 결혼이민자와 이주노동자의 입국 자격을 부여하기 위한 한국어 능력 평가 체계가 이해 영역을 평가의 영역으로 설정한 것은 제한적이긴 하지만 의미를 부여할 수 있다. 결혼이민자와 이주노동자가 입국 전에 한국어 능력을 갖추기에는 현지의 교육 공급 체계가 충분하지 않다. 일반적으로 초급 단계에서는 표현 능력보다는 이해 능력 향상이 선행되는 것으로 논의된다. 특히 쓰기의 경우 담화를 구성함에 있어 어휘, 문법과 같은 언어에 대한 지식과 함께 적절한 맥락의 구성에 필요한 능력을 갖추는 일은 좀 더 많은 노력을 요한다. 다만 말하기의 경우 일부 결혼이민자와 이주노동자의 경우 문어 학습에 앞서 습득될 가능성도 있으나 실제 평가를 통해서 적절하게 평점을 부여받을 수 있을지는 미지수이다. 이런 상황에서 상대적으로 대응 능력이 수월한 이해 영역만을 평가 영역으로 설정한 것에 큰 무리가 없는 것으로 보인다. 그리고 매우 현실적인 문제로 말하기나 쓰기와 같은 표현 능력을 평가할 경우 자질 있는 면접관의 확보(말하기)와 효율적인 채점 관리(쓰기)라는 해결하기 힘든 난제에 부닥칠 것이다.

이러한 시사점과 함께 이들 시험이 좀 더 효율적으로 실시되기 위해서는 몇 가지 개선이 요구된다.

우선 각각의 평가 도구별로 볼 때 한국어능력시험 I(TOPIK I)은 시행 횟수의 확대가, 결혼이민비자 발급 심사를 위한 기본 소양 평가 시험은 듣기 시험의 부과가, 고용허가제 한국어능력시험(EPS-TOPIK)은 평가 구인과 문항 개발의 정교함이 요구된다. 연간 국외에서 시행되는 한국어능력시험 I(TOPIK I)이 종전의 2회에서 2015년부터 3회로 늘어났다고는 하지만 결혼이민자와 이주노동자라는 수요자 집단의 특성을 볼 때 응시 기회가 충분히 보장되는 것으로 보기는 어렵다. 연간 3회 실시는 대략 4개월마다 실시하는 것을 의미하지만 이들 집단의 한국 입국의 시급함이나 기초 수준의 한국어 학습이라는 점을 고려한다면 4개월의 기간은 길 수도 있다. 다음으로 결혼이민비자 발급 심사를 위한 기본 소양 시험에 듣기가 포함된다면 평가 시행 효과를 더욱 키울 것이다. 결혼이민자라는 대상 집단의 특성상 구어 능력의 중요성이 크기 때문이다. 앞에서 언급한 것처럼 말하기의 경우 면접관의 확보 등 현실적인 어려움이 크지만 듣기의 경우 시험 시행 환경을 좀 더 보완한다면 시행이 가능할 것이다. 마지막으로 고용허가제 한국어능력시험(EPS-TOPIK)은 평가 구인과 문항 개발의 고도화가 요구된다. 시행 이후 지속적으로 개선이 되어 왔다고는 하나 고용허가제 한국어능력시험(EPS-TOPIK)이 갖는 근본적인 한계는 초급 수준의 한국어 숙달도를 요구하는 시험에서 직장에서의 업무 수행 능력이라는 특수 목적 한국어 능력을 동시에 측정해야 한다는 점이다. 곽순복(2013)에서 지적하고 있듯이 현행 50문항의 시험으로 이러한 두 가지 요소를 다 담아낼 수 있을지는 의문이다. 평가 구인에 대한 재검토와 함께 이를 담아낼 수 있는 현실적인 평가 도구의 개발을 고민할 필요가 있다. 이와 함께 정호진(2013)에서 자세하게 제시하듯이 평가 문항이 갖는 한계가 드러난다.[14] 외국어 능력 평가 문항의 개발에서 적용되어야 하는 기본 원리가 충실히 반영된 문항 고도화 노력이 요구된다.

다음으로 결혼이민자와 이주노동자의 입국 사증 취득을 위한 한국어 능력 평가 체계의 효율적 실시를 위한 개선 방안으로 들 수 있는 것은 평가의 환류효과를 극대화하기 위한 방안의 모색이다. 이미 결혼이민자와 이주노동자의 입국 사증 취득을 위한 한국어 능력 평가가 시행이 되면서 대상 지역에서는 이에 대한 한국어 교육이 활발하게 실시되고 있는 것으로 알려진다. 이는 평가 실시의 즉각적인 효과로서 매우 긍정적이다. 그러나 문제는 대상 지역에서의 한국어 교육이 실제로 수요자의 한국어 능력을 향상시키는 데에 효율적인가 하는 점이다. 이들 평가가 갖는 외적 보상이 크게 부각되는 반면에 이들 평가가 갖는 교육적 기능에 대한 인식은 수요자에 따라 달리 나타날 것이다. 평가의 시행을 통하여 결혼이민자와 이주노동자가 한국어 능력을 갖추도록 하기 위해서는 평가에 대비하는 수요자에게 평가의 목표, 평가의 요소, 평가 도구의 구성 등이 상세히 전달될 필요가 있다. 이를 통해서 수요자가 목표 지향적인 한국어 학습 과정을 거치도록 유도할 필요가 있다. 그럼에도 불구하고 아직까지는 결혼이민자와 이주노동자의 입국 사증 취득을 위한 한국어 능력 평가와 관련한 안내 자료는 부족해 보인다. 각각의 평가 체계와 관련한 안내서 등을 제작하여 다양한 방식으로 현지 교육기관과 수요자에게 전달을 한다면 평가 시행 목적을 달성하는 데에 도움이 될 것이다.

---

14) 정호진(2013)에서는 고용허가제 한국어능력시험(EPS-TOPIK)의 문항을 분석하면서 문항 개발의 요건이 갖추어지지 않은 사례를 네 가지로 제시하고 있다.

# 6. 결론

이상에서 최근 한국 내 이민자의 주류를 이루는 결혼이민자와 이주노동자를 대상으로 하는 입국 사증 취득을 위한 한국어 능력 평가 체계를 살펴보았다. 논의의 대상은 국가 수준의 일반적인 한국어 능력 평가 체계인 한국어능력시험 I(TOPIK I), 결혼이민자를 대상으로 하는 결혼이민비자 발급 심사를 위한 기본 소양 평가 시험, 이주노동자를 대상으로 하는 고용허가제 한국어능력시험(EPS-TOPIK)으로서 모두가 최근에 개발하여 실시됨으로써 학계에서 그리 논의가 진행되지 않은 것들이다.

본 연구에서 이들 평가 체계를 살펴본 결과 전반적으로 이들 평가 체계는 평가 시행 목적에 맞추어 개발되었으며 각각 고유한 특성을 갖고 있는 것으로 보인다. 그리고 평가 체계가 갖춰야 하는 요건을 어느 정도 충족하고 있는 것으로 보인다. 여기에서 간단하게 정리하면 다음과 같다.

우선 한국어능력시험 I(TOPIK I)은 가장 권위 있는 한국어 능력 평가 체계로서 한류 등으로 최근 크게 늘어난 초급 수준 한국어 학습자의 한국어 능력을 평가할 목적으로 개발되었다. 특히 종래의 한국어능력시험(TOPIK)에 비하여 평가 영역이 축소되고 전체 문항 수도 줄어들어 초급 수준의 한국어 학습자가 비교적 부담 없이 응시하도록 한 것으로 보이는데 최근에 결혼이민자의 입국 비자 발급 심사용으로도 채택이 된 것이다. 다음으로 결혼이민비자 발급 심사를 위한 기본 소양 평가 시험은 한국 정부의 이민자 정책과 관련이 있는 것으로 결혼이민자에게 요구되는 입국 전 한국어 능력을 평가할 목적으로 개발된 것이다. 즉 특수한 집단을 대상으로 하여 맞춤형으로 개발된 것으로서 평가 목표의 설정이나 평가 요소의 추출이 관련 연구를 통하여 적절하게 이루어진 것으로 보인다. 마지막으로 고용허가제 한국어능력시험(EPS-TOPIK) 역시 한국 정부의 외국 인력 정책의 연장선상에서 나온 것으로 외국인 노동자가 한국에 입국하기 전에 갖춰야 하는 한국어능력을 평가하기 위하여 개발된 특수 목적의 한국어 능력 평가 체계이다. 고용허가제 한국어 능력시험(EPS-TOPIK)의 평가 목표와 평가요소 역시 이러한 목적을 구현하기 위하여 설정된 것으로 볼 수 있다.

이와 같이 결혼이민자와 이주노동자를 대상으로 하는 한국어 능력 평가 체계는 전반적으로 평가의 목적이 분명하고 평가의 목표와 평가 요소들이 비교적 무난하게 설정된 것으로 볼 수 있다. 그러나 개선할 점도 나타나는데 국가 수준의 평가 도구로서 갖춰야 하는 고도화의 수준과 평가 시행의 환류효과 등을 극대화하기 위한 방안의 모색 등이 대표적이다. 따라서 평가 영역과 같은 평가 구성 요소의 측면, 문항 고도화 수준의 측면, 평가의 환류효과를 극대화하기 위한 방안의 모색 등에 있어서 앞으로 한국어 교육계에서 많은 관심을 가져야 할 것이다. 정부가 정책적 필요성에 의하여 결혼이민자와 이주노동자를 대상으로 입국 전 한국어 능력 평가를 시행하지만 이들 평가 체계의 발전은 한국어 교육계의 전문성이 투입되었을 때 가능하다고 보기 때문이다.


## 참고문헌

고상두(2012) 이주자 사회통합모델의 비교분석,『한국정치학회보』, 46권 2호, 한국정치학회, 241-264.

곽순복(2013) 외국인 근로자 대상 입국 전후 한국어 교육 연구, 계명대학교 대학원 석사학위 논문.

김기하(2009) 이민자 사회통합의 과제와 비전, 한국이민 정책발전재단.

김명광(2011) 국내외 외국인 근로자 정책과 대안 : 특수 목적 한국어 교육을 중심으로,『현대사회와 다문화』, Vol.1 No.2., 대구대학교 다문화사회정책 연구소, 200-225.

김선정(2011) 이중 언어학회 창립 30주년 기념 기획 논문 : 다문화 사회와 한국어 교육,『이중 언어학』, 제47호, 이중 언어학회, 559-686.

김이선 외(2007) 다민족 다문화 사회로의 이행을 위한 정책 패러다임 구축(1): 한국 사회의 수용 현실과 정책과제, 한국여성정책연구원.

김태원(2010) 다문화현상에 대한 사회통합관점에서의 비판적 고찰, 『民族文化論叢』, 第 44輯, 영남대학교 민족문화연구소, 389-423.

김혜순(2010) 이민자 사회통합 정책 기초연구: 결혼이민자와 다문화가족을 중심으로, IOM MRTC Working Paper No. 20100-05. IOM 이민 정책연구원.

김희정(2009) 이민자 사회통합과 언어교육제도연구-네델란드의 사회통합시험제 (inburgerings -examen)와 한국의 사회통합교육프로그램 이수제를 중심으로, 연세대학교 교육대학원 석사학위 논문.

유준영(2010) 취업 목적 한국어 능력 평가 개선 방안 연구 : ESP-KLT와 B-TOPIK 분석을 중심으로, 한양대학교 교육대학원 석사학위 논문.

이미혜(2014) 결혼이민자의 입국 전 한국어 능력 평가 도구 개발을 위한 기초연구, 『언어와 문화』, 제10권 3호, 한국언어문화교육학회, 167-188.

이성순(2010) 이민자 사회통합 정책의 현황과 과제 : 사회통합 프로그램을 중심으로, 『사회과학연구』, 제21권 4호, 충남대학교 사회과학연구소, 165-187.

이성순(2011) 한국과 독일의 사회통합 정책연구, 『한국지역사회복지학』, 39권, 한국 지역사회복지학회, 179-208.

정호진(2013) EPS-TOPIK 시행 현황 및 관계자 요구 분석, 『비교문화연구』, 제31집, 경희대학교 비교문화연구소, 395-414.

조항록(2011) 이민자 사회통합 정책의 실제와 과제, 『다문화와 평화』, 5집 2호, 성결대학교 다문화평화연구소, 5-31.

조항록(2012) 사회통합프로그램 한국어 교육의 확대 실시 방안 연구, 『이중 언어학』, 제50호, 이중 언어학회, 235-267.

조항록 외(2010) 한국이민귀화적격시험(KINAT) 개발 연구 결과 보고서, 법무부 출입국 · 외국인 정책본부 정책 연구 보고서.

조항록 외(2011) 사회통합프로그램 발전방안 연구, 법무부 출입국 · 외국인 정책본부 정책 연구 보고서.

조항록 외(2012) 사회통합프로그램 교육과정 개선과 평가체계 구축 연구, 법무부 출입국 · 외국인 정책본부 정책 연구 보고서.

조항록 외(2013a) 한국어능력시험 체제 개편에 따른 평가틀 제작 및 표준문항 개발, 교육부 국립국제교육원 연구 보고서.

조항록 외(2013b) 결혼이민자 기본 소양 실태 조사, 법무부 출입국 · 외국인 정책본부 정책 연구 보고서.

조항록 외(2014) 결혼이민비자 취득을 위한 한국어능력시험 개발 연구, 법무부 출입국 · 외국인 정책본부 정책 연구 보고서.

조항록 · 이미혜 · 조현용(2012) 한국 귀화시험의 한국어 · 한국 문화 능력의 평가의 실제와 과제, 『한국어 교육』, 제23권 4호, 국제한국어 교육학회, 343-369.

차용호(2008) 이민자 사회통합을 위한 정책 방향, 한국이민학회 2008년 후기 학술대회 발표 논문.

한국 사회언어학회(2007) 한국적 다문화주의의 이론화, 한국 사회학회.

허용 외(2012) 한국어능력시험 신규 시험 체제 개발 및 타당화 연구, 교육부 국립국제연구원 연구 보고서.

## ❸ 결혼이민자를 대상으로 하는 입국 전 기본 소양 평가 실시와 현지 교육기관의 대응: 베트남 사례를 중심으로*

## 1. 서론

최근 한국 정부는 한국인과 결혼한 외국인이 국민배우자의 신분으로 한국에 입국하기 전에 현지 국가에서 일정 수준의 기본 소양을 갖추도록 하는 제도를 마련하여 실시하고 있다. 여기에서 말하는 기본 소양이라 함은 한국의 국적법에 근거를 두는 것으로 한국어 능력과 한국의 풍습에 대한 이해 능력을 의미한다.[1] 기본 소양에 대한 평가 절차와 방법에 대해서는 국적법 시행령과 국적법 시행 규칙 등에서 세부 내용을 제시하고 있다.[2][3] 이를 볼 때 외국인에 대한 기본 소양 평가는 원래 일반귀화 희망자를 대상으로 하는 것으로 한국 국적을 취득하고자 하는 외국인을 대상으로 하는 것이었다. 즉 한국 내 체류 기간 등 일정 요건을 갖춘 외국인이 귀화를 통해 한국 국적을 취득하고자 할 때 한국 국민으로서 갖춰야 할 요건 중의 하나로 기본 소양을 갖출 것을 요구하는 것이었다. 그러나 최근에는 한국인과 결혼을 하는 외국인에게 일반귀화가 아

---

*   이 글은 베트남국립외국어대학교 개교 60주년 기념 국제 세미나(2015년 4월 10일, 베트남 국립 하노이외국어대)에서 있었던 기조발표문을 수정 보완한 것임을 밝힌다.
1)  국적법 제5조(일반귀화) 5호의 내용으로서 귀화의 요건으로 "국어능력과 대한민국의 풍습에 대한 이해 등 대한민국 국민으로서의 기본 소양(素養)을 갖추고 있을 것"이라고 명시되어 있다.

닌 간이귀화를 허용하는[4] 상황에서 한국 입국 전에 일정 수준의 기본 소양을 갖추도록 요구한다. 즉 결혼이민자는 특별한 사정이 없는 한 시간의 차이는 있을지언정 결국 한국 국적을 취득하게 되고 이 과정에서 기본 소양을 갖추었는지를 평가받는다.

한국인과 결혼한 외국인이 국민배우자 사증을 취득하기 위하여 갖추어야 하는 기본 소양은 대체로 초급 수준의 한국어 능력으로 볼 수 있다. 앞에서 언급한 것처럼 원래 기본 소양이라고 하면 한국어와 한국 풍습으로 구성되고 한국 풍습은 몇몇 하위 분야로 세분화되는데 결혼이민자의 사증 취득 자격을 부여하는 과정에서는 한국어 능력에 국한하고 있다.

결혼이민자가 국민배우자 사증을 취득하는 과정에서 요구되는 한국어 능력은 원칙적으로 한국어로 기초적인 의사소통이 가능한 수준임을 명시하고 있으며 구체적으로 한국어능력시험(TOPIK) 1급 인증서 또는 지정 교육기관(세종학당 등)에서 초급 과정을 성공적으로 마쳤음을 증

---

2) 국적법시행령 제4조(귀화허가 신청에 대한 심사)의 3호~6호에서는 귀화에 대한 절차와 방법을 정하고 있는데 3호에서는 귀화적격심사를 거쳐야 할 것임을 명시하고 4호에서는 귀화적격심사는 필기시험과 면접심사로 구성되어 있음을 명시한다. 그리고 5호에서는 필기시험의 출제방식 등 귀화적격심사의 시행에 필요한 사항은 법무부령으로 정하고 6호에서는 귀화적격자로 판정받기 위해서는 필기시험에서 100점 만점에 60점 이상을, 면접심사에서 적합 판정을 받아야 함을 명시하고 있다.

3) 국적법시행 규칙 제4조(귀화적격심사)의 2호와 4호에서는 필기시험과 면접심사의 평가 내용을 정하고 있는데 필기시험에서는 대한민국의 역사 · 정치 · 문화 · 국어 및 풍습 등으로 구성된 10문항 이상 20문항 이하의 문제에 답해야 하고 면접심사에서는 국어능력 및 대한민국 국민으로서의 자세와 자유민주적 기본질서에 대한 신념 등을 심사한다고 명시하고 있다.

4) 간이귀화는 국적법 제6조에서 규정하는 것으로서 일반귀화 요건을 갖추지 않아도 한국 국적을 취득할 수 있도록 하는 제도이다. 이는 결혼이민자가 급속하게 느는 시기에 도입한 것으로서 배우자가 대한민국의 국민과 결혼한 외국인일 경우 혼인 상태로 대한민국에서 2년 이상 거주하였거나 혼인 상태로 3년이 지나고 대한민국에서 1년 이상 거주한 경우에는 국적을 취득할 수 있도록 하는 것을 골자로 한다. 그렇지만 이 경우에도 기본 소양에 대한 평가를 받아야 하는 것은 일반귀화와 마찬가지이다. 다만 일부 요건이 완화된다는 차이가 있다.

명하는 이수증을 제시하도록 하고 있다. 이 밖에 외국 국적 한국 동포, 한국어 관련 학위 소지자, 한국에서 1년 이상 연속하여 체류한 기록 등이 있으면 이러한 기본 소양 요건을 갖춘 것으로 간주하고 있다. 즉 한국인과 결혼한 외국인이 한국 입국 사증을 받으려면 최소한 한국어능력시험(TOPIK) 1급을 획득하였거나 세종학당 등에서 초급 과정을 마쳐야 하는 상황이다.

문제는 한국어능력시험(TOPIK)은 국외에서 시행하는 횟수가 한정되어 있고, 응시한다 해도 1급 인증을 획득하기가 불확실하다는 점이다. 또 세종학당 등 지정 교육기관에 등록하여 한국어를 배우고자 하는 사람이 늘고 있으나 여기에도 또한 현실적인 어려움이 있다. 등록 인원이 제한되어 있는데다가 등록하여 수강했다 하여도 85% 이상 출석해야 하고 수료 시험을 통과해야 한다.[5] 이런 상황에서 한국 정부는 결혼이민자에게 한국 입국의 기회를 좀 더 넓혀주기 위하여 좀 더 편리하게 기본 소양을 입증 받을 수 있는 제도를 마련하였는데 이것이 바로 결혼비자 발급 심사를 위한 현지 기본 소양 평가 제도이다.[6] 흔히 입국 전 현지 기본 소양 시험이라고 불리는 이 시험은 전문가에게 연구 용역을 주어 마련한 것으로 평가의 목표와 내용은 대체로 한국어능력시험 1급 수준의 한국어 구사 능력인 것으로 알려져 있다. 다만 베트남의 경우 다른 지역과 비교가 되지 않을 정도로 그 수가 많은 만큼 구술시험과 필

---

5)  한국어능력시험(TOPIK)을 주관하고 있는 국립국제교육원의 홈페이지에서 공지하고 있는 2016년도 한국어능력시험 시행 계획에 따르면 2016년도에 베트남에서는 3월(하노이), 4월(하노이, 호찌민), 10월(하노이, 호찌민), 11월(하노이, 호찌민)에 한국어능력시험을 실시하는 것으로 나타나 있다. 그리고 베트남 내 세종학당의 수는 모두 9곳으로 하노이 3곳, 호찌민 2곳, 기타 4곳이다.

6)  원래 결혼이민자의 입국 사증 취득 요건이 강화된 것은 2013년 10월 10일 개정된 출입국관리법 시행 규칙 제9조의 5에 따른 것으로서 기본 소양 능력을 입증하도록 한 것 이외에 소득 요건, 주거 요건, 국적 취득 후 외국인 배우자 초청 요건 등 모두 5가지의 심사 기준이 강화되는 조치에 따른 것이다. 그러나 기본 소양 능력 입증 제도가 도입된 후 실제 시행 단계에 들어서 기본 소양을 입증할 기회가 제한되어 이를 완화하고자 한 것이 결혼이민비자 발급 심사를 위한 기본 소양 평가 제도이다.

기시험 중 하나에 응시하도록 하는데 그 평가 수준 역시 기초적인 한국어 구사 능력으로 한정되었다. 그리고 이는 2013년 10월 10일의 출입국관리법 시행 규칙 개정에서 제시한 포괄적인 의미의 한국어 구사 능력에 근거를 두고 있다.

본고에서는 최근 한국 정부가 실시하고 있는 결혼이민자를 대상으로 하는 입국 전 기본 소양 시험 실시의 의의를 살펴보고 시험의 구성 체계를 분석하여 현지 교육기관의 대응 방안을 베트남을 중심으로 하여 모색해 보고자 한다. 본 연구가 베트남 사례를 중심으로 진행하는 의미와 기대 효과는 다음과 같다.

우선 베트남을 대상으로 선정한 근거는 베트남이 타 지역에 비하여 결혼이민사증 신청 현지인이 가장 많을 지역이라는 점에 있다. 2015년 11월 현재 국내 거주 결혼이민자의 수는 중국 다음으로 두 번째이지만 근래 결혼이민비자 신청 건수는 제일 많다. 따라서 입국 전 기본 소양 시험의 실시와 관련한 논의를 베트남을 중심으로 진행하는 것은 의미가 크다.

다음으로 본 연구를 충실히 수행했을 때 베트남 내 한국어 교육계의 대응 방향 모색에 기여할 것이며 이는 곧 새 제도의 안정적 실시에 기여할 것이다. 입국 전 기본 소양 평가 제도를 도입하는 것은 결혼이민자의 한국 사회 적응을 돕고자 함이 제1의 목적이고 그 핵심을 한국어 능력에 두고 있다. 그러나 이러한 제도를 맞는 베트남 내 한국어 교육계로서는 새로운 도전을 의미하는 것이다. 본 연구를 통하여 입국 전 기본 소양 평가의 체계를 분석하고 교육기관의 대응 방안을 제시한다면 베트남 내 한국어 교육기관의 대응 능력 제고에 기여하고 새로운 제도의 안정적 시행을 가능하게 할 것이다.

## 2. 선행 연구

결혼이민자의 입국 사증 취득을 위한 한국어능력시험과 관련한 연구
는 그리 많지 않다. 최근에 대두된 쟁점 영역이기도 하지만 이 분야 전
문가의 폭이 넓지 않음도 이유가 된다. 한국어 교육에서는 이민자 관련
법과 제도에 관한 연구가 보편화되어 있지 않고, 이민자 관련 법과 제도
를 연구하는 분야에서는 한국어 교육 연구가 보편화되지 않았다. 본고
에서의 논의와 관련하여 기존에 수행된 연구들은 주로 한국어 교육계에
서 산출된 것으로서 이민자의 한국 입국 또는 한국 국적 취득과 관련하
여 요구되는 한국어 능력을 다룬 것이 주를 이룬다. 그리고 이러한 연구
는 주로 취득 요건으로서의 한국어 능력을 논하는 만큼 주로 한국어 능
력 평가 제도와 관련이 있다.

결혼이민자를 포함한 한국 내 이민 또는 장기 체류 희망자의 한국 입
국, 더 나아가 한국 국적 취득에 필요한 한국어 능력을 다룬 연구로 유
준영(2010), 김명광(2011), 조항록 외(2012), 정호진(2013), 조항록 외
(2014), 이미혜(2014), 조항록(2015) 등의 연구를 들 수 있다. 한국 내
이민 또는 장기 체류와 관련한 자격 요건으로서 한국어 능력을 다룬 연
구는 초기에는 외국인고용허가제와 관련한 연구가 주를 이루고 2014
년 이후에는 결혼이민자와 관련한 연구가 나타나고 있다. 위에서 제시
한 선행 연구 중 유준영(2010), 김명광(2011), 정호진(2013) 등의 연구
는 외국인고용허가제 한국어능력시험(EPS-TOPIK)을 다루고 있는데
유사 한국어능력시험과의 비교, 시험의 구성 요소, 외국인 정책과의 관
련성 등을 다루고 있다. 외국인고용허가제 한국어능력시험은 2013년
에 근본적인 체제 변화를 시도하였는데 정호진(2013b)의 연구는 체제
개편 이후의 EPS-TOPIK의 시행 결과 분석, 문항 분석 등을 실시하고
국외의 EPS센터를 대상으로 한 요구 분석 실시 결과를 보고하였다. 이
연구에서는 EPS-TOPIK이 전반적으로 시험 도구로서의 체제를 보완
할 필요가 많으며 응시자의 응시 접근성과 수월성을 제고하기 위한 방

안이 필요함을 주장하고 있다. 특히 의사소통의 핵심이라고 할 수 있는 말하기시험의 개발 시행을 주장하였다. 정호진(2013a)의 연구에서는 EPS-TOPIK 대비 교육기관 종사자를 대상으로 하는 설문조사와 국내 체류 외국인 노동자를 대상으로 하는 설문조사를 실시하여 결과를 보고하고 있다. 이 연구에서는 이러한 설문조사 결과를 바탕으로 EPS-TOPIK의 발전 방안을 제시하는데 주요 내용으로 기관인증제, 교사 전문성 제고, 말하기 시험의 도입 등을 들 수 있다. 한편 조항록 외(2012)의 연구는 귀화시험 내 한국어 능력 평가를 분석하였는데 여기에서는 주요 국가의 귀화시험에서의 언어 능력 평가 체계와 내용을 소개하고 현행 한국귀화시험에서의 한국어 문항의 개선 방안을 제시하였다. 조항록 외(2014)의 연구는 결혼이민자의 기본 소양 실태를 다룬 정책 연구 보고서로서 2013년 11월말부터 12월초 사이에 귀화를 신청한 결혼이민자 361명을 대상으로 하여 모의 귀화시험을 실시하여 그 결과를 분석하여 기본 소양의 수준이 기존 국적 취득의 기준에 미달하고 있음을 밝히고 있다. 그러나 기존 국적 취득에 필요한 기본 소양의 수준에 대한 체계적인 연구가 부족했던 만큼 이 기준에 대한 대안을 함께 제시하였다.

이미혜(2014)와 조항록(2015)의 연구는 결혼이민자의 입국 사증 취득 및 기본 소양 평가 제도와 관련이 큰 연구로서 이미혜(2014)의 연구에서는 결혼이민자의 사증 발급과 관련한 한국어능력시험 시행과 관련한 기초조사 연구 결과를 주 내용으로 하고 있다. 이 연구에서는 결혼이민자가 많은 15개 공관을 대상으로 설문 조사를 실시하고 그 결과를 바탕으로 현지 환경, 시험 실시 여건, 시험 도구의 개발 방향 등을 논하였다. 조항록(2015)의 연구는 결혼이민자와 외국인 노동자의 한국 사증 취득에 필요한 한국어 능력 평가 제도를 종합적으로 비교하고 있다. 한국어능력시험(TOPIK), 외국인고용허가제 한국어능력시험(EPS-TOPIK), 결혼이민비자 발급 심사를 위한 한국어능력시험 등을 횡적으로 비교하고 사증 심사를 위한 한국어 능력 평가 제도의 개선 방안을 제시하고 있다.

　이상에서 볼 때 한국 국적 취득 또는 한국 내 장기 체류를 목적으로 하는 한국어 능력 평가 제도와 관련한 연구는 매우 빈약하다. 특히 외국인고용허가제 한국어능력시험은 시행한 지 10년이 지나고 있지만 연구의 양과 연구 내용의 수준은 매우 제한적이다. 결혼이민자의 입국사증 취득과 관련한 한국어 능력 평가 제도는 2015년 11월에 첫 시행이 되었다고 하지만 역시 관련 연구 결과는 거의 보이지 않는다. 결혼이민자와 외국인 노동자에 대한 연구가 주로 이민 정책이나 노동 정책의 관점에서 다루어지지만 한국어 능력을 포함한 기본 소양을 높이고자 하는 연구는 한국어 교육의 관심 분야로서 아직은 충분히 자리 잡지 못한 것으로 볼 수 있다.


## 3. 입국 전 현지 기본 소양 평가 실시의 의의

　결혼이민비자 발급 심사를 위한 기본 소양 평가 시험의 시행은 결혼이민자를 대상으로 하는 국민배우자 사증 발급 제도가 강화되면서 결혼이민자가 한국에 입국하는 것이 지연되거나 아예 못 들어오는 경우를 대비하는 제도 보완의 성격을 갖는다. 외국인이 한국인과 혼인을 하고 한국인 배우자가 관할 관청에 혼인신고를 완료하면 외국인 배우자는 국민배우자의 신분을 갖는다. 그리고 종래에는 이 신분으로 체류 기간 1년의 국민배우자 사증을 취득하여 한국에 입국하여 결혼 생활을 시작할 수 있었다. 그러나 한국인과 외국인의 결혼에서 결혼이민자가 한국어 능력을 갖추지 못하고 한국 문화에 대한 이해가 부족하여 결혼 초기에 큰 어려움을 겪는 경우가 많을 뿐만 아니라 결혼 생활이 지속 되어도 한국 생활에의 적응이 쉽지 않은 경우가 많다는 것은 널리 알려진 사실이다. 이는 결혼 당사자들에게도 불행이며 국가로서의 큰 부담이 아닐 수 없다. 특히 결혼이민자로 이루어진 가정에서 자녀가 태어났을 때엔 이러한 상황은 자녀 교육에도 직접적으로 악영향을 주어 대한민국의 미래 전망에도 부정적인 영향을 주게 된다. 결혼이민자의 증가가 결혼 당사자의 행복은 물론 한국 사회의 다원성을 높이고 이를 바탕으로 한국 사회 발전에도 기여하기를 기대하지만 그에 반하는 상황을 초래하기도 한다는 점이 한국 정부에 대안을 마련하도록 한 것으로 볼 수 있다.

한편 결혼이민자를 대상으로 하는 입국 전 기본 소양 능력 입증이라는 새로운 제도의 도입은 위에서 언급한 결혼이민자의 증가에 따른 부정적 상황을 예방하는 효과를 거둘 수는 있지만 결혼 당사자의 행복권 제약 등 부정적 현상도 피할 수 없다. 특히 결혼이민자가 많은 국가의 한국어 교육 체계가 충분히 정립되지 않아서 결혼이민자의 한국어 학습 접근성이 제한적일 수밖에 없는 현실은 이러한 부정적 현상에 대한 우려를 낳기에 충분했다. 따라서 법무부 출입국 · 외국인 정책본부는 한국어 능력을 갖춘 결혼이민자가 사증 신청 시 적절한 방법으로 한국어 능력을 입증하도록 하는 기회를 부여할 필요가 있었다고 본다.[7] 결혼이민자를 대상으로 하는 입국 전 기본 소양 시험은 이러한 배경에서 나온 것으로 정책 대상자를 고려하여 수요자 중심성을 갖는 것으로 긍정적으로 볼 수 있다.

결혼이민자를 대상으로 하는 입국 전 기본 소양 시험 실시가 갖는 또 다른 의의로는 한국 정부의 이민 정책의 일관성을 강화하는 의미를 갖는다는 점을 들 수 있다. 앞에서 기술하였듯이 한국 정부는 결혼이민자 등 정주 외국인이 늘면서 이들과 기존의 국민과의 유리를 방지하고 문화적 다양성 등을 키울 수 있는 사회통합 정책을 적극 추진하고 있다. 그런데 사회통합 정책의 추진은 종래에는 국내에 입국한 외국인을 대

---

7) 한국 정부가 결혼이민자를 대상으로 하는 입국 전 기본 소양 능력 입증 제도를 시행함에 따라 나타난 일부 결혼이민자의 고충 사례와 이에 대한 한국 당국의 인식에 대해서는 동아일보 2014년 11월 6일자 기사(기사명: 결혼 후 7개월간 독수공방, 신부를 보고 싶어도…)에 잘 나타나 있다.

상으로 하였으나 최근 들어 구미 주요 국가에서는 입국 전부터 외국인이 사회통합 능력을 갖추도록 하는 방법으로 전환되고 있음을 알 수 있다. 고상두(2012)의 연구에서 볼 수 있듯이 서구의 주요 국가는 입국 전에 언어와 사회 이해 교육을 받도록 요구하고 있으며 이러한 요구를 제대로 따르지 않았을 경우 입국 자체를 불허하는 등 사회통합 정책의 대상자와 대상 영역을 확대하고 있다. 한국 정부도 이러한 추세를 긍정적으로 인식하고 결혼이민자를 대상으로 하여 국민배우자 사증을 취득하기 전에 기본 소양을 갖추도록 요구하기에 이르렀다. 비록 기본 소양이라는 것이 국적을 취득하기 위한 요건에서 비롯되었다고는 하지만 그 내용이 한국어 능력과 한국 사회 이해 능력으로서 실제적으로는 한국 사회 적응 능력이다.[8] 그리고 이는 곧 한국 정부가 추진하는 사회통합 정책을 효율화하기 위한 대안의 성격을 갖는다. 실제로 한국 정부가 사증 발급 요건을 강화한 이후에 국민배우자 사증 신청이 2014년 4월에서 9월 사이에 월평균 598건에 불과하여 2013년 같은 기간의 월평균 1,309건의 45.6%에 불과하였다.[9] 이는 결혼이민자들이 국민배우자 사증 취득 요건을 갖추기 위하여 한국어 학습 등에 참여하기 때문인 것으로 추정되는데 이러한 과정을 통하여 결혼이민자들이 한국어 능력을 갖춘다는 것을 의미한다. 새로운 제도의 실시에 따라 일부 결혼이민자들은 한국 입국이 늦어지면서 큰 고충을 겪게 되는 현실을 부인할 수는 없다. 그러나 달리 생각하면 결혼이민자가 결혼이민자 당사자의 입장에서 볼 때에도 입국 전에 한국어를 배우는 일은 한국 사회에 적응할

---

8) 결혼이민자를 대상으로 하는 입국 전 기본 소양 평가의 시행과 비슷한 성격을 갖는 것으로 외국인 노동자를 대상으로 하는 한국어능력시험의 부과를 들 수 있다. 한국에서 노동자로 일하려는 외국인이 늘면서 이들에게 노동자로의 입국 자격을 부여하는 과정에서 한국어 능력 인증을 제도화함으로써 외국인 노동자는 최소한이나마 한국어 능력을 갖춘 상태에서 입국하게 된다. 이들이 한국에 입국한 후 최장 4년 10개월이라는 긴 시간 동안 체류할 수 있는 만큼 이들의 한국 사회 적응 능력이 필요한데 한국어 능력은 한국 사회 적응에 큰 도움을 줄 것이기 때문이다. 이와 관련해서는 조항록(2015)의 연구를 참조할 수 있다.

9) 동아일보 2014년 11월 6일자 보도 기사 참조.

수 있는 능력을 조기에 갖추는 것으로서 결과적으로 이 제도의 시행 결과가 결혼이민자 당사자에게 환원되는 것으로도 볼 수 있다.

다음으로 결혼이민자를 대상으로 하는 입국 전 기본 소양 시험의 시행의 또 다른 의미는 한국인과 외국인 사이의 결혼 문화를 바람직한 방향으로 정착시키는 데에 기여할 것이라는 점이다. 한국인과 외국인 사이의 결혼 과정에서 일부 몰지각한 중개업자로 인하여 결혼의 진정성을 충분히 확보하지 못한 사례들이 있었다.[10] 결혼이민자가 일정 기간 동안 한국어를 배우는 일은 결혼이민자 및 그 배우자로 하여금 일정 기간 동안 상호 신뢰하며 결혼 생활을 위한 준비 기간을 갖는 의미도 있기 때문에 결혼의 진정성을 확인해 주는 기능도 한다. 이에 따라 상대방에 대한 이해의 시간을 충분히 갖지 않은 상태에서 결혼중개업자의 소개에 따라 혼인신고를 함으로써 생기는 부정적 현상을 예방하는 효과를 기대하도록 한다.


## 4. 입국 전 현지 기본 소양 평가의 구성 체계 분석

결혼이민자의 입국 사증 취득과 관련이 있는 기본 소양에 대한 법규 중 평가의 영역과 내용에 대한 규정은 국적법 시행 규칙에서 찾을 수 있다. 국적법 시행 규칙 제4조 2호의 역사, 정치, 문화, 국어 및 풍습이라는 5개 영역은 귀화 필기시험의 평가 영역으로 설정되고 국적법 시행 규칙 제4조 4호의 국어능력, 대한민국 국민으로서의 기본자세, 자유민주

---

10) 국제결혼이 크게 증가할 때인 2007년에 정부는 결혼중개업을 건전하게 지도·육성하고 이용자를 보호함으로써 건전한 결혼문화 형성에 이바지함을 목적으로 결혼중개업의 관리에 관한 법률을 제정하였다. 이는 법 제정의 목적에서도 유추할 수 있지만 파행적인 국제결혼을 예방하고자 하는 의도가 다분하였다. 그러나 법 제정 이후에도 국제결혼과 관련한 결혼중개업자의 파행적 행위는 사라지지 않은 것으로 보인다. 이와 관련한 최근의 사례로는 '해외서 초이스식 맞선' 국제결혼 불법중개 대거 적발(연합뉴스 2015년 8월 30일) 참조.

적 기본질서에 대한 기본 신념은 면접심사의 심사 내용이 되었다. 즉 외국인이 대한민국 국적을 취득하는 과정에서 갖춰야 하는 기본 소양은 크게 국어 능력, 역사 · 정치 · 문화 · 풍습과 같은 한국 사회 문화에 대한 이해, 대한민국 국민으로서의 기본자세와 자유민주적 기본 신념과 같은 국민 의식으로 구성된다고 볼 수 있다. 그리고 이러한 기본 소양에 대한 평가는 귀화 필기시험과 면접심사로 진행된다. 기본 소양의 구성 요소와 구성 요소별 평가 방법을 표로 제시하면 아래와 같다.

**표 1** 외국인의 대한민국 국적 취득에 필요한 기본 소양의 구성 요소와 평가 방법

| 영역 | 주요 내용 | 주된 평가 방법 |
|---|---|---|
| 국어 능력 | 한국어 구사력 | 필기시험 + 면접시험 |
| 한국 사회의 이해 | 역사, 정치, 문화, 풍습 등 | 필기시험 |
| 대한민국 국민으로서의 의식 | 대한민국 국민으로서의 기본자세와 자유민주적 기본 신념 | 면접시험 |

본고에서 논하는 기본 소양은 위와 같은 국적 취득에 필요한 수준을 그대로 도입한 것은 아니다. 입국 전 현지 기본 소양 평가는 향후 국적 취득을 예정하고 있는 자들에 대하여 입국 전에 소정의 기본 소양을 갖추도록 하기 위한 제도이며 평가 방식과 평가의 목표는 고유하게 정립되어 있다. 결혼이민자가 많은 국가의 한국 대사관에 공지된 결혼이민비자 발급 심사를 위한 기본 소양 평가의 예시 문제를 보면 입국 전 기본 소양 시험은 모두 한국어 구사 능력과 관련한 25문항으로 구성되어 있다. 한국어 구사 능력은 일반적인 숙달도 능력으로 분류할 수 있으며 하위 영역은 어휘, 문법, 읽기 등이다. 국외 공관에 공지된 시험 시행 요강과 예시문제를 바탕으로 이 시험의 구성 체계를 간단하게 정리하면 다음과 같다.

| 영역 | 주요 내용 | 주된 평가 방법 |
|---|---|---|
| 한국어 능력 | 어휘, 문법, 읽기 | 필기시험(총 25문항)<br>시험시간 50분<br>100점 만점에 60점 이상 합격 |

이와 같은 결혼이민비자 발급 심사를 위한 기본 소양 평가 시험의 구성 체계를 좀 더 구체적으로 살펴보면 대문항의 수는 7개이며 각각의 대문항 안에 소문항이 각각 2~5개로 구성되어 있다. 대문항 1번~3번은 소문항이 5개씩이며 4번은 소문항이 4개, 5~7번은 소문항이 각각 2개씩이다. 예시문제를 바탕으로 결혼이민비자 발급 심사를 위한 기본 소양 시험의 문항을 분석하면 아래와 같다.

**표 2** 결혼이민비자 발급 심사를 위한 기본 소양 평가 문항 분석

| 문항 | 평가 목표와 내용 |
|---|---|
| 대문항 1번<br>(소문항 1번~5번) | 어휘력을 측정하는 문제이다. 간단한 대화 상황을 제시하여 최소한의 맥락을 갖추고 있으며 그림으로 어휘의 의미를 함께 제시한다. |
| 대문항 2번<br>(소문항 6번~10번) | 문법 능력을 측정하는 문제이다. 역시 최소한의 맥락을 제시한다. 그러나 여기에서는 시각 자료가 제시되지 않음으로써 난이도가 상대적으로 높아지고 있다. |
| 대문항 3번<br>(소문항 11번~15번) | 담화 이해 능력을 평가하는 것으로 짧은 서술문을 읽고 핵심적인 내용을 파악하는 것이다. 질문 유형은 지문을 읽고 맞는 답 고르기이다. 대체로 지문 내 문장의 수는 2개에서 4개이며 뒤 문항으로 갈수록 문장 내 어절의 수가 많아지고 복잡도도 높아지고 있다. |
| 대문항 4번<br>(소문항 16번~19번) | 담화 이해 능력을 평가하는 것으로 간단한 서술문을 읽고 세부 내용을 파악하는 것이다. 질문 유형은 지문을 읽고 맞는 답 고르기이다. 지문은 대체로 3문장 내지는 4문장으로 이루어졌고 뒤 문항으로 갈수록 문장의 길이가 길어지고 복잡도도 높아지고 있다. |
| 대문항 5번<br>(소문항 20번~21번) | 담화 이해 능력을 평가하는 것으로 상대적으로 긴 서술문을 읽고 세부 내용을 파악하는 것이다. 질문 유형은 (  ) 채우기와 맞는 답 고르기이다. 1지문 2문항 문제로서 지문은 7문장으로 구성되어 있고 문장의 복잡도도 높은 수준이다. |

| | |
|---|---|
| 대문항 6번<br>(소문항 22번~23번) | 담화 이해 능력을 평가하는 것으로 실용문을 읽고 세부 내용을 파악하는 것이다. 질문 유형은 (   ) 채우기와 맞는 답 고르기이다. 1지문 2문항 문제로서 지문의 유형은 실용문이며 예시문제에서는 이메일을 대상으로 하고 있다. 문장의 수는 8개이며 실용문의 형식 이해도를 평가의 대상으로 포함하고 있는 것으로 보인다. 문장의 복잡도도 상대적으로 높고 맥락의 구성도 상대적으로 복잡한 것으로 보인다. |
| 대문항 7번<br>(소문항 24번~25번) | 담화 이해 능력을 평가하는 것으로 실용문을 읽고 세부 내용과 핵심 내용을 파악하는 것이다. 질문 유형은 (   ) 채우기와 맞는 답 고르기이다. 1지문 2문항 문제로 지문의 유형은 실용문으로서 예시문제에서는 주민자치센터의 공고문을 대상으로 하고 있다. 담화의 형식상 문장의 수를 제시하기는 어려우나 대체로 지문의 길이는 대문항 6번보다 길며 세부 내용의 수준도 높은 편이다. |

위의 표에서 보듯이 결혼이민비자 발급 심사를 위한 기본 소양 시험의 평가 목표는 한국어능력시험 I(TOPIK I)의 범위 안에 속하는 것으로 보인다. 한국어능력시험 I(TOPIK I)의 평가 목표 등을 기술하고 있는 한국어능력시험(TOPIK) 홈페이지와 조항록 외(2013a)의 연구에서는 생존에 필요한 기초적인 언어 기능의 수행이 가능하고 사적이고 친숙한 화제와 관련한 내용을 이해하고 표현할 수 있는 것으로 요약할 수 있는데 위 시험의 평가 목표를 볼 때 볼 때 양자 사이에 큰 차이가 없는 것으로 보인다.

그러나 결혼이민비자 발급 심사를 위한 기본 소양 평가는 형식과 체계에서 한국어능력시험 I(TOPIK I)과 큰 차이가 있다. 우선 평가 영역의 측면에서 한국어능력시험 I(TOPIK I)이 듣기 · 읽기로 하위 영역을 분리 설정한 것에 비하여 결혼이민비자 발급 심사를 위한 시험은 영역 분리가 없다. 그리고 실제에 있어서 듣기 능력을 평가하지 않는다. 문항 수 역시 결혼이민비자발급 심사를 위한 시험은 25문항으로서 한국어능력시험 I(TOPIK I)의 40문항에 비하면 큰 차이를 보인다. 뿐만 아니라 결혼이민비자 발급 심사를 위한 시험은 결혼이민자만을 대상으로 하고 있고 평가 시행의 목적이 이들의 한국 사회 적응을 궁극적인 목적으로 삼는 만큼 평가 항목의 선정에서는 한국어능력시험 I(TOPIK I)과

다를 수밖에 없다. 즉 숙달도 시험이고 1급이라는 최저급 단계를 평가한다는 점에서는[11] 두 시험 사이에 큰 차이가 없으나 세부적인 평가 항목의 선정에서는 차별화가 나타날 수밖에 없는 시험으로 볼 수 있다.

한편 앞에서 언급하였듯이 결혼이민자를 대상으로 하는 기본 소양 시험은 필기시험 이외에도 구술시험을 병행하고 있는데 이는 베트남 지역에 국한한 경우로 신청자가 많아 필기시험으로 평가를 진행하기에는 물리적인 한계가 있다고 판단한 것으로 알려져 있다.[12] 그리고 결혼이민비자 발급 심사를 위한 기본 소양 평가 시험을 개발하여 실시하기 전에 구술시험으로 평가를 진행했던 상황의 연속으로 볼 수도 있다. 일부 공관에 공지되어 있는 기본 소양 평가 안내문을 볼 때 구술시험의 평가 목표는 생존에 필요한 언어기능을 소지하고 있는지를 평가하는 것으로 자기소개, 음식, 날씨, 취미, 일상생활, 과거활동 등이 주된 소재가 되고 있다. 그리고 모두 16개의 질문이 부과되고 이중에서 12개 이상의 대답이 적절했을 때 합격한 것으로 판정하게 된다.[13]

이렇게 볼 때 결혼이민비자 발급 심사를 위한 기본 소양 평가 시험은 부분적으로 이원화되었지만 실제에 있어 필기시험을 중심으로 하는 것으로 볼 수 있다. 그리고 필기시험의 평가 목표와 평가 영역 등은 일반적인 숙달도 평가의 초급1 수준으로서 사회통합프로그램의 1급 수료 수준, 세종학당 등 지정 교육기관의 초급1 교육 수료 수준, 한국어능력시험 I(TOPIK I)의 1급 인증에 약간 못 미치는 수준과 큰 차이가

---

11) 입국 전 기본 소양 실시와 관련한 안내 자료(국외 일부 공관의 홈페이지에서 공지한 자료)에서는 필기시험의 평가 목표를 사회통합프로그램의 1급 수료 수준으로 제시하고 있는데 이는 한국어능력시험 I(TOPIK I)의 평가 목표에 비하여 약간 낮은 수준으로 볼 수 있다(사회통합프로그램과 한국어능력시험과의 대비에 대하여는 조항록 외(2013a) 참조).

12) 이미혜(2014)에서 볼 수 있듯이 결혼이민비자를 신청할 것으로 예상되는 국민배우자의 수는 극소수(방글라데시 다카)인 곳부터 매월 300~400명(베트남 호찌민)신청하는 곳까지 큰 차이를 보이고 있다.

13) 여기에서 기술한 내용(베트남에서의 구술시험 내용)은 주우즈베키스탄 한국대사관의 홈페이지에서 공지한 내용을 바탕으로 한 것임을 밝힌다.

없음을 알 수 있다. 이는 일반적인 한국어 교육기관의 수업 시수로 볼 때 200시간에 약간 못 미치는 수준으로 볼 수 있다.[14] 이를 좀 더 명확하게 하는 것으로 법무부 출입국 · 외국인 정책본부의 유관기관인 한국이민재단이 베트남에서 개설하여 운영하고 있는 결혼이민자 대상 초급 한국어 교육과정을 들 수 있다. 이 과정은 베트남 내에서 결혼이민자가 사증을 취득하는 데에 필요한 한국어 능력을 키우는 프로그램으로서 4개월 160시간으로 짜여져 있다.[15] 이상의 내용을 종합할 때 사증 취득을 위한 기본 소양 평가는 200시간에 약간 못 미치는 학습 시간을 전제로 한다고 볼 수 있다.

## 5. 결혼이민자를 대상으로 하는 입국 전 기본 소양 평가와 관련한 베트남 내 교육기관의 대응 방안

베트남은 중국을 제외한다면 결혼이민자가 제일 많은 국가이다. 그리고 최근 수년 동안에는 결혼이민자 유입이 가장 많은 나라로 알려져 있다.[16] 따라서 결혼이민자를 대상으로 하는 입국 전 기본 소양 평가의 시행은 베트남 내 한국어 교육기관에 미치는 영향이 크다.

---

14) 사회통합프로그램의 0급과 1급의 총 시수는 115시간, 세종학당 초급1 수료는 200시간에 약간 못 미치는 수준(국제통용한국어 교육 표준모형의 초급1 수료와 동일하게 설정함)이다. 사회통합프로그램의 수료 시수가 적은 것은 참가자가 한국에서 생활하면서 습득하게 되는 한국어 능력을 고려한 것으로 알려져 있다(조항록 외(2013b) 참조).

15) 한국이민재단 홈페이지(www.kisf.org)의 공지사항 참조.

16) 출입국외국인 정책본부의 2015년 11월 통계 월보에 따르면 베트남 출신 결혼이민자의 수는 4만 787명으로 중국(58,852명)에 이어 두 번째이다. 한편 이미혜(2014)의 연구에 따르면 결혼이민비자 신청이 많은 15개 공관의 사증 담당 영사를 대상으로 한 서면 질의에서 베트남 호찌민은 2014년에 대략 3600명으로 기타 지역보다 압도적으로 많은 것으로 나타났다.

결혼이민자를 대상으로 하는 입국 전 기본 소양 인증 제도의 시행으로 베트남 내에서 한국어 학습 열기가 고조되고 있음은 현지 교육기관에서 수강하고자 하는 지원자가 급증한 것을 볼 때 분명하다. 결혼이민자가 한국어 능력을 인증 받을 수 있는 1차적인 방법은 법무부 출입국…외국인 정책본부가 지정한 현지 교육기관에서 초급1 과정을 수료한 경우이다. 이러한 요건을 갖춘 교육 프로그램으로는 세종학당의 초급 1 과정과 한국이민재단의 현지 한국어 교육 프로그램이 있다.[17]

문제는 이들 교육기관의 학습자 수용에 한계가 있다는 점이다. 지정 교육기관의 하나인 세종학당은 고유한 프로그램을 운영하기 때문에 입국 전 기본 소양 평가 대비를 위한 프로그램의 운영에는 한계가 있다. 특히 한국 정부의 예산으로 운영되는 만큼 시장 논리가 그대로 적용되기도 어려운 실정이다. 한국이민재단이 현지에서 교육 프로그램을 운영한다고 하지만 앞서 살펴본 바와 같이 지원자가 많아 다 수용하지 못하는 상황이다.[18] 결국 적지 않은 수의 결혼이민자는 인증 기관에서의 학습 경험으로 사증을 취득하는 것을 포기하고 입국 전 사증 발급을 위한 기본 소양 시험에 응시하여 한국에 들어와야 하는 상황이다. 이는 곧 시험에 대비할 한국어 학습자의 수가 적지 않음을 의미하는 것이며 이 학습을 담당할 현지 한국어 교육기관의 역할이중요함을 의미한다.

2014년 현재 베트남에는 13개 대학에 한국어학과가 개설되어 있다. 1994년에 베트남 국립 호찌민인문사회과학대학에 한국어학과가 처음 개설된 이래 불과 20년이 지나면서 괄목할만한 진전을 이루었다. 베트남 내 대학의 한국어 전공 현황은 다음과 같다.

---

17) 베트남 내 세종학당은 껀터, 달랏, 타이응우옌 하노이 한국 문화원, 하노이 1곳, 하노이 2곳, 호찌민 1곳, 호찌민 2곳, 호찌민 3곳, 후에 등 모두 10곳이 있다.

18) 한국이민재단이 2014년 11월에 베트남 호찌민에서 운영하는 프로그램에 지원자가 많아 추첨을 통하여 학습 참가자를 선정하고 있다(한국이민재단 홈페이지 www. kisf. org 내의 공지사항 참조).

표 4 베트남 내 대학의 한국어 전공 현황

| 지역 | | 기관명 | 설립연도 | 소속학부 | 학과명 |
|---|---|---|---|---|---|
| 북부 | 1 | 국립하노이국립인문사회대학교 | 1995 | 동방학부 | 한국학과 |
| | 2 | 국립하노이국립외국어대학교 | 1996 | 한국문화언어학부 | |
| | 3 | 하노이대학교–한국어과 | 2002 | 한국어과 | |
| 중부 | 4 | 다낭외국어대학교 | 2005 | 일본 · 한국 · 태국학부 | 한국어과 |
| | 5 | 후에외국어대학교 | 2008 | 한국문화언어학과 | |
| 남부 | 6 | 국립호찌민국립인문사회과학대학교 | 1994 | 한국학과 | |
| | 7 | 호찌민외국어정보대학교 | 1995 | 동방학부 | 한국학과 |
| | 8 | 홍방대학교 | 1999 | 아시아태평양학부 | 한국학과 |
| | 9 | 락홍대학교 | 2003 | 동방학부 | 한국학과 |
| | 10 | 달랏대학교 | 2004 | 동방학부 | 한국학과 |
| | 11 | 반히엔대학교 | 2007 | 동방학부 | 한국학과 |
| | 12 | 투득기술전문대학교(3년) | 2011 | 언어학부 | 한국어학과 |
| | 13 | 사이공ACT 관광예술대학교(3년) | 2006 | 언어학부 | 한국어통번역학과 |

그리고 외국인고용허가제 한국어능력시험 대비 학원이 대략 50곳 정도 있는 것으로 알려지고 있다.[19] 이와 같이 빠르게 발전하여 큰 규모를 이루어 내 베트남 한국어 교육계로서는 결혼이민자를 대상으로 하는 한국어능력시험의 실시는 대규모의 학습자 집단을 확보하는 기회가 됨과 동시에 새로운 과제를 안게 되는 셈이다. 즉 결혼이민자에 대한 효율적인 교육을 실시함으로써 학습자 유입의 선순환 구조를 확립한다면 베트남 한국어 교육계로서는 다시 한 번 도약의 계기가 될 것이다. 이를 위해서는 아래의 몇 가지를 유의할 필요가 있다.

---

19) 베트남 내 대학의 한국어 전공 현황 표는 양지선(2014)의 연구에서 가져왔음을 밝힌다. 고용허가제 대비 한국어 교육기관에 대한 통계는 정확하게 제시한 자료를 찾기 어려운 상황에서 베트남 정부 소속의 베트남중앙장학회(http: dantri.com.vn) 등 인터넷 사이트와 베트남 한국어 교육계 종사자들의 의견을 바탕으로 제시하였음을 밝힌다.

첫째, 현지의 대학 및 사설 교육기관은 이제 새로운 학습자 집단을 대상으로 하는 교육 프로그램의 개발이 요구된다. 다행히 결혼이민자를 대상으로 하는 한국어 교육은 그 목표가 분명하고 대상자 집단의 동질성이 확보되어 프로그램의 개발이 상대적으로 수월하다. 게다가 이상적으로 본다면 학습 대상자인 결혼이민자의 학습 동기는 앞으로 영원히 살게 될지 모르는 한국에서 밝은 미래를 기약하게 해 주는 한국어 학습이라는 측면에서 내적 동기를 확보하도록 할 수도 있다. 여기에다가 1차적으로 한국 입국 사증을 취득할 수 있다는 외적 보상이 함께 주어지는 만큼 학습 효과를 기대하게 만든다. 따라서 베트남 한국어 교육계로서는 학습 목표가 분명하고 학습자 중심성이 확보된 한국어 교육 프로그램의 개발에 나설 수 있다. 프로그램 개발에 선행되어야 하는 학습자 요구조사와 교육 목표 설정을 위한 노력 없이도 프로그램 개발이 가능함을 의미한다.

둘째, 프로그램의 개발 및 교육 실시 과정에서 전문성을 충분히 고려해야 한다. 전술한 바와 같이 학습자 동질성이 확보되고 내적·외적 동기에 따른 학습 지속성이 기대된다 해도 한국어 학습의 수월성과 효율성을 가져다주지 않는다면 학습 성과가 제한적일 수 있다. 학습의 수월성은 프로그램 개발 과정에서 학습자가 원할 때 쉽게 학습에 참여하도록 함을 의미한다. 프로그램을 개발하는 과정에서 개설 주기를 짧게 하여 결혼이민자가 원할 경우 손쉽게 프로그램에 참여하도록 해야 한다. 기존에 주베트남 한국대사관으로부터 지정 받아 운영하는 결혼이민자 대상 한국어 교육 프로그램의 경우 기관별로 연간 15주 또는 4개월 과정으로 개설하기 때문에 연간 3회 운영하게 된다. 이는 곧 한번의 참여 기회를 놓칠 경우 15주 또는 4개월을 기다려야 함을 의미한다. 따라서 교육기관에서는 매월 개설하는 등 개설 주기를 짧게 하는 방안을 찾을 필요가 있다.

다음으로 교육의 효율성은 일정 기간의 학습 과정을 통해 학습자가 소기의 목표에 잘 도달하도록 교육을 운영함을 의미하는데 결국 교육 현장의 3대 요소라고 할 수 있는 교사, 교재, 교수법 논의가 중요해진다. 베트남 내 한국어 교사 집단의 유형은 대체로 현지인으로서 한국에서 석사 또는 박사 과정을 마친 경우, 현지인으로 현지 대학교의 한국어학과를 졸업한 경우, KOICA 또는 세종학당재단 파견 한국인 강사, 현지 거주 한국인으로 대별할 수 있다. 베트남 내 대학의 한국어학과에는 한국에서 석사 또는 박사 과정을 마친 현지인 교강사가 주를 이루고 세종학당의 경우에는 문화체육관광부 장관이 발급하는 한국어 교원 자격증 소지자도 재직하지만 그 이외의 한국어 교육기관에는 현지 대학의 한국어학과를 졸업한 현지인 강사가 주를 이룬다. 교재의 경우에는 세종학당은 자체 교재인 세종학당을 사용하고 그 밖의 결혼이민자 교육기관은 한국에서 발행한 사회통합프로그램 교재 또는 세종한국어를 쓰는 것으로 알려져 있다. 그리고 교수법은 대체로 문법번역식 교수법이 주를 이룬다. 베트남 내에서 결혼이민자를 대상으로 하는 한국어 교육 프로그램의 이러한 실상은 학습 효율성을 높이기에는 한계가 있다. 지정 교육기관 이외의 교육기관이 입국 전 기본 소양 평가 대비 프로그램을 개설한다면 최소한 한 명은 한국어 교육 경험이 많거나 한국어 교원 자격증을 소지한 자이어야 한다. 그리하여 현지인 강사와 함께 프로그램을 운영하며 시험 대비 자료를 개발하는 것이 좋다. 평가에 통과해야 한다는 강박관념하에서 대상 학습자 집단이 달리 설정되어 있는 '세종한국어'나 한국 내에서 사용할 목적인 사회통합프로그램 교재를 사용하는 것은 학습 동기를 약화시킬 수 있다. 교사는 한국에서 개발된 교재 중 베트남 내 활용 목적으로 개작 출판된 현지화 교재[20] 등을 바탕으로 하여 결혼이민자를 대상으로 하는 프로그램에 맞추어 교재를 개작하고 시험 응시력을 높일 수 있는 보조 자료를 함께 사용할

---

20) 베트남 내 한국어 교육 현장에서 사용할 목적으로 개발한 교재는 한국국제교류재단 주관으로 개발하고 다락원에서 출판한 「베트남인을 위한 종합한국어」가 대표적이다. 베트남 내에서 사용되는 한국어 교재는 대부분이 한국 내 대학에서 사용할 목적으로 개발한 기관 교재이며 한국 내 출판본 그대로 사용되거나 현지에서 복사되어 사용되고 있는 실정이다.

필요가 있다.

마지막으로 베트남 내 한국어 교육기관이 연합하거나 교육 연구자들이 협력하여 결혼이민자 한국어능력시험에 대응하는 교육 프로그램과 교육 자료의 개발에 힘을 모아야 할 것이다. 베트남에는 현재 베트남한국학·한국어 교육학회가 결성되어 있다. 즉 연구자와 교육자 사이의 횡적인 협력 체계가 어느 정도 갖추어져 있다. 현재 베트남 내 한국어 교육계에서 중점적으로 다루어야 현장은 대학에서 전공으로 운영되는 한국어 교육, 한국 유학을 대비하는 한국어 교육, 노동 인력의 사전 교육, 결혼이민자 대상 한국어 교육 등으로 볼 수 있다. 베트남 내 한국어 교육계가 협력하여 이러한 현장의 주요 쟁점을 해결할 수 있는 대안을 모색하는 세미나의 개최 등도 고려할 수 있다. 특히 결혼이민자를 대상으로 하는 한국어능력시험은 이미 예시 문제가 공지되어 있는 만큼 대학 또는 사설 교육기관에서 대비할 수 있는 방안을 찾을 수 있을 것이다.[21]

사실 베트남 내 특정 목적의 프로그램의 개발에는 한계가 있을 수 있었다. 왜냐하면 교육 프로그램이 수요자의 궁극적인 이익을 실현하기 어려운 교육 외 여건이 있기 때문이다. 예를 들어 한국 유학 대비 과정의 경우 실제로 프로그램을 이수한다 해도 사증 발급까지 완료되어야 성과를 인정받을 수 있지만 사증 발급은 교육 외 요건에 의존하는 경우도 많기 때문이다. 이에 비하여 본고에서 논한 결혼이민자를 대상으로 하는 프로그램은 교육 외 요건의 영향이 거의 없다고 볼 수 있다. 현재 공지되어 있는 결혼이민자를 대상으로 하는 기본 소양 평가의 예시문

---

21) 사실 베트남 내 특정 목적의 프로그램의 개발에는 한계가 있을 수 있었다. 왜냐하면 교육 프로그램이 수요자의 궁극적인 이익을 실현하기 어려운 교육 외 여건이 있기 때문이다. 예를 들어 한국 유학 대비 과정의 경우 실제로 프로그램을 이수한다 해도 사증 발급까지 완료되어야 성과를 인정받을 수 있지만 사증 발급은 교육 외 요건에 의존하는 경우도 많기 때문이다. 이에 비하여 결혼이민자를 대상으로 하는 프로그램은 교육 외 요건의 영향이 거의 없다고 볼 수 있다.

제를 면밀히 분석할 필요가 있다. 본고에서 일부 제시한 바와 같이 문항 분석을 시도하여 역으로 교육 내용을 설정할 필요가 있다. 평가가 갖는 환류효과에 착안할 필요가 있다.


## 6. 결론

이상에서 결혼이민자를 대상으로 하는 입국 전 기본 소양 시험 실시의 개요, 의의, 구성 체계와 함께 베트남 내 한국어 교육계의 대응에 대해서 살펴보았다. 시행 1년이 지나고 있지만 베트남 내의 한국어 교육계에서 이에 대한 적극적인 대응이 나타나지 않는다. 베트남 내 한국어 교육계가 이 제도에 대해서 충분히 이해하고 적절하게 대응한다면 베트남 한국어 교육의 발전에 기여하는 바도 클 것이다.

2004년부터 시행된 외국인 노동자를 대상으로 하는 한국어능력시험(EPS-TOPIK)에 대응하는 한국어 교육기관이 한때 교육적 기능을 다하지 못했다는 것은 주지의 사실이다. 즉 인력 송출회사와 같이 한국어 교육 전문성을 갖추지 않은 기관이 이 시험 대비 과정을 운영하면서 교육 전문성에 대한 비중은 낮았던 것으로 보인다. 여기에는 문제은행이면서 전체 문제를 공개한 EPS-TOPIK의 시행 체계가 갖는 근본적 한계가 있었지만 이들을 대상으로 하는 교육기관이 상업성을 많이 띠었다는 데에도 또 하나의 문제가 있었다.[22] 결혼이민자를 대상으로 하는 한국어 교육은 이와는 달리 교육적 기능을 수행할 수 있으면서도 참가자의 현실적 이익을 실현시킬 수 있는 여러 조건을 갖추었다. 양자 사이의 가장 큰 차이는 EPS-TOPIK 응시자들이 내적 동기보다도 외적

---

22) EPS-TOPIK은 문제은행으로 전체 문제를 공개한 것에 따른 부작용으로 2013년부터 비공개 문제은행식으로 운영되고 있다.

동기를 중시하였던 것에 비하여 결혼이민자를 대상으로 하는 기본 소양 평가는 내적 동기도 분명히 갖추고 있을 것이기 때문이다. 베트남 내 대학 및 사설 교육기관이 결혼이민자를 대상으로 하는 한국어능력시험의 실시의 의의와 시험 체계 등을 면밀히 분석하여 대응한다면 소기의 성과를 거둘 수 있을 것이라고 본다.

# 참고문헌

김명광(2011) 국내외 외국인 근로자 정책과 대안 : 특수 목적 한국어 교육을 중심으로, 〈현대사회와 다문화〉, 1(2): 200-225.

양지선(2014) 베트남 내 한국어 전공자를 위한 한국 문화 교수요목 설계 연구, 경희대학교 대학원 박사학위논문.

양지선·박동희(2012). 베트남의 한국어 교육 현황과 발전방향 제언, 〈한국어 교육〉, 23(3): 133-157.

유준영(2010) 〈취업 목적 한국어 능력 평가 개선 방안 연구 : ESP-KLT와 B-TOPIK 분석을 중심으로〉, 한양대학교 교육대학원 석사학위 논문.

이미혜(2014) 결혼이민자의 입국 전 한국어 능력 평가 도구 개발을 위한 기초 연구, 〈언어와 문화〉 10(3): 167-188.

정호진(2013a) 설문조사를 통해 본 EPS-TOPIK 발전 방안, 〈교육문화연구〉 19(2): 99-129.

정호진(2013b) EPS-TOPIK 시행 현황 및 관계자 요구 분석, 〈비교문화연구〉 31: 395-414.

조항록(2011) 다문화가족 관련 법령·제도의 검토와 개선방안, 〈나라사랑〉 120: 32-58 .

조항록(2015) 결혼이민자와 이주노동자의 입국 사증 취득을 위한 한국어능력평가체계 연구, 〈언어와 문화〉 11(1): 163-188.

조항록·이미혜·조현용(2012) 한국 귀화시험의 한국어·한국 문화 능력의 평가의 실제와 과제, 〈한국어 교육〉 23(4): 343-369.

조항록·이미혜·신상근·최은규·한송화·이영숙·김인숙·김영란(2013a) 〈한국어능력시험 체제 개편에 따른 평가틀 제작 및 표준문항 개발 연구 보고서〉 국립국제교육원.

조항록·이미혜·이영숙·고상두(2013b) 〈결혼이민자 기본 소양 실태 조사〉 법무부 출입국·외국인 정책본부.

〈동아일보〉(2014) 결혼 후 7개월간 독수공방, 신부를 보고 싶어도, 11.06.

〈연합뉴스〉(2015) '해외서 초이스식 맞선' 국제결혼 불법 중개 대거 적발, 8.30.

한국이민재단 www.kisf.org.

베트남 중앙장학회 http:dantri.com.vn

이 책은 상명대학교 2016년도 교내연구비 지원으로 발간되었습니다.

# 다문화 사회와 한국어 교육

| 초판인쇄 | 2017년  9월 12일 |
| --- | --- |
| 초판발행 | 2017년 10월  2일 |

| 저자 | 조항록 |
| --- | --- |
| 펴낸이 | 엄태상 |
| 책임 편집 | 장은혜, 김효은, 정유항 |
| 디자인 | 박경미 |
| 마케팅 | 이상호, 이승욱, 오원택, 전한나, 왕성석 |
| 온라인 마케팅 | 김마선, 심유미, 유근혜 |

| 펴낸곳 | 한글파크 |
| --- | --- |
| 주소 | 서울시 종로구 자하문로 300 시사빌딩 |
| 주문 및 교재 문의 | 1588-1582 |
| 팩스 | (02)3671-0500 |
| 홈페이지 | www.sisabooks.com |
| 이메일 | sisabooks@naver.com |
| 등록일자 | 2000년 8월 17일 |
| 등록번호 | 1-2718호 |

ISBN 978-89-5518-381-8  93700